研究生用书

农村专业合作组织发展

Development of Rural Cooperatives

李建军 刘 平 主编

中国农业大学出版社
ZHONGGUONONGYEDAXUE CHUBANSHE

图书在版编目(CIP)数据

农村专业合作组织发展/李建军,刘平主编.—北京:中国农业大学出版社,2010.2

ISBN 978-7-81117-950-7

Ⅰ.农…　Ⅱ.①李…②刘…　Ⅲ.农业合作组织-研究　Ⅳ.F306.4

中国版本图书馆 CIP 数据核字(2010)第 006859 号

书　　名　农村专业合作组织发展
作　　者　李建军　刘　平　主编

策划编辑　梁爱荣　席　清　　责任编辑　梁爱荣
封面设计　郑　川　　责任校对　王晓凤　陈　莹
出版发行　中国农业大学出版社
社　　址　北京市海淀区圆明园西路 2 号　　邮政编码　100193
电　　话　发行部 010-62731190,2620　　读者服务部 010-62732336
　　　　　编辑部 010-62732617,2618　　出　版　部 010-62733440
网　　址　http://www.cau.edu.cn/caup　　e-mail　cbsszs@cau.edu.cn
经　　销　新华书店
印　　刷　涿州市星河印刷有限公司
版　　次　2010 年 3 月第 1 版　　2010 年 3 月第 1 次印刷
规　　格　787×980　16 开本　14.5 印张　264 千字
定　　价　21.00 元

出版说明

21世纪，我国的研究生教育进入了迅速发展、深化改革的新阶段，在规模和结构协调发展的同时，加快教学改革步伐、更新教学内容成为确保高质量创新人才培养的一项重要工作。中国农业大学为适应这一新形势的要求，采取立项建设的方式进行了研究生重点课程建设、教材建设以及教学方法的改革。通过一系列建设和改革工作，形成了一批特色鲜明的研究生教学用书，本书是其中之一。

建设一批研究生教学用书，是研究生教育教学改革的一次尝试，这批研究生教学用书，，以突出研究生创新能力和应用能力为出发点，强化了研究生用书在引导学生扩充知识面、采用研究型学习方式、提高综合素质等方面的作用，必将对提高研究生教学质量产生积极的促进作用。

本项目得到了“北京市教育委员会共建项目”和“全国农业推广硕士专业学位教育指导委员会教材建设项目”的资助。

中国农业大学研究生院

2010年3月

内容简介

农村专业合作组织是中国农民在继联产承包责任制之后启动的又一次重大农业生产经营制度创新，其对农业、农村发展的深层次影响将不亚于联产承包责任制。该书简要回顾了农村专业合作组织发展的历史过程，分析提出了农村专业合作组织基本规范和划界标准，概括了农村专业合作组织的基本功能及其实现机制，对农村专业合作组织创建的条件和模式、农村专业合作组织运行管理等重大现实问题进行了分析探讨，并在总结美国、日本、印度和荷兰农村专业合作组织发展经验的基础上提出了中国政府推进农村专业合作组织发展的行动框架和政策选项。全书既突出农村专业合作发展理论的系统性和科学性，又充分考虑农村专业合作组织发展的多样性和适应性，注重案例教学的直观性和丰富性。可用作农村专业推广硕士教材，也可作为各类农村专业合作组织管理者的参考书。

前　言

农村专业合作组织是中国农民在继联产承包责任制之后启动的又一次重大农业生产经营制度创新，其对农业、农村发展的深层次影响将不亚于联产承包责任制。20世纪70年代后期农民自发设计的联产承包责任制明确了农户的农业生产经营自主权，调动了农户的生产经营积极性，极大地解放了农业生产力，使中国社会在很短的时间内实现了农产品“从长期短缺到总量基本平衡、丰年有余的历史性转变”，解决了全社会的温饱问题。而20世纪80年代自发兴起的农村专业合作组织正在通过农户间互助合作和资源整合的方式消解小农户生产与社会化大市场之间存在的体制壁垒，探索现代科学技术、金融资本、企业家才能等生产要素进入农业生产经营环节进而改造传统农业、发展现代农业的新机制。农村专业合作组织的发展壮大可能促成中国农业从传统农业向现代农业、中国农村从传统乡村向现代社区的快速转型，让广大农户在参与农业生产经营一体化过程中实现增产、增收，公平分享中国经济现代化的红利和现代文明成果，为实现全社会总体性小康的战略目标提供体制保证。2006年颁布的《中华人民共和国农民合作社法》和近几年连续出台的中央1号文件都充分肯定了农村专业合作组织发展的意义和方向，明确了农村专业合作组织的法人地位，为中国农村合作组织的快速、持续和健康的发展提供了法律保障和政策支持，并将对中国农业、农村和农民问题的有效解决产生深远的影响。

然而，由于中国社会发展的多样性和不平衡性，社会各界对农村专业合作组织发展的基本理念、运行机制等理解存在较大差异，各地推进农村专业合作组织发展的政策举措五花八门，各类农村合作组织也在积极探索自身的发展思路，其中许多做法很有创新性和适用性，对农村专业合作组织的健康发展有示范推广价值，但也有一些做法可能对农村专业合作组织的发展产生负面诱导，甚至背离农村专业合作组织发展的创建宗旨。基于对这些情况的深切感受，我们认为，农村专业合作组织又好又快发展的重要推进策略之一就是对基层干部和农村专业合作组织领导者进行相关发展理念、运行策略、发展经验方面的教育培训和咨询服务。从那时起，我们就开始筹划编写一本有关农村专业合作组织发展指南性质的小册子。2006年底中国农业大学研究生院应农业推广专业硕士教学工作的需要，组织编写“农村专业合作组织发展”的教材，在朱文珊教授的推荐和支持下我们开始了该书的编写工作。

我们的想法是，编写这样一本面向农村发展现实主题的教材，必须既要突出专业合作组织发展理论的系统性和科学性，又要充分考虑专业合作组织发展现实的多样性和适用性，这是一个富有挑战性的编写目标。除了对农村专业合作组织发展的重大理论问题和现实问题进行系统分析和阐述外，我们期望通过精心选择的、穿插在各个章节的案例来加深大家对相关问题的思考和理解。

该书的主要内容和基本框架介绍如下。

第 1 章：农村专业合作组织发展概述。主要通过概述专业合作组织在国外和中国的发展历史来揭示专业合作组织创立的社会历史动因和组织原则，描述当前中国新型农村专业合作组织发展的总体态势。

第 2 章：农村专业合作组织及其类型。通过提出农村专业合作组织的定义及其划界标准，首先回答农村专业合作组织“是什么”的问题，并通过比较农村专业合作组织与股份制企业、一般社团法人、乡村集体经济组织、农会组织等其他经济组织，回答农村专业合作组织“不是什么”的问题。依据农户成员间合作的紧密程度和组织运营特征，将农村专业合作组织划分为农村专业技术协会、农民专业合作社、农村股份合作社 3 种类型。

第 3 章：农村专业合作组织的功能和作用。首先，对有关农村专业合作组织产生的理论成果进行阐述，旨在从理论上揭示农村专业合作组织发展对小农户生产经营状况改善的基本机制；其次，将中国农村专业合作组织发展的基本功能概括为技术推广和信息传播、农产品销售服务、农资购买服务以及合作信贷服务 4 个方面；再者，从农业基本经营制度创新、现代农业发展的体制平台、农民分享现代化成果的机制设计和推进乡村社会治理等层面揭示农村专业合作组织发展的重要意义。

第 4 章：农村专业合作组织的创建。讨论农村专业合作组织的创建原则、条件和一般程序，重点总结中国农村专业合作组织创建的主要模式，具体包括乡村精英领办型、集体经济依托或改制型、龙头企业带动型、政府部门引办型和国际项目示范型 5 类。

第 5 章：农村专业合作组织的运行管理。讨论农村专业合作组织运行发展的组织管理问题，包括组织管理原则、组织结构和内部治理结构的完善等内容，分析农村专业合作组织生产经营管理问题，包括生产经营决策、作业管理、技术管理和产品营销问题，并简要介绍农村专业合作组织财务管理的基本内容和关键问题。

第 6 章：国际农村专业合作组织发展的经验。重点介绍美国、日本、印度和荷兰 4 国农村专业合作组织发展的历史、特征、发展类型和面临的主要挑战，旨在为中国农村专业合作组织发展提供背景支持和经验借鉴。

第7章:推进农村专业合作组织发展的政策思路。首先探讨政府在推进农村专业合作组织发展中的作用,总结外国政府促进农村专业合作组织发展的主要政策工具和工作经验,并在此基础上分析中国农村专业合作组织发展中存在的主要问题,提出政府推进农村专业合作组织发展的行动框架和政策选项。

农村专业合作组织发展管理是一个新的研究领域,当然也是一个富有挑战性的研究领域,我们这里提供的只是框架性的成果,其中还有许多值得深层次探讨的问题,有待进一步完善。我们真诚地希望该书能产生抛砖引玉之功效,以吸引更多的经济学家、管理学家、社会科学家、企业家和政府官员等社会有识之士关注并积极参与农村专业合作组织发展的理论创建、咨询服务和推动促进工作,共同为中国农村专业合作组织繁荣发展,为中国现代农业的迅速崛起和社会主义新农村的持续创建添砖加瓦,多做贡献。

编者

2009年8月

目 录

第1章 农村专业合作组织发展概述

农村专业合作组织是专业合作组织在农业、农村发展延伸的产物，是以小农户为基础的家庭农业生产经营者为对抗商业资本的垄断和盘剥、改善农业生产经营服务条件而自愿建立的互助性经济组织。20 世纪 80 年代以来，随着中国社会主义市场经济的不断推进、农村经济结构的持续调整，各类新型农村专业合作组织蓬勃兴起。

1.1 国际专业合作组织发展

伴随着近代工业和城市发展而出现的商业和资本对产业工人和小农户的剥夺，国际专业合作组织应运而生，其本质是弱者联合形成的互助性经济组织。在农业生产经营商业化、全球化的条件下，农村专业合作组织已发展成为与垄断性商业资本相竞争、相抗衡且又相互补充的农业产业经济组织和经营形态。

1.1.1 国际专业合作组织发展简史

发展合作经济组织是早期空想社会主义思想家所构想的各种理想社会蓝图的基本元素之一。法国思想家傅立叶(1772—1837 年)曾向往的社会基层组织"法郎吉"，就是一个有组织的生产-消费合作社，其组织成员共同生产、共同消费。1824 年，英国著名的慈善家、政治家和企业家罗伯特·欧文(1771—1858 年)在美国印第安纳州购买 3 万英亩土地和地面建筑物，创立"新和谐公社"，开展劳动公社实验，以构建他所梦想的社会基层单位——合作新村。

1844 年 10 月 24 日，在英格兰纺织工业中心曼彻斯特市郊的小镇罗奇代尔，28 名失业的纺织工人为改善自身生活用品的供应状况、减少和限制商业资本的中间盘剥，以每周节省 2 个便士为股份，租赁了 2 间地下室为营业所，联合创立了第一个消费合作社——罗奇代尔公平先锋社(The Rochdale society of Equitable Pioneers)。合作社主要经营乳酪、白糖、蜡烛等少数商品，每天营业 2 h，由 28 位发起人轮流担任售货员①。合作社具体运行原则主要是：①自愿入社、退社自由；

①王景新. 乡村新型合作经济组织崛起[M]. 北京：中国经济出版社，2005：5-6

②一人一票，民主管理；③现金交易，不准赊欠；④按市价售货，按交易量返还；⑤如实介绍商品，不缺斤短两；⑥重视对社员教育，购买图书，开办学校；⑦对政治和宗教恪守中立等。

罗奇代尔公平先锋社的创立在国际合作运动中具有划时代的意义，其所确立的办社准则后被国际合作社联盟定名为“罗奇代尔原则”。罗奇代尔合作社的成功，带动了英国上百个合作社的创立，这些合作社进一步联合在英国建立起了庞大的合作社批发体系。受其影响，以消费合作社为主体的合作运动在西欧和北美各国迅速开展起来。

19世纪50～60年代，德国、意大利、奥地利、匈牙利、比利时和俄国纷纷成立信用合作社。德国的舒泽尔·德利茨施是这种合作组织早期的成功推动者，他在手工艺人、商人和农民之间组织游说，动员人们组织合作社银行。

19世纪80年代，丹麦、德国和英国的农民开始组织农业专业合作组织，并将其作为提高农业生产力、稳定农产品供应和帮助农户家庭更好地改善生产条件的有效方法。

20世纪初，印度、缅甸、西班牙和日本也相继成立信用合作社。到20世纪30年代初，德国已建立起信用合作社2万多个，法国有0.6万个，日本有1.2万个。到20世纪90年代，参与国际合作社联盟的成员已包括94个国家的225个全国性组织，7个国际性组织，拥有70万个合作社，共有8亿社员。

社会主义体制的创立及变革对合作社的历史和作用带来了很大影响。前苏联和东欧国家在城市利用合作社使私营商业过渡为国营商业，在农村则利用各种层次的合作组织实现农业集体化，并在创建初期对国际合作经济组织发展产生了积极的示范效果。然而，这种国家强制性的合作组织很快就暴露出其运行机制上的低效率和非公平性。苏东巨变引发多方面的社会效应，并一度使国际合作经济组织发展面临严峻挑战。

【案例1】瑞典“农家人”合作社①

瑞典农民合作社是农民在自愿基础上建立的经营性合作组织，其中规模最大的合作组织叫“瑞典农民产品销售合作社”，瑞典称之为“农家人”合作社。合作社的标志是一颗正在发芽的麦粒。在瑞典南北各地的农场乡间，从巨型粮仓、肥料车间到负责粮食检验的实验室和宣传科学种粮的研究所，到处可以看到这个标志。

①马世骏.瑞典农民的合作组织——“农家人”合作社[J].看世界，2007:59

"农家人"合作社的历史可以追溯到19世纪后期。随着商业化、机械化、工业化的快速发展,瑞典小户经营的农庄生产的农产品无法在市场上和商业化的大农庄竞争。出于保护自身经济利益的需要,一个由地区小户农民组建、由小户农民经营管理的、单纯经济上合作的"农家人"合作社开始诞生。随着合作社的发展和地区之间的联合,该合作社今天已发展成为全瑞典农民最大的经济利益共同体,成为瑞典农民表达他们经济和政治意愿的代言人。目前,瑞典全国有5万多农民加入了"农家人"合作社。

"农家人"合作社的目标是为农民提供市场信息、技术和质量监测等多方面的服务,建立农产品收购和销售的网络。合作社年营业额高达31亿欧元,是欧洲最大的农民合作社。除拥有巨型粮仓外,合作社还拥有配套的面粉厂和大型面包加工厂。从巨型粮仓伸出的架在空中的管道,直接把谷物运送到面粉厂加工,减少了中间运输环节,也保障了产品质量。

为消费者提供高质量的农产品是"农家人"合作社努力的目标。在瑞典这个环保意识很强的社会,农民提供的产品是否安全健康,其生产、运输过程是否环保,都会成为消费者在选择产品时考虑的因素。"农家人"合作社通过强化管理创立了许多瑞典消费者信得过的品牌产品,绿色的正在发芽的麦粒已成为质量保障的显著标志。

"农家人"合作社从创建之日起,就遵循一人一票的民主程序,通过选举用理事会的形式管理农民合作社事务。入社农民根据自身经济状况向合作社交纳会员费作为理事会成员工资和管理资金的来源。"农家人"合作社拥有众多有限公司,用最有效的方法推销农民的产品和为农民生产经营提供服务。这些企业年终的盈利和分红都会依照农民与合作社的交易量等返还到入社农民手中。

1.1.2 国际专业合作组织发展的组织原则

合作泛指各类共同行动或者联合行动,意在使参与者获取比其他方式所能得到的更多的利益。专业合作经济组织是生产经营者为改善其生产生活条件,按照自愿、民主、平等、互利等原则组建形成的一种社会经济组织。

1895年,第一个旨在推动合作经济发展的国际性组织——"国际合作社联盟"在合作社运动最发达的英国伦敦成立。国际合作社联盟约定,凡是遵循"罗奇代尔"合作社原则的所有合作组织都可以申请加入。

1966年,国际合作社联盟根据社会环境的变化,对合作组织的发展原则进行了修订。修订后的"合作组织原则"是:①入社自由;②民主管理;③资本报酬适度,即股份只能分红,如果支付股金利息,则其利率应严格限制,不能超过市面通行的普通利率;④合作社经营盈余或剩余为该社社员所有,其分配方式可由社员就下列办法选择实施,如用于合作社发展业务,或用于合作社举办的公共事业,或按社员与合作社交易额的比例分配给社员;⑤合作社的教育。所有合作社都应对其社员、管理人员以及一般大众进行教育,使他们理解合作社在经济、民主方面的合作原理与活动方式;⑥合作社之间的合作。为更好地为社员及社区的利益服务,所有合作社应以各种确实可行的方式与地方性的、全国性的以及国际性的合作组织加强合作[①]。

1982 年 11 月,国际合作社联盟的总部迁至瑞士日内瓦。2003 年,国际合作社联盟再次根据社会经济形势的变化对合作社原则进行修改,明确将以下 7 条作为合作社发展的基本原则:①自愿和开放的社员资格。合作社是自愿性组织,向一切能使用其服务并愿意承担社员责任的人开放。②社员的民主控制。合作社是由其社员控制的民主组织,社员主动参与合作社的政策制定和决策,社员有平等的投票权(一人一票),选举产生的代表要对社员负责。③社员经济参与。社员对合作社公平出资并民主管理其资本,合作社主要按社员与合作社的交易量或惠顾额向社员分配生产经营所得。④自治和独立原则。合作社是由其社员控制的自治的、自助性组织。合作社同其他组织(包括政府)达成协议或取得资源,必须以确保其成员的民主管理和经营自治为条件。⑤教育、培训和信息。合作社为其社员、当选代表、经理和雇员提供教育和培训,以促进他们对合作社的发展做出更大贡献。⑥合作社之间的合作。合作社通过地方的、全国的、区域的和国际的机构一起工作,以最有效地为其社员提供服务。⑦关心社区。合作社通过它们的社员认可的政策,为社区的可持续发展服务[②]。

1.1.3 农村专业合作组织在各国的发展

农村合作组织在国外也有 100 多年的历史,且呈现出规模化的发展势头,其对农业生产经营活动的影响力依然强盛。据有关资料介绍,在日本,市场销售的农产品绝大部分由农民合作组织——农业协同组合(简称农协)提供,其中米面占 95%,水果占 80%,家禽占 80%,畜产品占 51%;农户需要的绝大多数农业生产资料也由农协提供,其中肥料为 92%,饲料为 40%,农机为 47%,农药为 70%。1994 年,美国约有 4/5 的农场主参加了各类合作社,合作社企业的总产值达到 1 000 亿美元,加工的农产品占到总量的 80%。在合作社的发源地欧洲,合作社组织发展

①徐家琦.中国农村新型合作经济组织研究与实践[M].北京:中国大地出版社,2007:2-3

②世界银行.中国农民专业协会回顾与政策建议[R].北京:中国农业出版社,2006:92-94

对农业的影响力更大，如在丹麦，90％的奶制品和猪肉由合作社经销；在荷兰，95％的花卉、78％的水果、70％的蔬菜均由各种形式的合作社销售。此外，印度通过牛奶合作社在全国范围内建立了牛奶的收购和分配系统，瑞士、新加坡等国的消费合作社也已发展成为遍布全国的合作社连锁超级市场。

由于各国政治、经济、社会文化背景以及资源禀赋各不相同，农民合作组织的发展路径和模式也各不相同，呈现出多样性。概括来讲，主要有如下模式：

(1)专业性合作组织模式。这类农村合作组织以专业合作社为主，其特点是专业性强，大多以某项产品或特定农产品生产价值链的具体环节的现实需要为内容而形成合作经济组织。前者如牛奶合作社、小麦合作社，后者如农机合作社、销售合作社等。为了形成规模优势、保障合作社利益，合作社之间的联合或合作逐步增强，并逐步形成涉及农业产、供、销、信贷、保险和社会服务等各个环节相对比较完整的合作社体系。这类农村专业合作组织规模较大，以荷兰、法国最为典型。

这两个国家都以家庭农场为经营方式，主要通过农业生产、供销、农机、加工、保险、金融领域中的各类专业合作组织为农户的农业生产和农业产业化提供各种周到的社会化服务。在这两个国家，凡与农民、农业有关的领域都有(相应的农村专业合作组织)组织。既有为农民提供生产资料供应、农产品加工销售、园艺品拍卖等全程服务的组织，也有专业性很强的组织，可以说，农民需要什么就组织什么，每个农户一般参加几个不同职能的民间服务组织。各种服务组织下连千家万户农民，反映农民的要求；上为议会、政府制定农业政策提供建议。

农业合作组织使个体农场得以联合，不仅提高了农户在市场竞争中的地位，增加了农户的收入，还在政府与农户之间架起一座桥梁，使政府有关农业的扶植政策得以有效实施，并使农户的发展诉求通过农业合作组织得到及时反映。由于欧洲的农业合作社除由农户提交股金外，政府还提供一定的财政补贴，合作社与政府的关系比较密切，农业合作社常常成为连接农民、市场和政府的纽带。政府对农村合作经济组织多方面的政策扶持，有力地推动了农村合作经济组织的不断创新与发展。

(2)社区性合作组织模式。这类合作组织以综合性合作社为主，功能涵盖生产、销售、金融服务等多种业务。比较成功的是日本的农业协同组合和以色列的莫沙夫①。

日本的农业协同组合，是一个全国性的合作社组织，主要针对农村社员开展多种多样的服务，具体内容不仅包括农业经营指导服务、农产品销售服务、农业生产

①高晓巍，左停．国外农民合作组织发展及启示[J]．世界农业，2008(5)：7-9

资料购买、信用服务和农业种植技术、食品加工技术、病虫害防治等，还包括提供农户住宅改建、乡村道路修建、婚丧嫁娶、文化娱乐等与其生产生活服务相关的活动。这些农村合作组织相当于一个综合性平台，承载着与农民生产生活相关的多项内容。日本的农村供销基本上是由农业协同组合控制的。农业协同组合有比较完善的流通体系，其供给农民的生产资料占农户总购销量的74%左右，销售的农产品也占到农民年销售量的90%以上。

日本农业协同组合实质上是半官半民的组织，既是农民为保护自己利益而自发建立的互助性组织，又是日本政府借以推行农业政策的中介机构。它们与政府的关系非常密切。日本政府限制大米的生产，鼓励水田旱作的计划，是由农业协同组合最终落实到每个农户的；政府对农业生产的保护措施，如价格补贴、先进农业生产技术的推广普及、低息贷款发放等也都是通过农业协同组合进行完成的。

(3)跨区域性合作组织模式。主要指在美国、加拿大和巴西的大农场、大农业基础上形成的跨区域性质的合作组织。其主要特点是跨区域联合与协作，以共同销售为主，逐渐控制种植、养殖和加工服务的大农业产业链。一般一个专业合作社只经营一种产品，从销售、运输、贮藏到对该产品的深度开发，尤其是进行初次加工、深加工和品牌打造。这些销售合作社规模较大，在牛奶、水果、蔬菜等农业产业领域占有较大的市场份额，拥有较多的国内、国际驰名品牌。

尽管国外农村专业合作组织的发展路径和模式各有不同，但其创建宗旨却大致相同，即服务于农业和农民，帮助农民解决生产经营和生活困难。现如今，随着农户生产经营和生活需求的多样化，国外农村专业合作组织的功能越来越多元化，其服务的内容和范围也在不断地扩大。一些国家的农村专业合作组织已不仅仅局限于农业生产经营活动，还将其服务延伸到其他领域，如消费、住宅、金融等。还有一些国家的农民合作组织开始通过其政治影响力来积极推动相关立法进程，以满足农民的利益诉求和政治意愿，保护农民的利益。

1.2 中国专业合作组织的早期发展

中国专业合作组织的早期发展主要得益于一些精英知识分子的引导，并借助于工农革命运动而迅速发展。国民政府虽颁布了《农村合作事业暂行规程》，建立了农村专业合作组织推进的组织机构，使农村专业合作组织有一定发展，但由于国民政府的治理能力等多种因素，总体影响力有限。新中国成立之后，在中央政府的组织领导下，农村合作社发展迅猛，并很快由生产互助合作和初级合作社演变成为农业高级合作社和人民公社。因为过多考虑政治因素，且组织形式多采取政治或行政强制，人民公社无论在组织原则还是运行机制等多个方面已完全不同于专业合作组织。

1.2.1　20 世纪初期的中国合作社

20 世纪初期，中国一些城市开始参考国际合作社联盟确立的原则尝试合作社实践。被誉为中国合作运动导师的薛仙舟曾先后到美国、德国和英国留学，研究并接受西方的合作改良思想。1910 年，薛仙舟回国任复旦公校教授后，即以讲台为阵地，积极传播合作经济理论，培育中国的合作经济人才。1918 年，北大倡导合作思想的胡钧教授和他的学生共同组织创办北大消费公社。1919 年，薛仙舟等师生在上海复旦公校创办中国最早的信用合作社——上海国民储蓄银行。1927 年，薛仙舟先生受陈果夫委托起草《中国合作化方案》，其中指出，实现民生主义的具体措施和最好办法就是在全国推行合作经济运动，国民政府必须利用政府与国家权力，在全国范围内大力推行合作经济运动，以实现全国性的合作共和。

1931 年，国民政府颁布《农村合作事业暂行规程》，1934 年颁布《中华民国合作法》。1935 年，国民事业部设立合作司。1938 年，事业部改为经济部，合作化运动由经济部农林司第五科主管。1939 年，在经济部下设全国合作事业管理局。同时，在中央政治大学和复旦大学等高等学府进行高等合作教育，培养合作经济组织发展事业领导、组织方面的高级人才；在全国合作人员训练所进行中级和初级合作经济组织人才的培养教育活动。

20 世纪 30 年代，梁漱溟、晏阳初等一些乡村建设运动倡导者们开始尝试在农村地区推进合作互助运动，旨在把合作社当作一种扶危济困、社会改良的重要手段。梁漱溟指出，合作经济组织是弱者在经济压迫下的自卫自救组织；中国是个农业社会，只有合作才能适应农业技术进步的要求。1937 年，他在《乡村建设理论》中提出乡村建设的首要任务是进行农村经济建设，其中最重要的是发展农业生产；发展农业生产的途径有二：即“技术的改进”和“经济的改进”。而“经济的改进”有赖于开展“各项合作”，在乡村有计划、大规模地普及推广合作，在短期内将农民纳入合作组织中。

早在 1921 年中国共产党成立之后，合作社运动就已成为工农革命运动的重要组成部分。1923 年，在中国共产党领导的海陆丰农民运动中，就建立了农民协会和农民消费合作社。1926 年 9 月中共中央的《农民运动决议案》规定：“提供农村消费合作运动”。1932 年 4 月，中华苏维埃临时中央政府颁布《合作社暂行条例》，成立合作社指导委员会，制定《发展合作社大纲》，强调要重点发展群众迫切需要的粮食、消费、生产、信用和供销合作社，特别是粮食和消费合作社。1933 年 8 月至

1934年2月，苏区消费合作社由400多个发展到1 140个，社员由8万多人发展到近30万人，粮食合作社由400多个发展到1 000多个，社员由10万人发展到24万人。1938年11月，陕甘宁边区政府作出决议要大力推动合作社运动。合作社不仅在陕甘宁边区，而且在晋察冀、晋绥、山东及华中、华南等根据地，迅速发展起来，并出现了一些模范合作社。

1949年2月，全国有合作社17万个，社员2 450万人。

【案例2】梁邹美棉运销合作社[①]

梁邹美棉运销合作社是20世纪30年代山东邹平试验区中影响最大的合作社，它包括村合作社和合作社联合会两个层次。村合作社又名分社，有7人即可成立。凡在该区域从事美棉种植的农户，行为踏实，按比例缴纳股金，就可申请加入合作社。具体股金安排如下：社员种美棉20亩以下者至少入一股；20亩以上者，每10亩加认1股，每股2元。社员生产的棉花不得自由买卖，全部交由合作社运销。美棉的种植技术及选种均由村合作社给予指导。社员生产资金不足时可由村合作社转请联合会预支部分美棉运销货款。合作社联合会是联合全县各村合作社的总机关，其主要业务是接收各村合作社棉花，并加以检验、整理、打包，并运往济南一带销售。棉花产销价之差扣除各项营业费后即为盈余金。盈余金分配先以年利率6厘抽出总社股本利息，所余金额中20%作公积金，10%为公益教育金，5%酬劳职员，65%按运销额比例返还各分社。各分社再以年息6厘抽出分社股本利息，余额的20%作公积金，10%酬劳职员，70%按运销额返还社员。

1.2.2 新中国成立初期的合作社运动

新中国成立以后，为了加强对合作事业的领导，政务院专设了中央合作事业管理局，在1950年7月召开的全国合作社工作者第一次代表会议上，决定成立全国合作社的领导机关——中华全国合作社联合社。1951年12月，中共中央发布《关于农业生产互助合作的决议（草案）》。1953年12月，中共中央发布《关于发展农业生产合作社的决议》，决定在土地改革的基础上，领导广大农民走互助合作的道路，由互助组发展到以土地入股分红为特征的初级农业生产合作社，再发展到取消土地报酬、完全按劳分配的高级农业生产合作社。1956年基本实现高级农业生产合作社，1958年实现人民公社化。同时，由农民入股开展供销合作和信用合作。1958年8月，中共中央政治局通过《中共中央关于在农村建立人民公社的决议》。

①杜吟堂.合作社：农业中的现代企业制度[C].南昌：江西人民出版社，2002：289-290

之后两个多月，全国74万多个农业生产合作社被改组为2.6万多个人民公社，加入公社的农户达1.2亿户，占全国农户总数的99%以上。从1962年开始，农村人民公社经过调整，最终确定以生产队所有制为基础的三级所有制为人民公社的基本制度(公社、大队、生产队所有制)，并一直延续到农村改革的初期。

这一时期的农村合作经济组织建设尽管从形式上实现了“三大合作”，分别建立农业合作社、供销合作社、信用合作社，但这些合作组织建设的社会基础是集体化和计划经济，不承认商品经济和个人产权，分配上基本实行平均主义、吃大锅饭，且其组织形式多采取政治或行政强制，对农民的意愿和权利不尊重，过多考虑的是社会目的和政治效果，因此，与真正意义上的合作经济组织相差甚远。一些研究者对此评价说，这种人民公社政社合一制度使国家代理人的公共决策通过行政体系到达农村基层，合作社自主权被弱化①。

1.3 中国新型农村专业合作组织发展

中国新型农村专业合作组织的发展是以联产承包责任制为基础的，是基于小农户与大市场对接的现实需要自下而上自发进行的又一次农业生产经营制度的创新。随着《农民合作社法》的颁布实施和相关政策措施的出台，中国农村专业合作组织将呈现出专业化、多样化和跨区域的发展态势。

1.3.1 中国新型农村专业合作组织的兴起

20世纪80年代初，凤阳县小岗村村干部以“秘密协议”方式将村里的土地搞大包干，催生了“家庭联产承包责任制”这一划时代的制度创新，让农民取得了土地承包经营权，获得了生产经营自主权，成为独立的财产主体和市场主体，并因此揭开了我国经济体制改革的序幕。这种以家庭承包经营为基础、统分结合的双层经营体制，是我国农村经济发展的必然选择，它极大地解放了农村生产力，促进了农村经济发展，被邓小平称之为“农民的伟大创举”。但是，随着农村商品经济的发展和社会主义市场经济体制的逐步建立，农产品市场竞争的日趋激烈，小规模家庭经营与社会化大市场的矛盾日益显现，小农户农业家庭经营的劣势开始显现。如何提高小农户家庭经营抗御自然风险和市场风险的能力，实现小农户规模的分散经营与大市场、大产业的有效对接，成为加快农业、农村经济发展和农民增收致富的关键问题。

---

①孙亚范．新型农民专业合作经济组织发展研究[M]．北京：社会科学文献出版社，2006：119-127

面对这一问题，广大农民在家庭承包经营的基础上通过自发联合，创办了多种形式的农民专业合作经济组织，并使其迅速发展成为农业产业化、市场化经营的重要组织和服务载体。从1980年四川郫县首先出现农民创办养蜂协会起，全国各地农村出现了各类专为农民家庭经营提供技术指导、信息咨询、农业生产资料采购、农产品销售的专业技术协会和专业农协。20世纪80年代中后期，在中国科协等有关部门的扶持下，各类专业技术协会和专业农协逐渐在全国各地发展壮大。这些技术协会着力于农业生产技术的推广、研制和开发，多以专业技术协会(研究会)的形式存在，还不算是完全意义上的专业合作经济组织。

20世纪90年代以来，随着农村经济体制改革的不断深入，农产品卖难、农资价格高涨等问题使农民对农业生产的产前、产后服务提出了全新的要求，这有力地推动了一批具有产前、产后综合服务能力的农村专业合作组织的创立，特别是以提供农产品销售服务和农业生产资料购买服务为主的专业合作社的产生。这些专业合作组织在技术协作基础上增加了许多服务内容，且多以能人或专业大户牵头兴办。其中一些农村专业合作组织已发展壮大，具备一定的经济实力，内部管理制度也逐步建立。

中国加入世界贸易组织之后，伴随着农业经济环境的变化和农村经济结构的调整，农村专业合作组织呈现快速发展趋势，且逐步从简单的技术服务、生产资料供应和农产品销售等服务向包括农产品加工、运输、信息咨询、金融服务和教育培训等更广泛的领域延伸，其对农村产业结构调整、农民增收和农村经济的发展的拉动效应更加显著。截至2005年底，全国农民专业合作经济组织总数超过15万个，成员数量已达2 363万户，占全国农户总数的9.8%；带动非成员农户3 245万个，占总农户的13.5%，合计占农户总数的23.3%。其中，各级供销合作社共兴办专业合作社19 149个，入社农户499.53万户；农村专业技术协会117 653个，共有会员10 127 728人。农民专业合作经济组织业务活动范围基本涵盖了生产、加工、销售各环节，其中从事产加销一体化服务的农民专业合作经济组织占37.3%，以运销服务为主的占11.3%，以加工服务为主的占8.9%，以仓储服务为主的占2%，以技术信息服务为主的占19.5%，开展其他服务的占21%。在全国农民专业合作经济组织中，从事种植业生产经营的占47.6%，畜牧业占24.7%，渔业占5.1%，农机服务业占4.1%，其他行业占18.5%。近两年，全国各类专业合作经济组织平均每年培训农民1 500多万人次，为成员和周边农户代销农产品总量达2亿多t，代购化肥、农药、饲料、农膜等各类生产资料近1亿t，经营服务盈余180多亿元。平均每个成员获得盈余返还和股金分红约400元，加入专业合作经济组织的农民平均增收 500 元左右①。专业合作组织涉及的领域已从果蔬业、畜牧业、水产业、林业,发展到农机服务、运输、粮油作物、水利建设、资源开发、手工业品生产等方面。

据中国农村专业技术协会调查显示,截至 2007 年底,农民专业技术协会已覆盖全国 31 个省,共有农民专业技术协会 13.3 万个,联系会员 1 130 万农户。农民专业技术协会具有较强的专业性和一定的技术资源,能够给予农民所需要的从产前、产中到产后的集成技术支持,因此成为众多省、地、县"三农"工作重要抓手,成为我国农民专业合作组织的主体②。随着市场经济发展,农民专业技术协会不仅通过技术推广帮助农民发展生产,还为农民架起生产与市场之间的桥梁,提高了广大农民的收入,更好地维护和发展了农民利益。如山东邹城食用菌协会在北京新发地市场建立了固定批发点,2004 年以来每年销售鲜菇都在 3 000～5 000 t,占该市场鲜菇销售总量的 1/3,增强了农民在市场经济中抵御风险的能力。

蓬勃兴起的农村专业合作组织对推动农业结构调整、发展农业产业化经营、提高农产品市场竞争力、增加农民收入、推进社会主义新农村建设发挥着越来越重要的作用,具有旺盛的生命力和广阔的发展前景。为了积极引导和促进农村专业合作组织的快速健康发展,有关农村专业合作组织发展的国际合作和立法工作也逐步展开。1985 年 2 月,中华全国合作供销总社正式参加了国际合作社联盟组织。2006 年 10 月 31 日,第十届全国人民代表大会常务委员会第 24 次会议通过了《中华人民共和国农民专业合作社法》,以下简称《农民专业合作社法》。该法的颁布和实施,标志着我国农民专业合作组织发展进入了一个新阶段，它明确了农民专业合作社的法律地位,对农民专业合作社的组织和行为进行了适当的规范,必将极大地推进中国农村专业经济合作组织的快速成长和健康发展。

【案例 3】建宁黄花梨产业协会跻身"福建省百强农村专业技术协会"③

福建省建宁县黄花梨产业协会被福建省科技厅、财政厅和科协联合授予"福建省百强农村专业技术协会"的称号。建宁县是中国黄花梨之乡,黄花梨种植面积达 0.73 万 hm^2,已成为该县亿元产业。近年来,建宁黄花梨产业协会围绕黄花梨产

---

①全国人大农委法案室.我国当前农民专业合作组织的基本状况[R].中国人大,2006 年 11 月 10 日:16-17

②张林军.让科技惠及充满生机的田野[N].大众科技报,2008 年 12 月 12 日. http://www.cast.org.cn/n35081/n35473/n35518/10998194.html

③陈世平. 建宁黄花梨产业协会跻身"福建省百强农村专业技术协会"[N].中国果业信息,2007(11):42

业化发展和实现黄花梨产业兴县富民积极开展工作，一是和有关部门一起大力推行黄花梨标准化生产，推广新技术；二是开展技术交流，普及标准化生产技术知识；三是壮大协会规模，提高果农组织化程度，发展会员 194 名，带动果农 5 600 多户；四是和有关部门一起努力发展了一支由 500 多名农村经纪人、营销大户组成的专业营销队伍；五是积极提供市场营销信息，拓展市场，促进黄花梨流通，增加果农收入。

【案例 4】北京市大兴区九牧农民合作社①

北京市大兴区九牧农民合作社的前身是“大兴区养猪联合会”，起初由 9 家具有一定规模的养猪场共同发起。从 2003 年开始，养猪联合会每月召集例会一次，互通市场行情和交流养殖技术，共同抵御市场风险。2005 年 8 月 24 日，在大兴区农委及畜牧水产服务中心领导的指导下，北京市大兴区九牧农民合作社（以下简称：九牧合作社）正式成立。

合作社成立之初就组织成员共同制定了合作社章程、管理办法、财务制度等多项共同遵守的规章制度，并通过成员大会选举了社长、理事长、监事长，成立了理事会、监事会；办理了法人代码证书、税务登记，刻制了公章，开设了账户。

合作社注册资金 1 000 万元，业务经营范围包括农畜产品销售、农畜品材料采购和科技推广服务。经过一年多的发展，九牧合作社社员由成立之初的 9 家发展到 2007 年的 16 家，存栏基础母猪 7 000 头，年出栏种猪 1 万头、商品猪 11 万头，全年销售收入 1.6 亿元，带动农户 1 040 户，收购农户生猪 12 万头。

九牧合作社的成员单位有北京市大兴区种猪场、北京大兴九鼎良种植养殖公司、北京市大兴区安定种猪场、大兴青云店三水种猪场、大兴南各庄兴鑫农牧公司、大兴礼贤荆家务猪场、大兴榆垡全利民猪场、大兴魏善庄刘各庄猪场、大兴安定民旺同创猪场、大兴连景养殖公司、北京强民猪场、大兴黄村宝芳养殖场、大兴礼贤海兴养殖场、大兴区东回城养殖中心、大兴中日园艺种猪场和一个生猪收购企业。

为提高饲养效益和保障健康养殖，九牧合作社不断加强成员单位在科技推广、安全猪肉生产基地建设、提高种业水平和生猪质量等方面的合作，聘请养猪专家作为技术顾问，根据需要对养殖户进行生产、防疫、育种等方面的技术培训，采用人工授精、良种引进、种猪测定等多项措施及时有效地解决农户生产环节中的问题。九牧合作社对农民实行“四个服务”和“一个承诺”。“四个服务”包括：一是为社员和

①张金辉．新型养猪合作社助力企业发展，促进农民增收——记北京市大兴区九牧农民合作社[J]．猪业科学，2007(2)：44-47

散养户提供优质纯种种猪，在合作社内部统一调配供应，并比市场价格优惠5%～10%。二是提供科学养猪知识，推广人工授精技术，为农户提供猪场管理咨询等技术服务。三是提供防疫、免疫知识，向农户传授疫病防治措施，帮助统一采购常用药品。四是提供商品猪的市场收购信息，指导农户成员根据市场需求安排养殖计划，实现增产、增收。"一个承诺"即向农户公布服务电话，保证对散养户的生猪按照市场价格现金收购，如有需求在24 h内到场服务。合作社成立以来，召开会员单位技术研讨会8次，组织养殖户培训3次，培训人员达1 500人次，发放各类技术材料3 000余份。

九牧合作社的盈利模式包括：一是在主要原材料统一采购过程中与供应商进行利润分成；二是在种猪和商品猪销售过程中对增加的利润按照一定比例提取，归合作社所有；三是在项目实施、技术服务和药品采购过程中按照适当比例进行提取。

1.3.2　中国农村新型专业合作组织发展趋势

我国农村专业合作经济组织的发展，总体还处在初级阶段。但必须承认，自20世纪80年代初农民专业技术协会创立以来，伴随着各类新型专业合作经济组织的大量涌现，我国农村专业合作组织无论从组建方式、组织结构、服务功能、经营模式等方面都发生了显著的变化。可以预料，随着政策环境和法律环境的趋好，中国农村专业合作组织将进入改革开放以来最活跃的创新、发展时期，各类农民合作经济组织将呈现加速态势，并将成为农业经营体制创新的最新亮点。农村专业合作组织的发展将呈现出以下全新的发展趋势：

(1)专业经营与服务能力不断提高，内部治理日益规范。农村专业合作组织形式将从相对松散的农村专业技术协会转向密切合作的农业生产经营实体——农民专业合作社和股份合作社，发展领域也将由以农业生产技术推广、交流、信息服务等咨询服务性业务为主逐步拓展到农业生产资料购买和农产品销售、贮藏、初加工和深加工等经营服务性业务，其参与农业产业化经营的能力将逐步提高，带动农户增产、增收的能力逐渐增强。与之相应，农民社员将日益关心组织的发展并参与管理，农民社员的参与意识、民主管理意识将会显著增强，专业合作组织的内部管理也将逐步走向规范化，并将为农村专业合作组织持续、稳定、健康的发展奠定坚实的基础。

(2)农村专业合作组织发展模式呈现多元化。随着农民专业合作社法的实施和国家推进农业、农村发展的各种"惠农"政策的出台，农村社会经济发展将面临难得的历史机遇和创新空间，农村专业合作组织发展也将表现出多类型、多形式、多层次、多部门竞争兴办的特点，既有供销社组织、农村信用社及农业系统的“七站八所”通过改革创新领办或合办的农民专业合作组织，也有农民根据生产发展需要自愿联合兴办的各种类型的专业合作组织，以及涉农企业投资引导或领办的农村专业合作组织等。从近两年情况看，农民自发创建的农村专业合作组织在很多地区呈现出更加强劲的发展势态①。多元化的农村专业合作发展机制将使合作组织与社员之间、社员与社员之间的互助合作内容更加广泛，合作领域不断拓展，尤其是股份合作社等新兴农村专业合作组织的出现，这不仅能够实现农业生产资源和其他社会资本的集聚整合，加速中国农民专业合作组织发育的进程，推进农业和相关衍生产业的一体化进程，而且可能壮大农村专业合作组织发展的实力，使各类农村专业合作组织开始由小区域、局部性向宽领域、纵深化方向发展。

(3)通过与龙头企业、科研院所等组织和机构的联合与相互渗透，各类农村专业合作组织将逐步构建起覆盖农业产业化经营和价值创造全过程的社会化服务网络体系。随着农村政治经济体制的调整、相关法律政策环境的优化和农村专业合作组织的不断壮大，各类农村专业合作组织将根据自身的事业发展需要积极谋求与龙头企业、科研院所等组织和机构联合，探索各类旨在加强利益联结、整合农业产业化经营服务资源的新模式、新机制，逐步建立起覆盖农村社会经济发展、农业产业化经营和价值创造全过程的社会化服务网络体系。目前，在市场化、专业化程度较高的蔬菜、水果、花卉及家禽、家畜和水产品生产领域，大多数农村专业合作组织已通过包括科技特派员在内的多种机制建立起以特定农产品生产经营为纽带的经济联合体，对广大农户成员开展专业化技术指导、信息服务、农资供应、产品销售和加工等经营服务，显著降低了小农户成员生产经营风险，改善了农村专业合作组织的经营管理效率，提升了小农户成员通过参与农业产业化经营增加收入的机会和能力。

(4)专业合作组织之间逐步走向联合，跨区域、跨国界的专业合作组织开始出现。为了适应市场经济的激烈竞争，一些农村专业合作组织正在联手协作，组建辐射全国的专业联合协会和大型“联合舰队”，以全面提高面向农户的农业生产经营服务能力和市场竞争力，争取农业生产经营的主动权和控制权。一些农村专业合作组织将可能出现“一会多能”，既搞技术，又搞中介，还搞生产；也可能出现“一社多业”，既种饲料，又搞养殖，还搞加工，向直接创收增效的经济实体发展②。如河北省元氏县“农业、林业和畜牧业联盟”，包括一个农业协会、一个林业和水果协会、

①舒光湖.我国农村专业合作组织发展趋势研究[J].宏观资讯，2007：151

②陈良玉.我国农村专业技术协会发展研究[J].中国农村科技，2007(11)：34 37

一个蔬菜协会、一个食用菌协会、一个养蜂协会和一个乳牛协会。许多专业合作组织正在由松散间接的合作经营向紧密直接的利益联合体转变，其合作空间正在由村内、乡内的农户合作发展拓展到跨乡、跨县(市)、跨省甚至跨国界专业性经营合作，以实现农村专业合作组织的横向联合和跨区域发展，拓展农业产业化经营创新的资源和空间，降低生产经营服务成本。

(5)逐步承接政府的部分职能，成为农村公共产品投资和管理的主体。随着市场经济体制框架的确立，政府直接组织农业生产经营活动的职能将逐渐削弱，政府的工作重心将转向为农村社会经济繁荣发展提供公共服务，这就要求政府强化其社会管理和公共服务的能力，成为公共服务型政府。由于农村专业合作组织植根于草根，拥有投资和管理农村公共产品的本土知识和社区资源，能比政府更有效地设计、规划和管理农村公共产品，因而其在农村基础设施建设方面可能发挥更大的作用。目前，浙江、江苏等地的农民专业合作组织已开始在农业技术推广、农业生产基础设施建设和农民教育等公共服务领域发挥着越来越重要的作用。

【案例5】大兴农民合作社首获进出口权①

近日，北京市大兴区榆垡镇惠农合作社领到了由国家海关总署批准的进出口权证，使合作社具备了进出口的经营权，可独立进行进出口贸易。据悉，它是全国首个拥有进出口经营权的农民专业合作社。通过近几年的改良，大兴的梨不论从口感还是从外观上都有了较大的提升，但由于市场开发比较晚，国际市场上基本看不到大兴的梨。为进一步拓宽销售渠道，打开国际市场，惠农合作社向国家海关总署申请了进出口经营权，而且专门从中国农产品出口龙头企业山东万兴集团公司请来专家指导合作社开展国际业务，现在合作社已在国际贸易网站阿里巴巴网站注册，设计了英文商标和出口的标准箱，并且已经和东南亚、中东等国的客商开展业务合作。据了解，惠农合作社是一家以果品为主的农民专业合作社，共有社员246户，通过集中加工、统一包装、统一标准、统一商标，用标准化提升品质，用集约化提高效益。目前，合作社已逐步建立起一套完整的销售网络，其农产品已经成功打入沃尔玛、sogo超市等高端市场，去年为社员销售各类果品325万kg，实现农民社员增收64万元。

---

①李永晖．北京市大兴农民合作社首获进出口权[N]．农民日报，2008-03-31 http://www.agri.gov.cn/qgxxlb/t20080331_1005855.htm

第2章　农村专业合作组织及其类型

农村专业合作组织的建立,是农村社会经济发展的必然产物,是广大农户参与现代农业创新与市场竞争、争取经济发展权益的自觉选择和伟大创造。只有明确农村专业合作组织的性质特征,把握其组织发展形式的多样性,才可能有效制定规范和促进其持续健康发展的战略和政策举措。本着规范引导、推动农村专业合作组织发展的总体精神,我们首先探讨农村专业合作组织的基本特征和主要表现形态。

2.1　专业合作组织与农村专业合作组织

2.1.1　专业合作组织

专业合作组织首先具有合作社性质。国际合作社联盟(ICA)将合作社界定为“由人们自愿组成,通过共同拥有、民主管理的企业实现其共同的经济、社会和文化需求与期望的自治性协会”。McBride(1996)分析指出,合作社是“一种组织形式,它具有如下特征:①依据成本提供服务;②由会员民主管理;③限制权益资本回报”。Parnell(1995)将合作组织定义为“自由地建立起来,由一组人拥有和管理,通过企业活动而非主要通过投资,在平等的基础上,实现互利的一种企业。”①

专业合作组织特指一类具有明确的目标导向、规范化运作机制和专业化的社会经济活动的合作组织,多数围绕特定的生产经营活动而缔结,目的在于降低生产经营和创新成本、共享专业服务和规模经济收益,实现成员互助自强。

专业合作组织的形态多种多样,有早期以纺织工人为互助主体的消费合作社、以小企业主为互助主体的信用合作社和以农户为互助主体的小麦合作社等;也有旨在服务乡村农民的电报电话合作社、家禽收购和屠宰合作社、水果蔬菜收购与加工合作社以及养蚕协会、西瓜协会、苹果产销协会和畜禽养殖协会等。

专业合作组织的基本特征在于“使用者所有、使用者控制”,按照成员的“使用”

---

①世界银行. 中国农民专业协会的回顾与政策建议[R]. 北京:中国农业出版社,2006:81-82

情况向其提供种种专业服务和好处①。

2.1.2 农村专业合作组织及其划界标准

农村专业合作组织是一种互助性的经济组织,其基本特征是以农户成员为主体,为农户成员提供多样化的生产经营服务,实行成员民主管理,按惠顾额返还分配其生产经营剩余。

农村专业合作组织呈现出形态多样性,包括农民协会、农民专业协会、农村专业技术协会、农民专业技术研究会、农村产销协会、农村合作经济组织、农民专业合作社、农民专业合作组织、农民合作社协会、农村经济联社、农民合作社经济组织、农民经济自助组织等。这些专业合作组织尽管组织形态和名称存在差异,但其服务于农户生产经营的功能目标却是相同的。考虑到中国农业经济和农村社会发展对多种社会资源需求的现实因素,以及农村社会经济结构多元转型的总体趋向,我们倾向于采用"农村专业合作组织"来概括当前中国农村出现的多种形式的专业合作组织。

农村专业合作组织指农业生产经营者、农业生产经营服务的提供者和利用者为谋求、维护和改进其共同利益,按照自愿、公平、民主、互利等原则而建立起来的互助性经济组织,其宗旨在于通过为农户成员提供技术、资金、信息、购销、加工、贮运等专业技术和生产经营服务,以改善农户的生产经营条件、实现组织成员共同的社会经济目标。

中国农业部农村合作经济经营管理总站刘登高副站长曾经分析说,农村专业合作组织是"生产在家,服务在社"的农民组织,目的是"为成员的盈利而向成员服务"。它是生产同类产品的农户为解决生产经营中遇到的共同问题和困难,自愿联合形成的组织,其服务的对象是组织内的成员,成员既是生产者、经营者,又是提供与利用服务的对象②。

美国威斯康星大学合作社中心(UWCC)界定,农村专业合作组织是"由会员自愿拥有和管理,以非营利或成本为基础,由会员运作、为会员运作的实体。它归使用者所有"。美国农业部(USDA)也强调农村专业合作组织是"使用者所有、使用者控制,以使用为基础分配利益的实体"。

根据以上界定和研究成果,我们认为,一个农村经济组织是否为专业合作组

①格雷戈里·A·贝克,奥兰·格朗沃德,威廉·D·高曼.食品和农业企业管理[B].金马,译.北京:清华大学出版社,2005:32

②刘登高.农民专业合作社的八大功能[J].农村经营管理,2007(8):27-28

织，可通过对如下 3 个问题的回答来加以判定。

(1)是否为农业生产经营者、农业生产经营服务的提供者和利用者自愿建立的互助性组织？

(2)是否以为农户成员提供高质量的、专业化的生产经营服务为组织目标或发展使命？

(3)是否满足成员经济参与和民主管理基本原则，即成员共同出资、民主管理和公平分享生产经营剩余的原则？

对以上 3 个问题的肯定回答可形成对农村专业合作组织内在规定性的总体把握，从而有助于我们明确区分农村专业合作组织与其他经济组织的界限，因此，这 3 个问题也可以称之为农村专业合作组织的划界标准。

2.1.3 农村专业合作组织的基本特征

概而言之，农村专业合作组织主要有以下 4 个基本特征：

(1)农村专业合作组织是农业生产经营者和其他社会成员自愿缔结的互助性组织。农村专业合作组织由农业生产经营者、生产经营服务提供者和使用者以自我服务，特别是为农户成员的生产经营服务为主要宗旨而自发缔结的互助性组织，农户成员可根据自身的农业生产经营需要自愿加入和自由退出。

(2)农村专业合作组织发展的基本使命是为农户成员的生产经营活动提供多样化的专业服务。这是农村专业合作组织与一般工商企业的显著区别。农村专业合作组织是农业生产经营者、生产经营服务的提供者和使用者自愿结成的利益共同体，其创立发展的根本目标不是获取利润，而是为全体农户成员提供多样化的专业服务，包括技术支持、信息服务及其他生产经营服务。它以专业化的生产、加工、销售等为基础，以某一类农产品的生产经营为依托，旨在为自愿参加的农户提供产前、产中和产后的技术、信息、生产资料购买和农产品销售、加工、运输和贮藏等服务，帮助小农户成员解决有关生产资料购买、技术服务、新品种引进、农产品销售以及金融和保险等问题，提高农产品生产经营的附加值，实现增产增收。农村专业合作组织的社会理想是维护农民利益，提高农民进入市场的组织化程度，提高农产品市场竞争能力，增加农民收入，发展农村经济。

(3)农村专业合作组织的运行原则是“民办、民管、民受益”。农村专业合作组织是由农户成员等自愿出资创办、民主管理的互助性组织，其运行发展基础是为农户成员的农业生产经营活动提供专业服务，是“农民联合所有、成员民主控制、成员积极参与并受益的特殊法人组织，其所有权是在民主的基础上归全体成员"①。农村专业合作组织不是直接隶属于政府的行政组织，各级政府的职能是从宏观政策、立法保障和财力、物力投资上对其给予支持、指导和监督，而不能直接干预其内部事务，更不应越俎代庖或取代之。

(4)农村专业合作组织的经营剩余主要按惠顾额分配和返还。农村专业合作组织生产经营剩余或利润除提取公积金和公益金、考虑有限的股金分红外，主要依据农户成员与合作组织实际发生的农资购买或农产品销售的交易量分配和返还。这是农村专业合作组织与其他经济组织的重要区别，也是国际合作社联盟确立的合作组织发展的基本原则之一。

2.2 农村专业合作组织与其他经济组织的区别

正确辨识农村专业合作组织与其他经济组织，即比较识别农村专业合作组织是什么，有助于正确把握农村专业合作组织的内涵，有利于指导和规范农村合作经济组织的发展，也有利于充分发挥农村专业合作组织和其他经济组织对发展现代农业、建设新农村的积极作用。全国人大常委会委员、全国人大农委主任委员刘明祖分析说，"农民合作经济组织是具有合伙企业性质的农民自愿组织，是企业性质，实行民主管理，但不是工业领域的那种企业和公司；它又是一个法人，具有法人地位；它是适应我国目前国情的一种农业生产的有效组织形式"②。农村专业合作组织不同于以公司为代表的企业法人，也不同于社会团体法人，也不是集体经济，而是一种全新的经济组织形态。尽管农村专业合作组织与企业法人、社团法人等存在本质性区别，但其组织构架基本相似，都可以按照理事会、监事会和会员(社员)大会的组织框架来运行管理。农村专业经济合作组织可以借鉴企业法人和社团法人的管理经验，以全面改善其运营效率和组织管理水平。

2.2.1 农村专业合作组织与股份制企业

农村专业合作组织是在家庭联产承包经营基础上形成的新型农民生产经营组织，其与股份制企业既有联系又有区别。总的来看，专业合作组织和股份制企业都是合作经营机制的一种承载形式，但两者之间存在着诸多差异，亟须我们在组

①财政部财政科学研究所外国财政研究室.支持新型农村合作经济组织的财税政策研究[R].经济研究参考,2008(7):36

②刘明祖."农业专业经济和组织"的性质要明确[J].中国人大,2006-7-25:12

织引导农村专业合作组织发展中加以甄别。

(1)成立目的不同。农村专业合作组织以服务农户成员的生产经营活动和利益实现为目的,是一种互助性的经济组织,主要为农户成员提供技术、信息和生产经营服务。而股份制企业则是一种营利性的经济组织,通过为消费者提供产品和服务来实现股东利益回报的最大化。

(2)组织性质不同。农村专业合作组织以成员间共享生产经营合作服务为基础而组织,其成员主体是相对独立的农业生产经营者、农业生产经营服务的提供者和使用者,成员既是资产所有者,又是服务对象,合作组织经营剩余的产生主要来源于成员与合作社的服务交易之中。而股份制企业则是以资本回报为纽带而联合组建的,是资本所有者的联合体。在现代社会财富创造机制中,企业的所有者与生产经营者常常通过委托代理关系而相互隔离,企业所有者即股东的利益只体现在股权分红之中。

(3)决策机制不同。农村专业合作组织的最高决策机构是成员(代表)大会,其决策机制是"一人一票",全体成员都可以平等的身份参与合作组织的重大事项决策和经营活动。而股份制企业的最高决策机构是股东大会,其决策原则是"一股一票",公司非股东成员不能直接参与高层决策。

(4)剩余分配原则不同。农村专业合作组织生产经营活动所取得的剩余或利润,除提取必要的公积金和公益金、考虑有限的股金分红外,主要按成员与合作组织实际发生的交易量或惠顾额向成员返还。会员参与合作社交易服务的量越多,返还的盈余就越多。而股份制企业的剩余分配则是以股东持有的股份为基础,持有股份多的股东获得的盈利多。

(5)财产权利和退出方式不同。农村合作组织成员投入到组织的资产仍属成员所有,合作组织通过生产经营活动形成的公共积累也将以成员与组织的交易量为基础按比例量化给成员个人。在退出合作组织时可带走其加入时的出资和记在个人账户内的、由公共积累形成的财产。而股份制企业的成员不一定都持有本公司的股份,股东投入资产后只能取得股权并根据股权获得利益回报,公司形成的公积金等不能量化给股东个人。股东只能以转让股份的形式退出①。

农村专业合作组织与企业法人是平等的市场主体,不能相互取代,也不能混为一谈。随着农村社会经济结构和经营环境的不断变化,农村专业合作组织的运行体制也在不断创新。农村专业合作组织在保持农业生产经营者、农业生产经营服务提供者和使用者之间服务联合的基础上,也在不断探索成员之间资本联合的新

①王于武.农村专业合作经济组织的特点[J].学习月刊,2006(7上):11-12

机制，以吸纳组织外部的资金、技术等创新资源，这就催生了股份合作社等新型农村专业合作组织的发展。

2.2.2 农村专业合作组织与一般社会团体法人

农村专业合作组织与一般社会团体法人都是非营利组织，主要服务于特定的目标群（成员或其他目标对象），其发展主要不依靠“利润动机”和“行政命令”驱动，而靠“组织使命”和发展理念来引导。两者的差别主要有：

（1）服务目标群不同。农村专业合作组织的服务对象主要是该组织的所有者，其主要服务目标群是从事农业生产经营活动的农户成员。而一般社会团体法人的服务对象常常不局限于其所有者，而是指向更广泛的目标对象，如艾滋病患者、非物质文化遗产或是试验动物等。

（2）组织性质不同。农村专业合作组织是由农业生产经营者等自愿组成的互助性经济组织，可以从事生产经营服务活动，其非营利性主要体现在它通过对农户成员的低成本服务、基于交易量的盈余返还来实现其互助、公平的价值观。而一般社团法人按照社团管理条例的规定，本质上是一个社会服务组织，不能从事营利性的经营活动的。

（3）功能作用不同。农村专业合作组织的主要功能是整合各类发展资源，为其农户成员提供农业生产经营服务，具体包括提供农业生产的联合或生产资料的采购，农产品的销售、加工、运输、贮藏以及与农业生产经营有关的技术、信息等服务，保障农业生产经营者的经济权益。而一般社会团体法人的功能主要在于保障目标的社会权益，积聚并开发其社会服务的资源，促进社会文明进步。

在农村专业合作组织发展过程中，农民技术协会等曾作为社团法人的形式创建并发挥过组织农户开展技术和经济互助合作的作用，但这些松散型的专业合作组织仅仅是农村专业合作组织的初级形态。农村专业合作组织的规范形式应该是区别于一般社会团体法人的“合作社法人”。

2.2.3 农村专业合作组织与乡村集体经济组织

由于我国社会经济发展的特殊路径，要引导农村专业合作组织健康持续发展，必须对农村专业合作组织和乡村集体经济组织加以明确区分。概括地讲，两者的区别主要有：

（1）发展基础不同。农村专业合作组织是市场经济的产物，它以家庭联产承包责任制为发展基础，承认农户的私人产权和农民土地经营自主权，主要是农业生产经营者、农业生产经营服务的提供者和使用者基于业缘关系而自愿联合形成的自助性经济组织，目的在于实现服务交易方面的联合，维护和增进每一个农户成员的利益。而传统的乡村集体经济却是计划经济的必要环节，以集体所有权为发展基础，实行所有村民对村集体所拥有的土地、牲畜、农机具等生产资料的共同占有，每一个村民成员都是集体生产资料的所有者，但其离开村集体组织时就自动放弃所有权，加入时就自然获得所有权。

(2)组织原则不同。农村专业合作组织遵循自愿加入、自由退出、民主管理的原则，其成员则不仅包括自愿加入的农户，还包括各类组织机构和企业法人，成员以业缘为纽带相互联结。而乡村集体经济组织遵循整体性、封闭性和强制性的组织原则，成员只是隶属于特定地域或行政区划的乡村居民，没有自由加入和退出的选择权。发展的封闭性常常导致乡村集体经济组织缺乏活力，政府推进农村专业合作组织的发展的目标之一就是要打破这种封闭状态，使农村经济发展逐渐走向开放。

(3)组织目标不同。农村专业合作组织是在市场竞争中处于弱势地位的小农户实现自我保护的组织机制，其组织目标在于通过自愿缔结的互助性合作经济组织将个体弱势转化为群体优势，提高经济抗争的筹码，服务农户成员的生产经营活动，维护农户成员生产经营的合法权益。而乡村集体经济组织作为计划经济的必要环节，则是要割断独立劳动者或生产经营者与市场的联系，以维护国有经济的垄断地位，保护政府对整个乡村经济实行指令性计划控制。

(4)运营方式不同。农村专业合作组织的运营方式主要是“生产在家，服务在社”，成员只是在约定的项目、范围、程度内实行统一经营，结成一个利益共同体，其他方面则保持其独立性，具有独立的经济地位和权利。而乡村集体经济则在所有的生产领域实行“统一经营、集体劳动”。

(5)剩余分配和风险承担机制不同。农村专业合作组织的经营剩余主要按照农户成员与合作组织实际发生的交易量分配和返还，成员也主要以其出资额和与合作组织发生的交易量比例等承担相应的经营风险。而乡村集体经济组织则按工分分配，实行“按劳分配”，成员与集体组织的利益关系及其对经营风险的承担义务不明确。

需要指出的是，在许多地方，乡镇村集体经济组织虽然也被称为合作经济组织，但其并不符合专业合作社的组织原则，也不是按照合作社的运行机制运作，亟须有关部门在落实有关合作社政策法规时加以甄别和评估，以保证相关政策支持的公平性和公正性。

2.2.4　农村专业合作组织与农会组织

农会组织是农民群体为维护合法权益、反映意愿和呼声而自发组织起来的具有维权性质的社团组织。一些农会组织虽然也担负着组织农民开展生产经营的使命，但这种政治诉求明显的农会组织与强调经营服务的农村专业合作组织有所不同，其差别主要是：

(1)组织性质不同。农村专业合作组织是“民办、民营、民管、民受益”的互助性经济组织，而农会组织则是倾向于维护权益、反对社会不公平的政治诉求明显的农村民间社会政治组织。

(2)活动内容不同。农村专业合作组织一般都是以特定农业生产经营项目的增值服务为内容，帮助农户成员获取生产经营以外环节的利润，其宗旨是发展农业经济，实现农户成员的共同富裕。而农会组织则以农户成员的某项具体维权事项为内容，目的在于为农户成员争取权益。

(3)运营方式不同。农村专业合作组织多是由农业生产经营者(农户等)基于农业生产经营服务的纽带而自愿合作建立的紧密性的、规范性的组织关系，成员间享有平等的经济参与和民主管理的权利。而农会组织多采取自愿入会的松散组织方式，易受家族、宗亲、大户及某个体成员的利益影响，成员未必都能从争取权益的活动中得到平等的收益。

2.3　农村专业合作组织的基本类型

农村专业合作组织种类繁多、结构复杂，且运行模式差异较大。可以从不同角度对农村专业合作组织进行分类。如根据农村专业合作组织的功能，将目前中国农村专业合作组织划分为生产型合作组织、采购型合作组织、销售型合作组织、加工型合作组织、技术服务型合作组织和综合型合作组织 6 种；根据农村专业合作组织创办者的身份，将农村专业合作组织划分为能人牵头型专业合作组织、龙头企业带动型专业合作组织、农业服务部门兴办型专业合作组织和政府发起型专业合作组织等。

本节主要根据农户成员间合作的紧密程度和运营特征，将农村专业合作组织划分为农村专业技术协会、专业合作社、股份合作社 3 种基本类型，以展示农村专业合作组织发展形态的多样性。

2.3.1 农村专业协会

改革开放以来，随着农业农村经济的发展，以家庭联产承包责任制为主的农业经营体制开始面临严峻挑战。首先是高度分散的农户个体在成为独立的生产经营者的同时面临越来越大的难以应对的市场风险；其次是农村技术推广、信息服务和事关农户生产经营服务的公共产品投资机制出现"错位"，无法满足农户农业生产经营活动的现实需要。20世纪80年代初，具有草根性质、乡土气息的农村专业协会应运而生，并在农产品品种繁育、技术推广、信息服务和农产品经销等方面表现非凡，充分发挥了乡村技术能手、产销大户在农村经济发展的示范和带动效应。农村专业协会按农民的所需所盼，把服务直接做到田间地头或农户家中，真正解决了农民一家一户办不好、办不了、办不起来、不划算的事情，有效地促进了农业专业技术的推广、示范和应用，提高了农民进入市场的组织化程度，在引导农户采用先进生产技术，发展专业化的种植养殖产业方面曾发挥了举足轻重的作用。

经过20多年的探索实践，农村专业协会组织规模由小变大，经济实力由弱变强，表现出强劲的发展势头。截至2006年底，全国农村专业技术协会已发展到10.7万个，参与农户1 100万户，占全国农户总数的4%。这些专业技术协会发展水平各异，规模大小不等，少的只有几十户，多的上千上万户；既有在村、乡、县范围的，也有跨省市联合组织的。目前全国已有河北、山西等19个省(区)成立了省级联合会，40多个地(市)和数百个县(市)成立联合会，基本形成了国家、省、市(县)和乡村四级协调运行的体系①。

农村专业协会是一种比较松散的合作经济组织形式，属于一种不完全型的农村专业合作组织。它主要是由从事农业生产经营的农户成员围绕其生产经营环节对技术、市场和信息的特殊需要而联合组建的一种互助性的专业服务组织，多数不以盈利为目的，组织成员之间没有产权的结合，内部利益关系松散，不具有实体性质，主要集中在市场化、专业化程度较高的蔬菜、水果、花卉及家禽、家畜和水产品等专业生产经营领域。农村专业协会或者完全由乡村专业户自发组成，或者由乡镇干部、农技推广部门发起创立，其功能以技术和信息服务农户为主。

在蔬菜、酱品、葡萄、西瓜、花木、银杏等农村专业协会中，会员既是实用技术的需求者、接受者，又是传播者和创新者。按照成员和专业协会的关系，协会会员通常可划分为3类，即核心会员、骨干会员和一般会员。其中核心会员是协会的创立者、发起人，他们一般是技术能手、营销大户；骨干会员是能够在协会各项活动中起

---

①陈良玉.我国农村专业技术协会发展研究[J].中国农村科技，2007(11):34-37

带头作用的积极分子；一般会员是加入协会的其他会员。农村专业协会多数在民政部门、农业部门或科技部门登记，注册为社团组织。

由于合作领域窄、层次低，成员与专业技术协会之间呈现“松散型”关系，当成员掌握某些方面的技术后，协会常常会处在自生自灭的状态。农村专业技术协会是农村专业合作组织发展的初级形态，其发展趋势是由松散型向紧密型、由非实体型向实体型转变，最终的形态必然是专业合作社和股份合作社。

根据农村专业协会服务内容的不同，可将其主要划分为如下3类：

(1)农民专业技术协会。这类专业协会以技术推广与培训、信息交流、指导生产与实际操作为主，为农户提供产前、产中技术服务和技术培训，以统一技术规范，确保生产的高效率和标准化。在发展初期，农民专业技术协会可能兼营种子、化肥、农药等生产资料的购买，但对产后的产品销售一般不参与。随着农村社会经济条件的变化，多数农民专业技术协会开始涉足农产品的销售业务，并开始向农村专业合作社的形态转型。

【案例6】河北省滦平县养蜂协会[①]

河北省滦平县地处塞外山区，全县山场面积约2 000 km^2，荆条、刺槐、荆芥等蜜源植物生长茂盛，无农药和工业污染，拥有年花期80 d的独特气候条件。随着退耕还林和生态农业发展，山场植被不断增加，全县拥有的蜜源植物达300万亩以上，可开辟2 500个蜂场，养蜂容量达20万群。但由于缺乏组织带动，全县养蜂产业基本处于自发散养状态，无法形成规模。2004年，全县18个乡镇、83个村只有养蜂户160多户，蜂场176个，养蜂1.2万余群，蜂场及养蜂量仅占养蜂容量的7%和6%。

2004年8月，滦平县供销社牵头组织了农户养蜂协会。协会的主要服务项目有：

(1)对养蜂农户进行技术培训和技术服务。邀请县农牧局、科技局等单位作为协会团体会员组织编写了养蜂专业技术资料，并组织专业技术人员深入全县11个重点乡镇29个重点村，在田间地头向农户宣讲，同时邀请本县养蜂致富大户介绍经验，在县电视台开办养蜂技术专题讲座，给重点乡镇和重点农户发送养蜂专题VCD光盘。协会委托下设的养蜂服务部常年向养蜂农户提供产前、产中和产后等技术服务，解决产业发展中的各类技术难题。服务部有高级畜牧师1名，专业技术人员6名，兼职技术人员38名。他们常年深入基层，专门为养蜂农户提供信息咨

①白立忱.发展中的农村合作社[M].北京：中国社会出版社，2006：64-69

询、专业技术指导、农民培训、产品贮藏和防疫、质量跟踪管理等系列化综合服务。协会对技术人员实行“包片负责、定期巡检、服务质量和蜂年产值直接与技术人员报酬挂钩”的管理办法，对养殖户所需要的蜂糖、蜂具统一组织采购，优惠供应。

(2)为养蜂农户提供蜂产品购销服务。为解除养蜂户对市场的顾虑，县养蜂协会团体会员——兴盛土产药材专业合作社与农民签订合同，承诺常年全额收购蜂产品。协会对蜂产品采取统一协调组织人力逐乡逐村收购，属于协会会员的实行电话预约、上门收购，每千克高出市场价 0.10 元；对所有蜂农交售蜂产品一律现金兑付。协会下属的兴盛土产药材专业合作社还与北方最大的蜂产品生产、加工、营销龙头企业——北方金蜂蜂业有限公司洽谈业务对接，尝试采用“龙头企业＋基地＋协会＋农户”的模式进行蜂产业的一体化经营。双方协定，由协会及其下属企业负责组织收购蜂产品货源；北京金蜂蜂业有限公司提供专用蜂蜜桶，负责产品市场销售。

(3)为养蜂农户提供小额贷款等服务。对缺乏启动资金的养蜂户，协会统一与乡镇信用社协调解决小额贷款问题，仅 2006 年就为困难农户解决小额贷款 5 万多元。

(4)维护养蜂农户的经济权益。2005 年冬京承高速公路在开山爆破中，有7 户蜂农的 91 群蜜蜂被震死，多次与施工单位协调交涉未能得到解决。协会知道后迅速派出专业技术人员进行现场勘查并作出详细权威的技术鉴定，使蜂农的损失得到了全额赔偿。协会还圆满地帮助养蜂农户解决了生产过程中出现的群峰农药中毒事件、交通肇事等而引发的各类纠纷，有效地维护了养蜂农户成员的权益。

协会的工作带动了全县养蜂产业的发展。2005 年全县蜂产品销售量达 650 万 t，销售收入 350 万元，会员户均收入 1.53 万元。2006 年全县养蜂协会会员已发展到 502 户，养蜂规模达到 4 万群。蜂产品销售量达 900 万 t，实现产值 700 万元，帮助农户增收 500 多万元。协会的努力使养蜂产业真正成为当地农村经济发展中“酿造甜蜜的产业”。

(2)农产品产销协会。这类协会以农户成员生产经营为基础，以市场为导向，主要围绕果品、蔬菜、粮油、畜禽等农产品销售开展活动，多由农村经纪人或供销社牵头成立。通过跑市场、找客商、签订单、引良种、统一生产规范和技术要求，抓好技术培训和生产指导，与客商、农户成员签订产销合同等方式为农户提供生产经营服务，可有效解决农户生产的盲目性，降低农户生产经营风险。如元谋县苴林农业产业协会，多年来与县外客商签订合同，引入牛蒡良种，统一生产技术规范和管理措施，统一组织销售、代理公司与农户之间的联系服务；元谋县清和果蔬协会，引进台湾农友公司“亚蔬六号”樱桃番茄良种，组织会员统一规范种植管理，按合同统一销售。

(3)农民贷款担保协会。这类协会常常由急于贷款扩大生产规模的农民发起创建，他们虽有较好的农业生产经营项目和一定的经济基础，但因缺乏足够有效的抵押物，难以从银行和信用社获取必要的发展资金。农民贷款担保协会针对农村经济发展出现的资金瓶颈问题，贡献出将多个“有项目”的农户组织起来相互联保申请贷款的创新策略。农民担保协会是农民与信用社博弈的产物，它通过对本村农民或是合作社成员的贷款担保，以信用社的放贷风险最低为前提条件，不仅分担了银行风险，而且解决农户扩大生产经营的资金需求，促进农村经济发展和农民增收。

农民贷款担保协会是依靠信用担保的形式，保证债务履行的一种为农户成员提供贷款担保服务的专业合作组织，是当前我国发展农村金融服务业的一种理性选择，也是信用制度在农村的进一步完善或延伸。农民贷款担保协会得以维持运行的基础是组织成员都从事着相同或相关的经营项目，或者该组织成员已成为同类项目生产的合作者，其中一些成员已经为共同的生产活动成立了农民专业合作社。

【案例 7】河南省武涉县农民贷款担保协会①

2002 年 10 月，河南省武涉县建立起全县第一个担保协会。至 2006 年 7 月 31 日，全县已成立担保协会 170 个，参与会员 977 户，交纳保证金 463 万元，累计贷款余额 3 152 万元，受益农户 1 517 户，贷款户收益 484.48 万元，贷款回收率 100%。

武涉县担保协会的建立是农民与信用社博弈的产物，以信用社的放贷风险最低为前提条件，担保协会会员资格由信用社认定。协会会员一般由 5～10 户组成，入会成员必须满足如下 7 个条件：

①用户协会章程；

②属本村村民，且具有完全民事行为能力；

③信用程度较高，资信状况良好，在信用社无不良贷款记录；

④遵纪守法，无赌博、偷盗、吸毒等不良行为；

⑤有符合国家政策规定的生产经营项目，或具备从事一定经营项目的投资计划；

⑥自愿履行担保协会与信用社之间的协议；

---

①张冬平，刘旗．河南省武涉县农民贷款担保协会的调查与分析[J]．农业经济问题，2007(5)：57-58

⑦自愿向当地信用社缴纳3 000～5 000元的担保保证金。

担保协会担保贷款的适用范围是本村村民经营的养殖业、小商业、粮油加工业、农业、住房改造等有经济效益的行业或项目。借款金额以小额为主，最大担保金额不超过10万元。

担保贷款流程主要是：

①由借款人口头或书面向协会提出申请；

②经协会60%以上的会员讨论同意；

③由信用社客户经理审核；

④协会为借款人出具借款担保书；

⑤借款人办理借款手续；

⑥协会全程监督贷款用途和使用效果，帮助信用社收本付息；

⑦借款人到期还款。

根据协会与信用社的合约，协会在接受信用社贷款服务时享有如下权利：

①所担保贷款在政策允许范围内实行利率优惠，一般下调到0.8%；

②协会担保贷款免收贷款咨询费、公证费；

③信用社按协会担保贷款利息收入的1%支付手续费；

④贷款担保协会帮助信用社收回不良贷款，信用社按一定比例付给劳务费。

协会会员在同等条件下优先获得信用贷款，可获得本人所缴纳担保保证金1～5倍的贷款，个人缴纳的担保保证金由信用社按同档次存款利率支付利息。如果贷款不能按期归还，信用社可直接扣除担保协会的保证金，担保协会成员所承担的保证责任为连带保证责任，保证金不足时，用担保人(包括担保协会及其全体成员)的资产补偿，直到本息还清为止。

2.3.2 农民专业合作社

农民专业合作社是一种管理相对规范、与农户联系比较紧密的专业合作经济组织形式。农民合作社在中国目前的政策法规体系中有其特定的含义，属“合作社法人”，具有同公司法人等同的法律效应。《农民专业合作社法》第一章第2条对“农民专业合作社”的性质和内涵进行严格界定。其内容是：

“农民专业合作社是在农村家庭承包经营基础上，同类农产品的生产经营者或同类农业生产经营服务的提供者、利用者，自愿联合、民主管理的互助性经济组织”。

“农民专业合作社以其成员为主要服务对象，提供农产品生产资料的购买，农产品的销售、加工、运输、贮藏以及与农业生产经营有关的技术、信息等服务。”

根据这一界定，农民专业合作社仅仅是指那些从事农业生产经营服务活动的实体型的农村专业合作组织，而不包括那些只为成员提供技术、信息等服务，不从事经营活动的农村专业技术协会等社团法人组织；也不包括各类金融性、综合性和社区性的农村专业合作组织，如农村股份合作社、农村集体经济组织和农村合作金融组织等。

概括起来讲，农民合作社的基本特征描述如下。

(1)生产在家，服务在社。农民合作社是以农户成员作为独立的经营主体为基础而由同类农产品生产经营者或农业生产经营服务的提供者、利用者自愿缔结的互助性组织，它承认农户成员的资产所有权和参与剩余分配的权利，并以农业种植、养殖、初加工等专门产业项目的生产经营为内容，旨在发展当地特色产业项目，为农民提供农产品生产、加工、销售和农资购买等专业服务。农民专业合作社在不改变农户原有生产方式的同时扩大了经营规模，可强化农户的市场主体地位，为农户成员的生产经营高效提供针对性、低成本的技术、信息和金融服务。

(2)所有者和惠顾者同一。农民专业合作社是由成员共同所有和民主控制的一种特殊的企业组织形式，多以农业种植、养殖、初加工等专门产业项目的生产经营为内容，旨在发展当地特色产业项目，为农户成员的生产经营活动提供农产品生产、加工、销售和农资购买等专业服务。合作社不仅仅是投资者所有的企业，而同时是服务对象——农业生产者农户所有的企业，投资者与服务对象的身份同一，合作社成员平等出资或将出资额与农产品的交易配额相挂钩。合作社实行公平交易，互助互利，主要以成员与合作社的交易量进行剩余分配或返还，不允许一个社员侵犯另一个社员的利益。

(3)合作社法人。农民合作社是经济实体，有可供支配的财产，可在工商管理部门登记为合作社法人。《农民专业合作社法》第一章第 4 条、第 5 条和第 6 条规定：农民专业合作社对由成员出资、公积金、国家财政直接补助、他人捐赠以及合法取得的其他资产所形成的财产，享有占有、使用和处分的权利，并以上述财产对债务承担责任；农民专业合作社成员以其账户内记载的出资额和公积金份额为限对农民专业合作社承担责任；国家保护农民专业合作组织及其成员的合法权益，任何单位和个人不得侵犯。第八章第 53 条规定：侵占、挪用、截留、私分或者以其他方式侵占农民专业合作社及其成员的合法财产，非法干预农民专业合作社及其成员的生产经营活动，向农民专业合作社及其成员摊派、强迫农民专业合作社及其成员接受有偿服务，造成农民专业合作社经济损失的，依法追究法律责任。

(4)自主经营，民主管理。农民专业合作社与政府、社会团体及其他企业是平等的市场主体，不存在人事、财务、经营业务等方面的隶属和依赖。农民专业合作社完全不同于传统的农村集体经济组织和建国初期的合作社，而是一种成员主体身份明确、产权关系清晰、服务内容灵活有效、权利与义务对称、管理科学的现代农业企业制度，这是我国农民在改革开放、走向现代化过程中的又一制度创新，其实质是为适应社会主义市场经济和经济全球化、农业现代化的形势而对农业生产关系的适当调整，是解放农业生产力的重要实践。

随着现代农业的快速发展，多数农民合作社将通过与农产品加工企业联合或“农超对接”的策略，以“公司（或超市）＋专业合作社（基地）＋农户”的农业产业化经营模式来拓展其农产品生产经营的价值链，为其所有者农户成员争取更多的利润和生产经营剩余。与之同时，一些率先发展壮大的农民合作社还将联合形成覆盖面更广、产业链更长的综合性农村合作社，以便通过规模经营和集约购销，提高商业谈判和市场竞争的筹码，为农户成员的农业生产经营提供高质量、低成本的各类服务。合作社在运作过程中既可以向产前的生产资料购销等部门延伸，又可以向农产品销售、加工等产后部门延伸，还可以向产中环节提供全方位的服务，是连接“龙头”企业和农户的重要层次，是协调“龙头”企业与农户利益关系的理想中介[①]。

【案例8】浙江省新昌县兔业合作社[②]

20世纪50年代初期，浙江省新昌县就以其养兔业的规模和产毛量被誉为“长毛兔之乡”。20世纪80年代初期，随着国际市场兔毛需求的增加，该县兔业养殖规模急剧增加，全县饲养量达到100万只。80年代后期的国际兔毛市场价格回落让新昌县的养兔业跌入了低谷，1995年，全县长毛兔饲养量降到了44万只。新昌养兔业处在兴衰存亡的十字路口，以量取胜还是以质竞争？

1996年10月，新昌县供销社联合67户农民成立了新昌县兔业合作社，并吸纳兔业科研所、畜产品公司、饲料公司等为合作社的团体社员，为养殖户提供综合服务。合作社成立后，积极为社员提供产前、产中、产后服务，形成完善的良种兔繁育、饲养、兔毛加工、销售体系，迅速扭转了新昌县兔业发展的形势。

首先，合作社专门建立了良种繁育场，花重金引进纯种优质的安哥拉长毛兔，繁育并向农户推广，还通过良种兔评选会和赛兔会等形式鼓励农户饲养良种兔。合作社建立了115个授精站，对工作人员进行规范化培训，普遍采取人工授精技

①胡宗山．农村合作社：理论、现状与问题[J]．江汉论坛，2007(4)：16-19

②白立忱．发展中的农村合作社[M]．北京：中国社会出版社，2006：35-39

术,迅速改进当地长毛兔品种。经过多年努力,新昌良种长毛兔繁育体系基本形成,每年可提供10万只良种兔。品种改良对增加产毛量、提高兔毛质量、拓展国际市场和增加社员收入起到了重要作用。在良种繁育场和人工授精站的基础上,合作社还建立了212个饲料加工点,配备防疫员对社员进行“四到户”服务,即良种兔到户、饲料到户、防疫到户、兔毛收购到户。社员只负责喂水,其他事情由合作社来做,有效提高了社员的劳动生产率,户均饲养量增加到300只,实现了规模养殖。合作社成立8年来,共举办科技培训班146期,培训13 100人次,印发信息资料21 200份,并根据不同季节在广播、电视、报刊中宣传养兔知识。合作社还成立了一支由18人组成的专业辅导员队伍,分片蹲点负责生产发展、科技辅导、防疫治病。目前,合作社已从社员中培养了17名技师、14名助理技师、24名技术员。1997年,新昌兔业合作社为其兔毛产品注册“白雪公主”牌商标,并获浙江省人民政府颁发的优质农产品金奖。

其次,合作社还十分注重产后的兔毛收购销售。合作社拥有自己的兔毛纺织厂,生产原料全部来自社员,纺织厂的兔毛纺纱产品部分提供给国内毛纺织厂作原料,部分出口日本、韩国和欧洲市场。供销畜产品公司是合作社的兔毛集散中心,公司利用稳定的销售渠道让社员生产的兔毛货畅其流。

合作社实行“民办、民管、民受益”的原则,切实为社员服务,接受社员的民主监督。合作社农民股份在50%以上,理事会、监事会10名成员中,农民占8位。合作社每月一天“社员接待日”,倾听社员意见。合作社重大问题由农民集体表决通过,在利益分配上做到公开透明,既有制度,又有公报,每年向社员“二次返利”的比例在60%以上。2003年,合作社从赢利中拿出30万元返还给农民,让每个社员平均增收3 600元。2005年,合作社已拥有省级良种场2个、千兔场6个,规模养兔户从1998年的38户增加到252户,户均存栏兔458只。其中1万只以上的农户有2户,千兔场60户;养兔收入在30万元以上的有5户,10万元以上的有22户,5万元以上的有50户,80%的养兔户收入超过2万元。新昌的长毛兔也已实现良种化、标准化、规模化,由于兔毛品质优良,产品走俏国际市场。养兔业已再次成为新昌的一大支柱产业。

2.3.3　农村股份合作社

农村股份合作社是拓展型的农村专业合作组织。究其实质性内容而言,股份合作社是专业合作组织与股份制企业的衍生物或融合体,兼有股份公司、合作社的某些特征,是中国农村专业合作组织的机制创新,既体现了合作社为民服务的宗旨,又吸纳了广泛的社会资源来促进农村合作组织的发展。农村股份合作社比较适合中国的情况和农村发展需要，可能在未来农村经济发展中发挥更大的作用。

股份合作社出资人的主体是通过合作社进行交易的农产品生产者，合作社是自我服务企业。农户参加合作社除了可以共同加工、销售农产品，共同购买生产资料以外，通常还能从合作社得到股金分红和交易利润返还，这有助于农户更多地获得部分农产品产后的增值利润。就中国目前的具体国情而言，股份合作社一般由村集体、企业、农技推广单位、基层供销社等出资作为股东，在吸收少量的农户成员股金的基础上组建而成。大多数股份合作社按保护价收购农产品，按月结算，年底按股金分红，少部分股份合作社除按股金分红外，年底按交易量进行利润返还。

概括起来讲，股份合作社是由从事某种专业生产的农民和其他社会组织及其成员，通过资本、劳动、技术、信息和生产资料等要素的结合而形成的新型农村专业合作组织，其主观上追求商业利润，客观上却促成农村社会经济的发展和专业技术的扩散、推广和商业化应用，实现了农业产业资源的价值增值和农民增收。股份合作社多数有自己的企业，在工商管理部门登记为企业法人。

需要指出的是，在东南沿海等一些经济发达地区，通常也将农村社区股份合作社、农村土地合作社等[①]纳入农村专业合作组织范畴加以讨论。但这些合作社创立的宗旨在于“富民”，通过集体产权明晰化和商业投资来帮助城市周边农户有效地应对快速工业化、城镇化对农村经济发展和农户生计带来的各种冲击，以实现集体资产的增值保值，确保广大农民能够长久地分享城镇化、工业化的成果，在安定有序中适应城市节奏、享受城市文化和融入城市生活，成为完整意义上的城市居民。考虑到这类合作社运作的重点不是“为农户成员的农业生产经营提供专业服务”，且其剩余分配主要以股份进行，本书所讨论的专业合作组织不包括这类合作社。

【案例 9】兴聚农业科技合作社[②]

8 月 3 日，黑龙江农科院绥化农科所副所长陈维元研究员、绥化市北林区农技推广中心主任张树春高级农艺师和兴聚农业科技合作社社长、兴福乡聚宝村村委

①时红秀，张青．昆山的三种农民合作社——新农村建设的一个案例研究[J]．国家行政学院院报，2007(1)：78-81

②师晓京．三大股东撑起兴聚农业科技合作社[N]．http://www.hljagri.gov.cn/rdgz/xgxx/200705/t20070522_21059.htm

会主任张德山按时一同来到合作社的千亩大豆田察看苗情。张树春翻看叶面后告诉张德山近期要注意灰斑病的发生，要加施的药剂等。张德山一边听着，一边认真地在本上记下了防治的技术要领。

早在20世纪90年代，黑龙江省绥化市兴福乡聚宝村农民张德山就与绥化农科所合作搞大豆种子繁育，效益很好。当时有12个农户跟着他干，但由于是一家一户生产，无法实施统一种法，产品有时不合标准。2002年，他引导农户自愿成立了"聚宝繁种联合体"，以实现土地集中连片，统一标准化种植。大面积生产经营，对科技支持产生了现实需要。2005年3月，在国家科技入户工程的推动下，经农业部大豆首席专家韩天富教授和黑龙江农业科技厅科技处倡议，"聚宝繁种联合体"与省农科院绥化农科所、北林区农业技术推广中心共同入股组建了兴聚农业科技合作社。

兴聚农业科技合作社实行股份制运作，农科所和推广中心各占10%的股份，分别以科研成果和集成技术服务入股，农户成员则以土地和劳动力入股，三方捆绑在一起共同经营，按股分成。其具体业务模式是农科所提供的全是最新研究的原种；推广中心负责为合作社提供优质农用生产资料、市场和技术信息等服务，在生产的每个关键环节派技术员上门指导；农户成员按照合作社规程进行标准化生产；合作社负责繁育良种的生产计划的制定、生产环节管理（整地、播种、病虫草害综合防治、中耕、收获）、农资购买和繁育良种销售，包括统一品牌、包装和商标，统一收获、调配和销售的运营生产方式等。

兴聚农业科技合作社的组建提高了农户成员生产的组织化程度，实现了农户成员与最新科技成果的零距离接触，大大降低了农业技术推广的成本和农户成员的生产成本，提高了农户成员的收入。2005年，合作社统购生产资料节本增效4.8万元，其中购种降低成本2.4万元，化肥降低成本1万元，农药1.4万元；农业机械整地、播种、中耕和收割等综合作业，亩降低成本20元，节本增效8.4万元；4 200亩优质大豆繁种，总计增收73 500 kg，平均亩增产10%，增效20.6万元；大豆良种回收价比市场价高0.20元/kg，增效14.7万元。

合作社的发展也给农业科研部门和技术推广机构的工作产生了积极影响。黑龙江农科院绥化农科所副所长陈维元研究员说："绥化农科所主要从事育种研究，要求有一定的保密性和生产标准一致性，这就需要相对固定的土地进行标准化繁育，在种植过程中还需要随时了解作物生长的情况，根据不断反馈的信息，修订科研内容和方向，并进行有针对性的科技创新。参加合作社，我们在履行提供良种和优质栽培技术，进行实用技术研究，对农技推广人员进行培训等职责的同时，实现了科研与生产的对接。新品种、新技术等科研成果能很快在合作社推广。在目前国家对农业科研院所投入不足的情况下，通过回收、销售种子，我们的科研经费因此得到了补充。”绥化市北林区农技推广中心主任张树春高级农艺师强调说：“参加合作社，社员的土地成为我们农业科技试验田和示范田，我们对研究所提供的新品种、先进技术进行适用性组装后，可以对农民进行面对面的培训，现场手把手的指导，多年推广不开的测土配方施肥、种子包衣等新技术，今年就全部推广开来。”

第3章　农村专业合作组织的功能和作用

农村专业合作组织的涌现，是中国农村市场经济发展的必然结果，也是农村经营体制创新的重要组织形式，其对中国农村社会经济发展的影响将不亚于农村联产承包责任制。农村专业合作组织通过农户的联合行动整合乡村社会内外的产业创新资源，将彻底改变我国农业生产经营方式，为现代农业发展、新农村建设和农民经济权益的维护提供强有力的组织保障。

3.1　关于农村专业合作组织产生的理论解释

农村专业合作组织的创生有其内在的历史必然性，国内外的经济学家和其他社会科学专家曾对此做过多维度的探讨和分析。我们依据相关的文献资料对这些理论做如下简要阐述。

3.1.1　社会分工与交易成本

传统的农业社会是一个自给自足的自然经济社会，每个从事家庭经营的个体农户都是自给自足的独立的生产、消费单位，其中农用物品的供应和农产品的加工、消费与农业生产是一体化的，从生产到消费，中间几乎不发生交易费用。但随着工农业分工、城乡差距的扩大，社会生产效率提高和交易对象的拓展，各种农用物资和农产品的供给和消费，日益从自给自足状态被迫纳入到商品交换之中。这样，以从事农业生产为主的家庭农户如果继续兼营农用物资的购买和农产品的加工、仓储、运销，就会产生规模上的不经济。

20世纪30年代，美国经济学家科斯曾在分析“组织为什么存在”时解释说，市场的运行是有成本的，通过形成一个组织，并允许某个权威来支配资源，就能节约某些市场运行成本。他认为，组织存在的目的之一就是降低内部要素所有者与外在市场之间的交易成本。具体就个体农户与企业经营的差异性而言，企业因其内部建立了一套相对专业和完善的组织部门，如生产、销售、仓储、运输、管理等部门，可以通过专业性分工以节约交易成本，扩大其功能运作空间，而个体农户则要独自实现生产、销售、运输等多项工序，这必然会出现生产经营的低效率和高成本。

家庭农户作为一个初级农产品的提供者，其分散的、小规模经营的特点使之在市场谈判和交易中处于一种弱势地位，为了完成其生产经营活动，必须与农资市场和农产品市场的其他人或企业进行一系列商业谈判和交易，必须支付相当数量的交易费用或交易成本，如界定和保障农资产品质量的费用、发现交易对象和交易价格的费用、讨价还价的费用、订立和执行交易合约的费用、监督违约行为或欺诈行为并对之进行制裁的费用等；还包括购买灌溉、植保、防疫及其他生产技术等各种生产服务的费用。同样的交易费用也发生在企业向农户出售种子、农药、化肥、农机具和技术服务活动过程中，为了保证交易的完成，企业必须支付搜寻市场信息、寻找客户、商业洽谈和开展售后服务等活动成本。因此，降低交易成本就成为家庭农户和与其相关的涉农企业提供生产经营效率、实现持续发展的重要选项。

农村专业合作组织通过家庭农户成员之间的利益联结和合作行为，以集体购买和销售的规模效应明显改善家庭农户市场交易的弱势地位，化解农户家庭经营在规模上的不经济等弊端。农村专业合作组织存在的最主要优势在于它既利用了其成员固有的当地信息资源和信任资本，又利用了自我雇佣优势，可以降低信息、监督和执行等交易费用，给组织成员带来更多的利益①。

一些经济学家分析说，农村专业合作组织是实施外部交易内部化的有效手段。农村专业合作组织的出现可减少由于不完全和非对称信息以及资产专用性的存在所产生的交易费用。他们指出，不完全和不对称信息的存在常常导致逆向选择和道德风险：不完全和非对称信息的存在使交易一方或双方担心自己成为牺牲者，从而导致对双方均有利的合同难以达成，或者双方将花费巨大成本来确立某种制度安排以消除机会主义行为。在农业投入品的销售商和农民之间以及农民与农产品购买者之间均存在信息的不完全和不对称，这使逆向选择和道德风险这类机会主义行为有很大的存在空间。农业生产投资均存在较强的资产专用性，由于农产品生长有一个生物过程，一旦种养品种确定，即使面临市场变化也无法改变，一些生长周期长的作物更是如此。尤其是当这种投资与特定的交易伙伴联系在一起时，农民销售其产品时没有或很少有其他选择，这就更容易遭受交易伙伴机会主义行为的风险。反过来，大规模投资于农产品加工业的企业，假如其资产的专用性程度很高的话，也可能由于农民的机会主义行为难以得到稳定的货源，从而导致投资于农产品加工的企业规模不足②。

农村专业合作组织发展是农村市场经济发展的必然结果。20 世纪 80 年代后

---

①孙亚范．新型农民专业合作经济组织发展研究[M]．北京：社会科学文献出版社，2006：38

②林坚，马彦丽．农业合作社和投资者所有企业的边界——基于交易费用和组织成本角度的分析[J]．北京：农业经济问题，2006(3)：16-20

期，正是出于家庭农户获取生产经营服务、降低生产经营服务交易成本的内在需要，中国农村地区出现了各种互助性的农村专业合作组织。改革开放初期推行的家庭联产承包责任制曾有效激发了家庭农户的生产经营积极性，促进了农业生产力的大幅度提升，但随着农村市场经济发展，这种经营体制的弊端日益凸显，家庭农户的生产经营无法适应社会化大市场带来的各种挑战，且常常在商业谈判和交易中处于不利地位，其要么无力解决生产经营必须面对的系列涉及产前、产中和产后的技术服务、农资购买和产品销售问题；要么获取这些生产经营服务的交易成本太高，难以实现增产增收。通过农村专业合作组织发展改善农民的交易地位，降低家庭农户生产经营成本，引导农户成员实现增产增收，这是许多发达国家农村经济发展的重要经验，也是中国农民在家庭联产承包经营责任制基础上实现增产致富的必由之路。

3.1.2 “市场失灵”与“竞争的准绳”

市场经济并非总是有效运转的，结果也并非对所有群体有益，能有效地满足参与市场经济活动的人的需要，这就出现了所谓的“市场失灵”问题，其深层原因在于追求利润的企业和提供公共服务的政府之间存在制衡失调。在农村经济发展领域，这种市场失灵主要表现在两个方面。

(1)农产品市场天然存在的单边垄断结构。在家庭农户为主要农业生产经营主体的市场体系中，会自然性出现农产品市场的单边垄断结构。一方面，存在数量众多的家庭农户，他们生产经营规模小，从事初级农产品生产且经常性存在激烈竞争；另一方面，存在数量有限、规模相对较大的从事家庭农户生产的初级农产品的加工、仓储和销售，以及为这些家庭农户提供农资供应和相关技术服务的厂商，他们通常容易在市场逐利中达成默契，对市场价格实行垄断性操作。这种不平衡的单边垄断结构容易导致寡头垄断企业的产生，其市场博弈的结果之一就是家庭农户在市场交易和谈判中处于弱势地位，使家庭农户的生产经营利益受损，家庭农户所需要的农资产品的售价高于生产这些产品的边际成本，或家庭农户所出售的初级农产品的售价低于其生产成本，从事农业生产经营的家庭农户经常遭遇利益损害。

美国经济学家李普西分析说，在一个不完全竞争的市场中，采取局部消除垄断的做法，不但达不到资源配置的最优状态，而且由于市场力量的不均衡，还可能会降低配置效率。因此，除非全面消除垄断，否则更可取的办法是在不完全竞争市场中引入抗衡垄断的力量，建立一个可竞争市场。国外众多大规模的家庭农户合作经营运动的兴起，其基本宗旨就在于通过家庭农户的互助合作来改变其生产经营的弱势地位，改善其生产经营条件，并保持其生产经营的主导权、收益权和市场交易的定价权、控制权。农村专业合作组织常常也被许多农村发展专家和经济学家宣传为“竞争的准绳”①。

(2)农村公共物品和服务的匮乏。一般而言，企业生产经营服务的目的在于追求利润最大化。企业在投资提供某项商品和服务之前通常都会做预期收益率评估和投资可行性分析。当其在特定市场投资不能取得预期的收益率，特别是其收益低于投资成本时，多数企业就会放弃针对特定市场的投资计划和产品与服务供给计划，这常常导致另一类市场失灵：特定商品或服务供给的缺乏，并使特定区域或阶层的社会民众的生计改善和生产经营活动受到影响。

一些经济学家分析说，完全竞争的市场经济运行的一个重要条件是所有参与市场的人都掌握相同的信息，但现实却是某些当事人掌握了不为他人所知的信息，这就存在信息不对称。由于买方和卖方所拥有的信息不对称通常会导致双方的交易匮乏，即使这种交易对买卖双方都有利。这在众多农产品和农业生产资料市场更为突出。农村金融服务资源和其他社会服务体系缺乏在一定意义上也与这种信息不对称有关。一般而言，农业生产经营者相互之间对其信用风险或对生产的农产品质量比较了解，而与这些生产经营者进行交易的银行或企业可能不掌握这方面的信息或者获取这些信息的成本太高，这就很容易导致银行或企业放弃相关的公共服务供给。如果加工企业无法确定生产者提供产品的质量，他们就不愿在农产品加工市场中进行投资；同样，在不了解农村居民信贷资格的情况下，金融机构可能简单地决定不向农村居民提供信贷，结果就产生了市场失灵；即使交易可能是有益的，交易也不会发生。

农村专业合作组织的发展为解决这种市场失灵提供了一种可能机制，并在农村社会化服务服务体系的建设中发挥重要作用。例如，作为由农业生产者组成的互助性生产经营组织，专业合作组织可以更有效地为产品质量提供担保，从而作为中介可能促成加工企业和农户之间交易合约的达成。同样，农村专业合作组织获取农户成员信贷信息的成本可能要低于追求利润的企业，也可以充当外部金融企业为农户成员进行融资服务的协调和担保中介。各类农村专业合作组织小额贷款成功的关键在于他们具备有效地确定个人信贷资格和创造还贷动力的能力。

3.1.3 公共产品与“政府失灵”

政府是市场经济有效运行的相当重要的控制变量。除了为市场经济提供基本

①黄季焜，[加] Bernard H. Sonntag，[美] Scott Rozelle，[澳] John H. Skerritt. 21世纪的中国农业与农村发展[D]. 北京：中国农业出版社，2006：166-167

的法律和司法框架外，政府还必须为公民的生产、生计提供多种公共商品和服务，包括各类准公共产品。农村基础设施，如电力和电话网络、灌溉系统、农业研究和技术推广等可被视为准公共物品或服务，它们具有某种程度的非竞争性，因为一个农户对它们的使用基本上不排斥其他农户的使用。多数情况下，单个农户无法解决或不愿意承担这些物品和服务的供给问题，一方面是因为自身承担能力问题，如缺乏投资建设所必需的资本和资源；另一方面则是因为这些物品和服务的效用的问题，它可能会让更多的其他农户搭便车免费分享而无法使其独享收益。农村基础设施和相应的准公共产品与服务虽关系众多民众的利益，但因其具有某种程度的非竞争性和非排他性，追求利润的企业通常不愿提供，除非政府提供足够有效的税收优惠激励等措施。解决这类准公共产品和服务问题的通行办法通常是由政府出资或出激励政策引导、支持其他组织提供这类让更多民众受惠的“准公共产品”。但由于市场经济的复杂性、相关需求信息无法获取或获取成本高昂，政府并非总能有效地提供这些公共商品和服务，这就出现了所谓的“政府失灵”。

在许多农村发展专家的话语体系中，农村合作组织可以最有效地提供所谓的准公共物品和服务。他们指出，虽然许多农村准公共产品应该由政府提供，政府也有能力提供，但政府可能缺乏以最令人满意的方式提供此类物品和服务的动力①。与之相比较，由农民自愿组成的互助性农村专业合作组织却常常有提供此类物品和服务的适当动力和信息优势。国内外经验表明，当特定商品的农业生产经营者认为迫切需要某类公共产品与服务，如迫切需要与特定作物有关的技术研发和技术培训，而政府的资助和公共服务体系又不能满足其需要时，农业生产经营者就会有足够的动力去成立相应专业技术研究会等农村专业合作组织，并通过合作和共享机制来满足自身利益需求，如中国的养蜂农户组建养蜂协会满足其对养蜂技术的需求，加拿大的某一农村专业合作组织就开展对豆类植物与双低油菜研究的资助和管理以满足其成员的生产经营需要。

为农村居民提供必要的社会公共产品和公共服务，也是众多农村专业合作组织创建发展的基本动因。20 世纪 40 年代，美国一些地方出现的农村电力和电话合作社，就是农民通过组建专业合作组织来自助获取自身所必需的公共服务的典型范例。20 世纪 80 年代初，中国农村出现的诸多专业技术协会曾以其独有的地方知识和信息资源优势，高效率地开发并为从事特殊种植养殖业的家庭农户提供了政府农业推广体系不愿提供或无力提供的生产技术服务，促进农业社会经济结

①黄季焜，[加] Bernard H. Sonntag，[美] Scott Rozelle，[澳] John H. Skerritt. 21 世纪的中国农业与农村发展[D]. 北京：中国农业出版社，2006：169-171

构的变化和技术进步。在一定意义上可以认为，中国农村专业合作组织的发展是对农户生产经营所需要的各类准公共产品和服务“缺位”或“错位”的一种补充和校正，既反映了农村市场经济发展对农业生产经营等社会化公共事业和服务体系建设的强劲需求，也贡献了化解农村经济发展困境和社会化服务资源缺乏的新机制。或许出于这一原因，许多政府和国际组织在中国乡村投资创建的各类基础项目都注重农村合作组织的培育，并相当重视让农村专业合作组织在这些基础项目管理和维护中发挥重要作用。

【案例10】四川射洪县陈古镇熊家祠村管水协会①

为降低水费、按照“民建、民管”的原则，射洪县陈古镇熊家祠村成立管水协会。该协会由14个组556户农户组建，以“自我管理、自我服务、合理用水”为宗旨，自发组织农民投资1.4万元，投工900人次整修了渠系、山坪塘，新增蓄水3 300 m^3，新增灌溉面积162亩，有效地解决了多年困扰农民和政府的“农民管不了，政府管不好”用水问题，大幅度降低了水费，节约了生产成本。

3.1.4 农民的行动逻辑与理性选择

关于农民的行为逻辑，斯科特等社会学家指出，由于传统农业社会是一个具有高度认同感的内聚型共同体，“集体意识”或“集体良心”会内在地要求各个成员将社区整体的利益置于优先地位；尽管在社区内每个成员有其生存空间和私己利益，但在危机出现时，每个农户成员都有义务为其他成员提供互惠和庇护等非正式的社会保障。而经济学家舒尔茨等却认为，市场经济大潮已经让每个农民都成为“理性小农”，他们并非在意集体的规范与利益，而是更关注自己的个人利益，同资本主义的“企业家”一样精于计算。“集体道义”可能有助于互助性合作组织的发展，但仅仅依靠集体规范或道德约束未必能促成农村专业合作组织的持续发展。

自20世纪80年代实行家庭联产承包责任制以来，随着市场化、工业化和城市化进程的加快，中国绝大多数农村社区的“集体意识”、“集体道义”面临挑战。虽然从经营规模来看，农民仍然是以小规模的家庭为单位进行生产经营活动，本质上仍然属于小农，但与传统的自然经济状态下的小农不同，绝大多数农民已被卷入高度开放的市场体系之中，成为市场经济体系中的“理性小农”。对于这些“理性小农”而言，只有当离散的个体面临着无法克服的生产经营风险时，精于计算的他们才会考虑结成利益群体或合作组织，通过集体行动策略来应对各种生产经营风险。农

---

①李琼，游春．民间协会的集体行动——以“管水协会”为例的分析[J]．农业经济问题，2007(7)：41

民的行动逻辑与其可能面对的生产经营风险直接关联。概括起来讲，农民可能面对的生产经营风险主要是：

(1)自然灾害风险。农业生产经营活动高度依赖各种自然资源和条件，旱、涝、冰雹、持续高温、地震以及作物的病虫害等各类自然灾害都可能给农业生产经营者带来难以预料的风险，造成农业减产、农产品交易市场的不稳定等。由于现行农村公共物品供给缺乏，分散经营的个体农户很难在产前、产中、产后得到应对各种自然风险的有针对性的技术指导和救助服务，结果是大大小小的自然灾害都会给农户带来不少的生产经营损失。

(2)市场风险。农业生产周期长，生产投资的专用性强，而农产品价格波动频繁，这就使单个家庭农户很难形成规避市场风险的必要资源和能力。由于经营规模较小，无法及时获得充分的市场信息，许多家庭农户只能根据上一周期农产品的价格决定生产什么，结果往往出现"卖难"或者是赔本销售，农民增产不增收。即使是在某一时段农产品价格上涨，分散的小农户也很少能从中获得直接收益。2007年猪肉价格的大幅上涨，一些养殖大户或集约化农场从中获益不少，但大多数小农户并未获得多少直接收益。从表面上看，引起此次猪肉价格上涨的原因是猪肉供不应求拉动价格上涨，但其深层原因则是以小户分散饲养为主体的生产经营模式造成的信息传导不畅，导致生猪交易市场交替出现"供不应求"和"供大于求"的周期性波动。当然，部分生猪主产区发生猪蓝耳病等疫情和国内外饲料价格持续上涨也是原因之一。但所有问题的根本还在于小农户的生产经营模式无法与大市场的快速变化相对接。

(3)技术风险。市场经济体系中的农民迫于市场竞争的需要，不得不在农业生产经营过程使用优良品种、先进的生产资料和各种新技术。特别地，当一些农户开始大规模种植单一蔬菜、花卉或参与畜禽养殖时，采用新技术的压力就更大。这就可能产生生产经营过程中的技术风险，如由于缺乏对技术选择和相应的预警评估能力和技术配套服务，致使小农户采用农业新技术获得的实际收益与预期收益差距较大，不得不蒙受经济损失。这一方面可能是由于技术应用的复杂性和外部环境的不确定性导致农户不恰当使用新技术，如过量使用化肥等；另一方面则与小农户事先评估风险、降低风险的资源和能力不足有关。此外，假冒伪劣的农资产品和种子等也可能会给小农户的生产经营带来技术风险。

(4)经营风险。在小农户日益倚靠大规模种植水果、蔬菜、花卉等经济作物的情况下，其所有的生产经营决策都必须面向市场，稍有不慎就可能招致严重的经营风险，蒙受巨大的经济损失。

面对这些生产经营风险，"理性小农"一般会采取"事前"策略和"事后"策略。

"事前"策略是在风险损失发生以前，通过采取空间分散种植、作物种植模式的多样化、品种的多样化、收入来源的多样化等策略以防范风险，保障收入的稳定；"事后"策略则是当风险发生以后，农户会采取家庭储蓄、减少家庭支出和社区风险共担策略等方式使家庭渡过困难期。但这些策略往往治标不治本，不能帮助农户从根本上找到消解或减缓风险的有效办法。国内外正反两方面的事实表明，家庭农户应对各种生产经营风险的根本途径就在于通过某种制度安排解决好乡村公共产品和服务的供给短缺问题，如增加抵御自然灾害的农业基础设施建设、强化内生性的农业研发和技术推广能力等。而有效解决这些问题的理性选择是家庭农户自愿组建各种互助性的农村专业合作组织，以众多农户的联合行动提高抵御各种生产风险的能力。

20 世纪 90 年代初，在各种生产经营风险和外在市场利润吸引的双重作用下，中国农村的部分农户率先担当"市场中间人"，以个体的形式从事蔬菜、水果等农产品营销的同时，开始自发组织小农户成立了形式多样的产销协会、专业技术协会、农民合作社等农村专业合作组织[①]。农村专业合作组织作为个体农民的联合体，可以提高农民在市场中的谈判地位，有利于建立稳定的产销关系，解决农产品卖难的问题，还可以聘请技术专家和利用外部资源在产前选种、产中管理、产后销售等方面对农民进行培训、指导，合作投资兴办各类准公共产品，从而有效地降低各类自然风险、技术风险和市场经营风险等。

3.2 农村专业合作组织的基本功能

农村专业合作组织在促进农村经济繁荣、发展现代农业、实现农民增产增收和新农村建设方面将发挥十分重要的作用。农村专业合作组织发展的基本功能可概括为推广技术和传播信息，培植草根技术创新资源；组织农产品销售，降低农户成员市场经营风险；统一购买生产资料，减少农户成员生产经营成本；提供合作信贷支持，解决农户成员资金紧缺问题。

3.2.1 推广技术和传播信息，培植草根技术创新资源

随着农业生产产业化、市场化的不断推进，分散农户在生产经营过程中对技术、信息等生产经营服务的需求越来越迫切，然而我国现行农业科技推广体系却因体制设计等方面的原因，远不能满足农村社会经济发展的现实需要，广大农户主要

①姚兆余，狄金华. 农户风险处理与农村专业合作组织的发育. 农村经济，2007(3)：127-129

依靠亲朋邻里传播网络等来获得生产经营所必需的各种技术和信息。从20世纪80年代开始，以草根农民为主体的农民科技信息协会等专业合作组织纷纷创立，旨在有针对性地向小农户进行技术推广和示范，以促进农村特种种植养殖技术的研发、推广和扩散，全面提高农户的综合生产经营能力。这些农村专业合作组织通过收集、加工和整理特定行业的农业生产技术和经营信息，为农民免费提供信息、培训、咨询等服务，有效地促进了农村经济的发展和农业技术进步。一些发展迅速、规模较大的农民科技信息协会甚至探索出一条“以现代信息技术为基础，以各级农业专家为依托，以广大农民会员为主体，以公益服务为宗旨，以政府支持为引导，以市场运作为保障”的农业科技信息传播服务新路子，开始大规模地从事农业科技适用信息的加工、整理和经营，并针对农户成员生产经营中的共性问题举行各种规格、多种形式的农业科技培训和技术扩散活动，为农民提供从买种子、化肥、地膜等到市场经营等配套服务。这就大大降低了农民使用先进科技的风险，调动了农民大胆使用先进技术的积极性。

随着各类农村专业合作组织的发展和农户生产经营规模的扩大以及农民技术经营意识的提高，一些农村专业合作组织开始探索为农户生产经营活动提供高层次的技术增值服务的可能性，甚至有一些科技资源和市场渠道多的农村专业合作组织开始向农业科技经营性公司转化，还有一些农民科技信息协会得到政府机构的扶持和指导，成为政府联系农户开展技术服务的重要纽带。以农村科技信息协会为主体的农村专业合作组织不仅是市场信息的推广者，更是市场信息的传播者，它们通常与县市各级农业推广机构、省内的农业高等院校和农科院所合作，甚至仅仅通过与在这些机构任职的老乡亲朋联系以及时地获得各种先进的农业科技信息，将农业的新成果、新产品引入到协会中来，并通过会员的示范和带动作用在当地进行试用、推广和扩散。由于农村专业合作组织扎根于基层，常常会及时地根据当地的种植养殖特点和时节变化为农民免费提供适用的技术服务和生产指导，因而深受广大农户成员，特别是特种植养殖户的欢迎。

从服务的形式和内容来讲，农村专业合作组织更能适应和满足农民技术需要。政府主导的农业技术推广体系的职责主要是传达政府的意向，推广和实施政府的农业计划，基本上是按照自上而下的“管道模式”来单向度地向农民和农村地区强制性传播由政府官员或者学科专家依据其对农业生产情况评估和政府发展农业的战略意志而设计的、预制好的技术方案，而很少考虑农户的实际需要和接受能力。这些技术方案和推广技术在一定程度上可能代表了农民的需求，但却常常因为没有深入了解农民生产经营需要和农民对新技术的可接受性，农民对这些技术推广活动的反应并不积极，结果引起了农民对农业技术推广部门的消极印象：提供的技术不需要，需要的技术又没有能力提供。近年来，由于资金投入不足等因素，政府主导的农业技术推广体系濒临“网破、人散”的状态，基层农业技术推广站人员技术服务能力降低、新技术资源补充不足等问题突出，致使政府科技计划和技术推广活动受益人群的覆盖面有限，农民很难通过正式的技术推广渠道获得相应的新技术信息。与之相比较，农民科技信息协会等专业合作组织由于其组织成员扎根农村，对当地的情况了如指掌，对于农民和农业生产有着特殊的情感和敏感性，他们十分注重开发和利用农民现有的知识经验和智慧来寻找和开发各种适合当地农业生产需要的新技术，并能够根据农业生产中存在的各种问题为农民提供一些具体可行的技术方案和技术示范，他们虽没有成规模的科学资源但却能从农民的角度出发，切实满足农民对实用技术的现实需求，因而深受农民的欢迎①。

此外，农民科技信息协会等专业合作组织还通过百姓使者、热线电话、科技网站、会员登记等渠道，关注基层农民的终极需求，对农村用户的各种情况进行详细的统计分析，这不仅激励农民阅读和反馈信息，而且增强了下传信息的针对性和互动性，能够提供农民真正需要和乐意接受的技术信息和服务。农民科技信息协会等农村专业合作组织以农民会员为主体，通过会员沟通、交流和技术示范等向农民传播科技信息，形式多样，效果显著。他们走村串户，通过点对点的方式为农民会员提供技术服务。一些合作组织还开通可视化远程专家咨询系统，实现专家与农户的互动交流，开设科技收集短信服务台和专家语音查询台，设立百姓科技网站，并与国内各大农业信息网站链接。一些发达地区的成功实践表明，农民科技信息协会等专业合作组织作为立足于农村的草根组织，完全可以凭借其针对性、适用性和亲情化的科技信息和技术推广服务调动农民自发办公益的热情和积极性，并能更有效地发挥市场在科技信息传播和技术推广中的积极作用。

农村专业合作组织多数是以各类“土专家”“、田秀才”为核心，以科技示范户、专业户为骨干的“科技联合体”，他们通过“能人效应”、“示范效应”把科技知识迅速、有效地传播到农民中去，有效地弥补了政府农技推广网络体系的局限性，解决了技术推广和示范、信息服务等农民要求迫切的产前、产中、产后服务的问题，而且还在农村社区集聚了一批善于将先进技术知识和乡村传统资源进行集成创新的草根人才，培植了乡村社会经济持续发展的创新资源。近年来，不少农村专业合作经济组织开始与农业科研、教育部门通过合同协议的方式建立比较稳固的关系，在技术培训、农业科技成果转化和示范推广、发展高效农业和健康种植养殖产业等方面

①王红，李建军，倪景涛．农民科技信息协会对现行农业科技推广体系的补充作用[J]．农业科技管理，2006(1)：68-69

表现出巨大的潜力。北京九牧合作社与北京市农业机械研究所合作，承担完成的“猪舍环境自动化控制”项目使仔猪成活率达到98%以上，大大提高了猪场的生产力，项目可以做到安全、节煤、节电、节省人工、易操作，取暖完全自动控制，自动通风，夏天水帘降温效果明显；与中国农业科学院畜牧所合作试验的“中草药安全猪肉生产技术”项目，使生猪生长速度、肉品品质、抗病能力得到显著改善，目前产品已经上市，各项检测指标非常理想。2006年，九牧合作社还与北京浩邦猪人工授精服务有限公司合作，在礼贤镇平地村、中心村建立了2个猪人工授精站，配备了显微镜、恒温箱等必要设备，使用其优质精液为周边农户服务。2006年共计使用优质精液近500份，对于降低农户公猪饲养成本和提高生猪品质起到了很好的作用[①]。

【案例11】山东省临沂市平邑县金银花协会[②]

平邑县是我国有名的金银花之乡。该县金银花产量占全国总产量的40%～60%。但金银花的种植和经营却面临着品种老化、管理粗放、用途单一、市场混乱等一系列问题。龙头企业在与农民交易中常常发生货多压价、利少违约等损害农户利益的行为；县、乡农技组织和供销社系统对农户的技术服务和购销服务作用有限。面对市场经济条件小农户生产经营中出现的一系列难题，2001年11月村党支部书记刘嘉坤和县里几个热心人依托九间棚农业科技园有限公司，发起成立了平邑县金银花协会。

为了扩大种植和经营规模，在更大的范围内实现金银花种植和经营方面的专业合作，刘嘉坤等人发起并成立了临沂市金银花协会和中国经济林协会金银花专业委员会。2005年3月临沂市金银花协会正式成立。同年5月，中国经济林协会金银花专业委员会经民政部民间组织管理局批准，在北京正式挂牌成立。金银花专业协会是“挂靠科研单位”，“由会员自愿结成的非营利性行业社会组织”，其任务主要是组织金银花的科技开发，推动金银花产业化发展，并为农民提供金银花生产、加工、销售等环节的技术服务和咨询。而金银花专业协会是种植户自发成立的专业合作组织，则可依托当地和行业的有利条件，打破当前行政区划，通过专业合作和技术服务的办法组织金银花种植户进行生产经营，促进金银花产业的技术创

①张金辉．新型养猪合作社助力企业发展，促进农民增收——记北京市大兴区九牧农民合作社[J]．猪业科学，2007(2)：44-47

②李锦，杨明伟，樊宪雷，等．专业合作经济的有益探索——山东平邑县九间棚村金银花协会调查．中华魂，2006：24

新和健康发展。近年来,金银花专业协会与中科院植物研究所合作，在多年研究的基础上已培育出“九丰一号”四倍体金银花新品种。协会还建立了金银花科技培训中心，以加大对种植户的产前、产中、产后系列服务和技术培训，推动和实施金银花品种的标准化种植和规模化生产。

3.2.2 组织农产品销售,降低农户成员生产经营风险

20世纪80年代,我国农村确立了以家庭联产承包经营为基础、统分结合的双层经营体制,农民获得了生产经营自主权,成为独立的财产主体和市场主体,极大地解放了农村生产力。但随着经济快速发展,市场竞争日趋激烈,分散农户与大市场之间对接的高成本成为影响我国农村经济发展的现实难题。就农业生产经营的现实需求而言,大多数农产品属于生鲜产品,保值期短,季节性强,需求弹性较小,分散的小农户的家庭经营很难适应瞬息变化的市场节奏。

为了解决小农户生产的农产品“卖难”问题,一些地方政府曾尝试采用“公司＋农户”的产业化经营模式,但由于农户与龙头企业是两种不同异质主体,各有其利益诉求,且双方的市场地位严重不对称,致使违约事件屡有发生。当农产品价格上涨时,一些农户单方面终止与企业签订的合同,把产品转售给其他出价更高的企业;而在农产品过剩时,个别龙头企业则会变相压级压价、拒收拒购,甚至拖欠农民款项等。当依靠外部力量解决农产品销售问题屡屡受挫后,许多种植养殖大户、基层政府和一些加工企业开始认识到农村专业合作组织的重要作用,他们开始自发行动起来,试图通过互助合作解决交易成本过高、交易合约失效等生产经营问题,于是,基于各类新型专业合作组织的“龙头企业＋专业合作组织＋农户”的产业化模式开始出现,这些模式通过在企业和农户之间建立有效的制衡和约束机制既保证了加工企业的利益,也解决了农户生产销售难的问题。

收购和销售农产品是大多数农村专业合作组织的中心工作,也是农户参与合作组织的最初动力。能否为农户会员生产的农产品找到稳固的购销渠道,是农村专业合作组织持续运行的关键所在。农民专业合作组织通过组织市场研发、建立营销网点、统一加工包装、集中产品运销或与龙头加工企业联盟等,既缓解了农户小生产与社会大市场的矛盾,实现了集约化、规模化经营,又降低了组织成本和交易费用,提高了农业市场竞争能力。农村专业合作组织作为一种现代农业组织形式,不仅能够实现生产要素在更大范围、更宽领域进行配置,促进优势区域布局和产业带建设,带动农业结构调整;而且能够通过统一产品品牌、统一技术规范、统一生产标准提高产品质量安全水平,增强农业的竞争能力;还可以提高农业生产经营者的谈判地位,约束农户相互杀价的行为,避免无序竞争,争取合理的农产品销售

价格，而且通过延伸产业经营链条，获得产后加工、流通等环节的增值收益，促进农民增收。如北京九牧公司与资源、中瑞、荷美尔公司等屠宰加工企业签订定点收购协议，保证了农户成员的生猪销售和及时结账，还将生猪销售价格每千克提高0.2元左右，解决生猪销售的困难，增加生猪养殖户的利润[①]。

总之，农村专业合作组织以集体力量和收购方抗衡，能有效地避免收购方在农产品收购时的恶意压价，使农户生产的农产品以一个较为合理的价格出售。一些实力较强的农村专业合作组织甚至主动出击，到外地的目标市场去开设销售点，通过多种形式帮助农户成员开拓市场销售渠道。还有一些农村专业合作组织与某些大的加工企业或经销商合作，通过"统一配方，统一原料供应，统一加工程序，统一质量标准，统一注册商标，统一包装对外销售"和对农户成员的农产品实行保护价收购策略，既满足了加工企业或经销商对农产品的质量要求，又保证了农户成员能获得预期的生产经营收益，有效地避免了生产经营的盲目性和随意性，较好地实现了小生产与大市场的顺利对接，增强了抗御市场风险的能力。不仅如此，农村专业合作组织也可通过其成员的协同行动逐步降低农民在农产品对外贸易中的损失。中国在农产品出口方面面对的最大障碍主要有两点，一是"绿色壁垒"；二是知识产权壁垒。前者主要涉及农产品的生产标准、农产品的质量标准和农药的残留等技术问题，后者则涉及相关出口产品的品种权、专利权等许可使用的问题，这些问题单靠个体农户自身的力量无法解决或者因为成本太高而难以解决。农村专业合作组织可通过其成员的协同行动和相关谈判、交易活动来有效地解决这些问题。此外，由于缺乏对农产品的深加工，中国农产品出口创汇的空间十分有限。农村专业合作组织可凭借其规模优势，根据外国市场的要求，建立一套健全的卫生检疫标准，并建立统一的生产、深加工、销售一条龙的服务机制，从而能较好地实现农户生产的初级农产品的价值增值。

【案例12】瓦房店市许屯镇东马屯苹果产销协会[②]

2003年，十里八乡有名的"二道贩子"孙经中痛心果农卖难的处境，牵头成立了瓦房店市许屯镇东马屯苹果产销协会，决心引导农户开辟走向大市场的增收路。2004年，村里果农喜获丰收，前来收购苹果的小贩却出价很低，结果多数农户增产不增收，甚至减收。而协会通过统一组织苹果出口俄罗斯、新加坡等国，使协会成

---

①张金辉. 新型养猪合作社助力企业发展，促进农民增收——记北京市大兴区九牧农民合作社[J]. 猪业科学，2007(2)：44-47

②王彦堂. 作新农村建设的新支点——大连市农民专业经济合作组织建设纪实. 东北之窗，2006：25-27

员当年增收显著。孙经中对此深有感触地说"果农种了这么多年苹果,满脑子想的还是生产问题,根本不考虑市场情况。现在不同过去了,不仅要会生产,还要以市场为主。""一级苹果卖2.60元,四级果卖1.20元,等外的价格就更便宜了。过去果农靠阳光自然上色,这样使苹果下面着不了色,直接影响到苹果的等级,一级果由于色泽差可能只能卖三级果的价钱。如果在树下铺上地膜,利用太阳光的反射作用,就能使苹果下面也着色。色泽均匀了,价格自然就高了。"基于这些认识,他领导协会对入会的农户会员实行统一生产资料供应、统一操作规程、统一采收标准、统一销售水果的"五统一"承诺,将农户会员种植的普通果品打造成"东马屯"牌,以高于国内价格销往俄罗斯、新加坡、中国香港等国家和地区。

2005年,协会出口苹果7 000 t,占会员产量的1/3。当年本地一级苹果卖1.20元,国外的三级果可卖1.30元。两年时间,协会为会员增收900万元,平均每个会员增收2 000多元,带动果农增收1 500元,目前已有会员300多人,带动周边农户3 000多户。

【案例13】河北省青县曹寺乡利财蔬菜合作社①

曹寺乡位于河北省青县县城西15 km处,距京沪铁路、京沪高速公路12 km,其自然条件比较适合叶菜类、瓜菜类和根菜类等蔬菜的生长发育,当地也有比较悠久的蔬菜种植历史。随着市场经济的发展,小农户在蔬菜经营方面的局限性日益凸显。2002年,曹寺乡利财蔬菜合作社宣告成立,旨在为菜农成员提供农业生产资料的购买、农产品的销售、加工、运输、贮藏以及与农业生产经营有关的技术和信息服务,解决社员在生产、销售中遇到的许多难题,提高社员收入水平。

利财蔬菜合作社成立后,为其农户成员提供的服务主要有:

(1)提供产前、产中、产后技术指导服务,包括为农户成员统一购进各种农用物资,提供优质棚膜、种子、肥料等农业生产资料;为农户提供蔬菜生产经营技术培训服务和蔬菜地土壤养分分析技术,聘请农业专家讲课,由农业技术员为农户提供全程跟踪指导服务;在农户成员内部推广"无公害"种植技术,引导农户成员种植无公害蔬菜,推广农业部行业标准和省地方标准以及"青青"牌无公害蔬菜生产技术总规程等5项沧州市地方标准,使蔬菜生产有章可循,有标可依。

(2)建设占地100亩的无公害蔬菜批发市场,为农户成员销售产品提供交易平台。在市场内建立无公害蔬菜检测中心,为农户提供产品质量检测服务,并依托鹤

①罗冬梅,甄建岗,张冬燕.农村专业合作组织的制度经济学分析——以河北省青县利财蔬菜合作社为例[J].乡镇经济,2008(3):95-97

腾腌渍厂为社员提供加工服务；负责联系客户，与北京新发地、大钟寺等 6 家批发市场建立比较稳定的销售关系。通过签订协议以销定户、定产，年初合作社确定品种及数量，同菜农签订生产收购协议，蔬菜成熟后按照协议收购成员种植户的蔬菜。

(3)通过设专柜、上包装、打品牌，实现诚信经营，分级销售。合作社统一注册了"利财"牌无公害蔬菜，帮助农民提高蔬菜的附加值。由于诚实守信，利财蔬菜合作社的客户越来越多，几乎辐射了全国的各个市场。市场旺季日销量可达到 100 万 kg，销售额 100 万元，亩产值超过万元，社员人均年增收 800 元，大大提高了农民的收入水平，也促进了当地蔬菜产业的发展。

3.2.3　统一购买生产资料，减少农户成员生产经营成本

由于家庭小农户分散经营、规模小，其在购买种子、化肥、农药、饲料等生产资料时很难不受强势企业及其经销商的欺诈，不仅价钱高，而且质量和相关的技术服务也缺乏保障。农村专业合作组织通过小农户成员的联合行动，统一批量购买农业生产资料则可能突破小农户家庭经营的局限性，大大提高农户与强势企业农资产品经销商的谈判筹码，有效地遏制农资产品的价格上涨，使农户成员以低价格获得高质量的农业生产资料和相关服务，从而大幅度地降低生产经营成本，改善生产经营收益。不少农村专业合作经济组织通过组织农民集中采购种苗、农药、化肥，改变了农民在成本与价格双重压力下处于弱势地位的局面，使农民在农资采购方面得到更多实惠①。如北京九牧合作社已先后与远征药业、大北农集团等 4 家药品生产企业签订青霉素、安乃近等 9 种常用药品统一采购协议，可降低药品采购成本约 30%，使合作社各成员累计节约药品成本近 30 万元；与北京浩邦人工授精服务有限公司签订鲜精使用协议使养殖户享受的平均价格每份比市场价低 1 元。此外，各养殖户在九牧内部购买种猪享受基本与商品猪同等的价格，纯种猪每头 800 元，二元猪每头 600 元，分别比市场价低 400 元和 200 元左右。截至 2007 年，九牧用自有资金对农户成员实施的种猪补贴达 3 万元②。

除了享受农资价格优惠之外，一些农村专业合作组织还在自愿、民主的基础上对组织成员拥有的生产要素进行优化配置，建立合作组织内部专业化分工协作的机制，这不仅可减少成员已有的贮藏设备、车辆、收割机等闲置率，降低重复购买，

①陈彬文. 农村专业合作组织是提升农业科技水平的重要载体[J]. 农村经营管理，2007(9)：119-121

②张金辉. 新型养猪合作社助力企业发展，促进农民增收——记北京市大兴区九牧农民合作社[J]. 猪业科学，2007(2)：44-47

还可通过成员的联合集资，添置一些有助于农业生产经营和价值增值的大型生产资料，在不增加生产经营成本的情况下显著增强个体农户的综合生产能力和经济效益。

近年来，农村消费安全问题突出。据商务部 2005 年对全国 1 万户农民进行的问卷调查，75％的农民买到过假冒伪劣商品。假冒伪劣商品不仅给农民的生命财产造成了极大的危害，严重影响了农业生产的顺利发展，而且引起农村消费者的恐慌，危及农村社会稳定。由于基层市场监管力量不足等原因，有关消费侵权案件发生后的维权十分困难。针对这些问题，除了加大打击各种制售假冒伪劣商品和坑农害农等扰乱农村市场秩序行为的力度，加强对农村市场的监管，继续实施“万村千乡市场工程”、发展消费品和农资连锁经营、建立新型营销体系外，还有一个重要途径就是发展农民合作组织，提高农民消费的组织化程度。农村专业合作组织通过设立专门的采购机制，统一集中批量购买，不仅可解决农民对农资和消费品的分散购买问题，减少与销售者之间的“信息不对称”，而且可降低消费安全风险，有利于事后维权。

3.2.4 提供合作信贷支持，解决农户成员资金紧缺问题

在现行的金融体制下，分散的家庭小农户一般很难通过“合法”途径取得生产经营所必需的资金问题。因为银行需要通过经营资本来获取高利润，而面向小农户的贷款通常数额小、经营成本高、信息不对称、监管难度大。按照现行的《担保法》，农户拥有的耕地使用权不具备抵押效力，自建的住房因不能办理房产证也不能作为抵押品，加上农户所拥有的农产品、农业生产资料等财产由于价值评估麻烦且难以变现，大都不能够被金融机构认可为合格的贷款抵押品。为了破解小农户生产经营的金融困境，中国人民银行在 2000 年下发了《农村信用合作社农户联保贷款管理指导意见》，允许没有直系亲属关系的农户在自愿基础上组成联保小组取得一定数额的申请贷款，以解决当前小农户在生产经营活动中的资金短缺问题。联保贷款为化解农户贷款担保难和信用社贷款回收难找到了一个有效的结合点，有助于实现信用社信贷资金的良性循环。但由于联保贷款存在 3 万元的限额，依然难以满足乡村种植养殖专业户和个体工商户的生产经营需要。一些乡村经营大户开始采用“一户多保”或“多户贷款一户用”的策略绕开联保贷款上限管制，即通过参加两三个甚至更多的联保小组，分散申请若干笔 3 万元以下的联保贷款来凑足经营户所需的大额资金；另一些生产经营大户则通过联保小组内部的君子协议，将以联保小组其他成员名义申请的贷款交给其使用。这些策略或许可暂时解决个别经营大户的融资问题，但由于小农户作为联保小组成员从这种担保关系中获益

有限，且须对借款债务承担连带保证责任，多数农户对这种联保贷款的互助机制缺乏热情，致使某些联保小组完全由贷款人的近亲或有直系亲属关系（如父子、兄弟、夫妻）的人组成，信贷风险很大。

农村专业合作组织以其与农户成员紧密的利益关联性而创建的各种担保协会，则在一定意义上化解了农村的信用缺失问题，为农户的生产经营提供了相对充分的融资服务。首先，在自愿和互利基础上组建起来的担保协会对生产经营和资金安全使用有共同的利益诉求；其次，协会成员出身本乡本土、对借款农户知根知底，其可以用最低的成本来对贷款人的信用状况进行评估，其作用是信用社或其他担保机构完全无法替代的。事实上，农村信用合作组织的成员资格认定，就是对其加入成员的生产经营、资金规模、道德人品的审查过程，这本质上也是一个信用筛选过程；再者，协会对专业经济合作组织的农户实行免费担保，在不增加农户负担的同时帮助其解决融资担保的问题，可进一步增进专业合作组织的凝聚力和影响力，使其以更高的公信力取信于协会成员、担保协会和信用组织，加强借款户、担保协会和信用社三者之间的互助合作关系。总之，农村专业合作组织成员生产经营的同质性，使其日常生活和生产经营中均保持相对频繁地接触，这便于相互了解和监督，保证信息的对称性和道德风险的防范，社员信用状况非常透明，整体信用状况较高。如果社员一旦恶意逃债而由群体代付赔付，将因失去群体的支持而支付极高的成本，社员之间的自我监督，比一般金融机构的外部监督更有效①。

农村专业合作组织以生产、购销和信用为纽带把孤立的借款人成功地连接在一起，将农户个人信用捆绑为经济合作社整体信用，提升了农户信用水平，形成了稳定的担保机制，不但使担保难问题得以解决，且通过合作组织互联性交易实现对贷款发放的回收，确保了贷款安全。农村专业合作组织及其担保协会可能是化解农户生产经营资金需求的重要的组织中介，但要使其充分履行其帮助农户解决信贷困难的功能，还需要政府有关方面对农村专业合作组织提供技术、知识和管理支持，同时也要在相关政策上取得实质性突破，如允许农村专业合作组织代办或自主从事金融服务业务等。

【案例14】河南省武陟县农民贷款担保协会②

2002年10月，河南省武陟县嘉应观乡东后庄村的6户农民与乡信用社协商，成立了具有相互联保形式的农民贷款担保协会——武陟县第一个农民贷款担保协

①孙雷，李配法．农村经济合作组织融资功能评析[J]．济南金融，2007(6)：51-53

②张冬平，刘旗．河南省武陟县农民贷款担保协会的调查与分析[J]．农业经济问题，2007(5)：56-62

会，以解决其扩大牛羊养殖规模所需要的资金问题。2003年4月，河南省武陟县嘉应观乡大刘庄村的马金娥，带领农户在养鸡合作社的基础上成立农民担保协会，并以协会担保形式通过信用社向该村投放贷款20万元，使该养鸡合作社的成员从2003年的8户发展到2004年底的40户，养鸡存栏数也从不到1万只发展到8万只。2005年，养鸡户发展到60多户，累计投资达300万元，养鸡规模已达到16万只，在当地形成具有一定规模的鸡销售市场，全村养鸡收入超过150万元。截至2006年7月31日，武陟县已成立担保协会170个，发展会员977户，交纳保证金463万元，累计贷款余额3 152万元，受益农户1 571户，贷款户受益484.48万元，贷款回收率100%。

3.3　农村专业合作组织发展的重要意义

农村专业合作组织发展的重要作用和意义还可从农业基本经营制度创新、发展现代农业的体制平台和推进乡村社会治理等层面加以分析和讨论。

3.3.1　中国农业基本经营制度的重大创新

建立在家庭联产承包经营基础上的统分结合、双层经营体制是中国农业的基本经营制度。随着中国社会经济的全面发展和农业经营环境的变化，传统的家庭经营的农业生产方式开始面临巨大挑战。首先，双层经营体制的基础——农户的构成已发生变化。随着城镇化、工业化进程的加快，多数农户或者演变成为小规模兼业农户或专业种植养殖大户。其次，双层经营中"统"的内涵发生了变化。20世纪80年代初，双层经营中"统"的是一家一户(包括大农户)办不了、办不好、办起来不合算的事，现在则是从事专业化生产经营的农户所需要的专业化种植养殖技术和规模、市场信息、市场销售渠道、农产品质量标准和品牌以及农产品加工技术等，村委会等社区性的组织很难提供这些服务①。

由于家庭联产承包责任制存在经营分散、市场交易成本过高等固有缺陷，农民在市场交易中逐渐处于市场劣势，加上工业品和农业生产资料价格上涨，原本应由农民获得的收入逐渐被市场强势集团所瓜分，农业出现增产不增收的现象。20世纪80年代末，在全国范围内相继涌现出各式各样的农村专业合作经济组织，反映了广大农民希望降低市场交易成本，提高市场谈判地位，分享经济增长成果的制度

①李玉勤.农村基层管理体制改革应该有所突破——农业政策理论与实践系列研讨会，2005年农村管理体制改革(北京会议)综述.农业经济问题，2006(1)：17

诉求，这是中国农业基本经营制度创新最重要的推进力量。

一些专家指出，农村专业合作组织一方面为农户成员提供了作为独立生产者的充分激励，降低了将生产过程大规模延伸到农业生产领域需要花费的巨额监督成本；另一方面将农户成员的收益与其对合作组织的使用联系起来，使农户成员分担合作的风险和收益，有较强烈的动机向合作社提供符合质量要求的产品，也有更强烈的意愿稳定地作为合作社的惠顾者，这就有效地减少了合作社监督社员的成本。由于合作社成员一般同处于相对较小的地域范围，相互之间较熟悉，“声誉”机制能较好地发挥作用，强化成员的自我约束。专业合作组织可以更有效地克服由于信息不完全、不对称以及资产专用性带来的机会主义风险，成为一种有利于降低交易费用的制度安排①。

从近 20 年的社会历史实践来看，在家庭承包责任制的基础上孕育的农村专业合作经济组织是中国农民在推进农村经济改革和发展中做出的又一伟大创造，它顺应了中国农业生产的专业化、商品化、社会化和市场化的改革趋向，是中国农业基本经营制度的重大创新。农村专业合作组织发展不仅有效地实现了千家万户小生产与千变万化大市场的有效对接，形成了规模经营，提高了农民参与市场竞争的组织化程度，解决了一家一户难以解决或者无法解决的生产经营难题，增强了农户抵御风险的能力，而且优化了农村各种生产要素配置，发展壮大了农村品牌产业和特色经济，促进了农村经济结构的调整和现代农业的发展。特别地，农村专业合作组织的出现改善了小农户与农产品加工企业之间的交易条件，促进了从小农户到龙头企业、城市超市的纵向一体化的农业产业链的形成，优化了龙头企业和小农户之间的风险共担、互利互惠、相对稳定的利益联结机制，为分散的小农户有序参与农业产业化经营，更多分享农产品生产经营的收益提供了制度保障。

【案例 15】广东省台山市冲蒌供销合作社蔬菜专业合作社②

冲蒌镇位于台山市东南部，全镇有耕地面积 42 116 亩，土地肥沃，水源丰富，适宜种植各类蔬菜，当地农民也有种植蔬菜的传统习惯。2003 年底，台山市供销社结合市场和农业产业结构调整的实际需要，组织创办了该市首家农民专业合作社——冲蒌供销社蔬菜专业合作社。专业合作社成立时入社社员 47 户，其中农户占 85.1%。2005 年，蔬菜专业合作社引导农民社员发展种植冬瓜、尖椒、马铃薯、木瓜、番茄、荷兰豆等多个品种蔬菜，总面积达 1.5 万亩，帮助社员推销各种蔬菜

①林坚，等．农业合作社和投资者所有企业的边界[J]．农业经济问题，2006(3)：16-20

②台山市冲蒌供销合作社．办好专业合作社助农增收[J]．广东合作经济，2006(3)：44-45

总值330多万元，为社员增加收入200多万元，带动非社员农民增加收入1 958万元。目前，专业合作社社员增加到194户，成为全镇最大的农民合作经济组织。

通过召开社员大会，制定了专业合作社章程、工作制度、财务制度等，选举产生了理事会和监事会成员共8名，其中农民种田大户5名、供销社成员2名、镇级农艺师1名。蔬菜专业合作社的创立，把千家万户的农民组织起来，带领农民与市场有效对接，提高了农民从事生产经营的组织化程度，为当地农村经济发展起到了重要作用。

3.3.2 发展现代农业的体制平台

现代农业已形成面向全球市场的、集贸工农一体化经营的产业链，是正在拓展中的一种多元化、综合性的新兴产业。现代农业是从田间到餐桌的一体化产业，其大大拓展了农业的发展空间和产业链条，成为产前、产中、产后密切关联的一体化产业；农业、工业、服务业走向融合的趋势日渐明朗，龙头企业和农业经济合作组织的主导作用日渐突出。现代农业也是以生态、生产和生息为目标的可持续产业，它不仅消解了传统农业单一生产目标所产生的危机，使农业日益成为集自然、经济、社会协调发展为一体的多目标、可持续产业，而且使农业生产的功能从食品供给向生态调节、观光旅游和能源生产等多个方面不断拓展。中国发展现代农业面对的最大挑战就是通过体制创新让分散的小农户参与到大农业的各个环节，并以其所拥有的土地经营权最大限度地整合各类农业创新资源，将农业改造成为高度组织化的、低成本和高效率的现代产业。

农村专业合作组织发展顺应了农民提高农业综合生产能力和产业竞争力的现实诉求，可为现代农业在中国乡村落地生根提供必要的体制平台。首先，基于乡村区域资源优势而创建的农村专业合作经济组织发展，可能打破所有制、区域和行业界限，实现生产要素和创新资源在更大范围、更宽领域的流动和重组，这有助于促进农村产业结构和农业区域化、专业化布局的调整，带动区域内农业生产者之间的专业化分工与协作，有助于发挥区域比较优势，合理配置生产要素，提高资源利用水平和配置效率，形成农业生产经营的集约化、规模化和专业化。集约化、标准化是当今世界现代农业发展的潮流和趋势，是现代农业发展的重要的产业组织形式和特征。其次，农村专业合作组织在农业生产经营活动中所表现出来的技术推广和示范能力、组织动员能力、集体协作能力等不仅有助于现代技术在农业生产经营过程中的快速推广和示范应用，有助于农业生产经营过程的规范化、标准化管理，保证农产品生产经营活动的安全性，而且有助于改善农户生产经营条件，增加公共产品的投资，从而提高小农户对现代农业生产体系的适应能力。再者，农村专业合作组织还通过将生产、加工、销售诸环节联为一体的经营模式，延伸和拓展产业经营链条，为现代农业的充分发展拓展空间。

一些专家指出，随着市场经济的发展，各种超市连锁、电子商务等新型商业业态快速兴起，消费者对各种食品的品种、质量和安全水平的要求也越来越高，城市消费者到超市采购各种生鲜农产品和加工食品已很普遍。我国大中城市超市、连锁店业态呈现快速发展之势，传统的生鲜产品市场——"马路市场"逐步缩小，现代商业业态在广大区域特别是大中城市会不断发展，这就给分散的家庭经营的小农户带来很大挑战。农村专业合作组织以其独有的集体组织优势通过实现小农户与大超市、大市场的对接来引导农民应对这些挑战，促进现代农业商业体系的发展①。

农村专业合作组织已经成为农业产业经营的重要组织形式，对发展现代农业，繁荣农村经济，增加农民收入，提高农民和农业组织化程度发挥着重要作用，已成为建设现代农业和社会主义新农村不可缺少的重要力量。诸多农村专业合作组织以成员为主要服务对象，为成员提供产前、产中、产后的技术、信息、生产资料的购买和农产品的销售、加工、运输、贮藏等服务，有效地实现了现代技术要素、市场资源和分散的小农户的链接互动，实现了家庭生产与现代工业化组织形式的有机结合，为乡村农业的技术进步和产业创新开拓了巨大空间。一些行业协会等专业合作组织利用自身优势，及时掌握生产技术和市场动态，组织和指导广大农民生产适销对路、技术含量较高的新品种，引导农民发展规模化种植养殖产业。如福建省古田县食用菌协会几年来成功引进并开发了茶树菇、杏鲍菇、鸡腿菇、红平菇4种珍稀菌类和"9901"纯白木耳优良菌株，增强了食用菌发展活力与后劲，使该县的食用菌总产量达31.6万t，产值7.7亿元，商品率达90%，成为全国"食用菌之乡"。还有一些农村专业合作经济组织依托当地特色产品或产业而创建，通过为农户成员提供产前、产中、产后的技术服务，已成为乡村社会发展"一村一品，多村一品，一品一社"的重要组织载体，如四川的雅安市雨城区草坝镇水禽协会下属6个分会，通过为养殖户提供技术培训、市场信息、协调服务等，已带动2 500多家养殖户在当地形成"孵抱—养殖—禽病防治—饲料销售—宰杀—卤制品加工—羽绒加工—羽绒服加工"产业链，使该镇的水禽业产值达到上亿元，成为全国有名的水禽业大镇。

农村专业合作组织具有很强的示范、带动作用，使一大批专业户、专业村、专业生产小区脱颖而出。如邱集镇积极动员、引导、扶持养禽大户、农民经纪人和企业，发挥生产、经营、资金、购销优势，组建12个禽业协会，以协会为载体，对会员传技

①缪建平．贯彻《农民专业合作社法》，推进农民合作组织规范化发展[J]．农村经营管理，2008(8)：18-21

术、供信息、代购饲料和苗禽、统一防疫、统一销售等服务，使家禽饲养规模不断扩大，目前全镇家禽饲养量近 300 万羽，规模养禽户明显增多，年饲养肉鸭 5 000 只以上有 98 户，年饲养蛋鸡 2 000 羽以上有 240 户，并形成了 12 个养禽专业村，初步打造出“邱集禽业第一大镇”的品牌。在协会的带动下，全县目前涌现出苏太猪、山羊、奶牛、食用菌、果品、瓜菜、优质米、苗木等各具特色的专业村和经济小区，初步实现了“建一个协会，兴一项产业，活一片经济，富一方农民”的效果①。

【案例 16】北京市大兴区庞各庄农村经济合作组织②

自 1996 年起，“中国西瓜之乡”——北京市大兴庞各庄镇就相继出现了各类新型农村经济合作组织。目前全镇已形成瓜、果、甘薯等方面农民经济合作组织 26 个，资产总额 5 610 万元。2005 年全镇农民专业合作组织销售农产品总量 1 516 万 kg，销售收入 6 064 万元。共带动了镇域内、外农户 9 122 户增收致富。

庞各庄镇西瓜产销联合会自成立以来，专门成立了产品销售中心，由联合会向会员提供种苗、栽培技术、有机肥、无公害农药、田间管理技术、生产操作规程和《西甜瓜生产综合技术标准》，对西甜瓜生产的各个环节进行全程控制，并与会员单位签订订单合同，由联合会以高于市场平均价集中收购，精品西甜瓜进行统一精包装，以“九元”品牌推向市场，实现现代高科技西甜瓜种植管理技术与传统种植的有机结合，这样不仅提高西甜瓜品质，而且提高了种植效益，使联合会和瓜农结成利益共同体，调动瓜农生产积极性，持续增加瓜农收入，达到双赢目的。

目前，全镇有 13 家农民经济合作组织，先后注册产品商标，涌现出了以质优、诚信闻名京城的“京庞”、“九元”、“乐平”、“宋宝森”等西瓜优秀品牌。其中“京庞”已经连续两次被评为北京市著名商标，产品深受广大消费者欢迎。为了拓宽销售渠道，打造品牌营销优势，这些专业合作组织还通过电视广告、信息网络、报刊媒介等宣传形式，以及参加农产品推介会、农业展览会以及本镇的赏花节、西瓜节、采摘节等活动向外界介绍产品。该镇合作组织相继开通了中华羊网、中国西瓜网、乐平西瓜网，这些网络优势，为合作组织快捷、准确了解市场信息创造了条件。

3.3.3 农民分享现代化成果的有效机制

农村专业合作组织是农业生产经营者和相关服务提供者、利用者自愿结合的自助组织，其目标是为农户成员提供最大限度的生产经营服务，追求社员间的公

---

①刘芳. 睢宁县农村专业合作组织调研与思考[J]. 学会，2007(6)：18-20；54

②左东明. 农村经济合作组织在庞各庄[J]. 中华建设，2007(1)：70-71

平，保护和增进普通社员的利益，实现组织成员利益的最大化。农村专业合作组织已成为农民分享现代化成果的有效机制，其主要表现是：

首先，农村专业合作组织通过统一生产、统一销售等相关的农业生产经营服务活动，融技术指导、信息传递、生产资料供应、资金融通、产品销售等服务功能于一体，高效有序地组织小农户进入大市场，有效提高了农业生产经营效率，延长了农业产业链，增强了小农户抵御市场和自然双重风险的能力，实现了农民增产增收，是让农民分享现代化成果的有效机制和形式。农民专业合作组织以农村家庭承包经营为基础，立足当地资源，以种植养殖业的生产经营活动为纽带，将分散的小农户的生产经营活动组织整合起来，实现了农村生产要素的优化配置，提高了农业生产规模化和专业化水平，推动了当地优势农产品生产和特色产业发展，带动了加工、销售、贮运等第二、三产业的发展，拓宽了农村富余劳动力转移和农民增收的渠道，形成了农民分享现代化成果的有效机制。不少农村专业合作组织通过创办加工、销售企业，或与农业产业化龙头企业相互投资、参股，探索“公司＋专业合作组织＋农户”的新型产业化经营模式，寻找农产品增值的新途径和新空间。一些调查统计结果表明，加入农村专业合作组织的农户比一般农户的收入通常要高出20％。

其次，农村专业合作组织作为由独立的生产者联合组建的“用户所有，用户控制和用户受益的公司型企业”，可通过采取集体行动的方式与大市场中的买主或卖主进行谈判，改善了农产品和农业投入品的价格以及贸易条件，为农户成员提供一个对付加工商、分销商或供应商垄断力量的抗衡力，有效地避免或减少由于大企业对市场的垄断而形成的农民利益损失。由于农业生产的复杂性，对农业劳动的监督和计量十分困难，绝大多数的农业生产由家庭来组织，农业生产的最优规模取决于家庭劳动力的供给以及农户家庭的管理能力。在中国，农户规模受到土地可获得性的制约，农产品加工和销售企业具有明显的规模经济优势，致使农业生产者市场结构呈原子状态，单个农户对市场的影响微不足道；买方垄断的市场结构使农产品销售和加工企业拥有更多的市场定价权。同时，农产品的加工和销售企业更加靠近消费者，在买方市场条件下，掌握销售网络即掌握了关键的生产要素。由于市场力量的不对称，农产品的销售演变为卖者（农民）之间的削价竞争，农民只能得到更低的市场价格，承受更多的风险。通过组织合作社来集体销售农产品使农民获得对抗销售商和加工商的力量，这是农民组建合作社的基本动力之一。

再者，农民专业合作组织在促进建立农产品质量等级和农产品标准化等方面发挥着引导作用，改善了农产品的社会认可度，提高了整个产业的经营业绩，使生产者得到了更多的报酬。一些农村专业合作组织在引导农民发展专业化种植养殖产业时，采用统一的生产程序、统一的技术标准和统一的质量标准，为农户成员生产的农产品取得“绿色产品”认证，走向国际市场创造条件。事实上，中国农产品领域中的“名、特、优”品绝大多数是农村专业合作组织进行专业化生产经营的结果。

还有，农村专业合作组织通过自我服务和民主决策有效地维护了小农户的经济利益和权利诉求。在小规模分户经营的农业生产方式下，小农户生产处于“一盘散沙”的状态，成为社会中难以自我保护的弱势群体。农村专业合作组织通过农户成员的集体行动，既可以有效地解决农户农业生产经营公共产品供给不足的问题，也可通过与政府的沟通及时反映农户的权利诉求，使政府的相关立法和政府决策有利于农户的生产经营和农村经济发展，尽可能减少对小农户的经济利益等社会权利的伤害，也可以把政府的政策信息、农产品市场价格、农业科技信息等及时传达给农户，实现对农业和农民的指导和引导，减少农民生产的盲目性和无序性。虽然一些机构和学者要求我们清醒地认识农村专业合作组织在扶贫、促进社会公平、帮助弱者方面的局限性，但农村专业合作组织作为弱势农民群体中的强势个体之间的联合，其对农民经济权益和其他社会权利的维护仍然是一支不容忽视的正义力量。

【案例17】江苏昆山的“富民合作社”①

从20世纪90年代开始，大量外资、台资和国内资本落户昆山，大量外地劳动者涌入昆山。引进的生产线需要厂房，外来的打工者需要居住，一个巨大的商机出现：厂房和公寓房租赁市场。2000年陆家镇车塘村一些农户发起，成立了陆家镇车塘村的首家“农民投资协会”，这就是现在昆山人常说的“富民合作社”。合作社的经营项目主要是建造标准厂房、打工楼、店面房、农贸市场等。运营方式为出租房屋或店铺，收取租金，年底分红。当初既无执照，也不缴税。因为经营风险较小，投资回报率较高，许多农民纷纷要求投资入股。随后，新的富民合作社相继成立，入社农户数量、资金量和合作社的影响不断扩大。

2002年2月25日，昆山市有关部门在陆家镇召开现场会，向全市推广车塘村创办富民合作社的成功经验，提出合作社必须由农户“自愿投资入股”，不得强行集资、不得许诺分红、不得贴款分红；有章程、有登记；以建设标准厂房和“打工楼”为主；统一规划、统一建设、统一出租、统一管理，市政府提出规划。厂房开工前就有招商对象，按需建设。

①时红秀，张青．昆山的三种农民合作社——新农村建设的一个案例研究[J]．国家行政学院院报，2007(1)：78-81

2002年5月,市委办公室转发市农办《关于规范组建农民专业合作社的指导意见》。提出"入社自愿、退社自由"、因地制宜、风险共担和民主管理等原则;要求组建合作社要制定章程,进行产权登记和工商税务登记;规定合作社内部社员代表大会、董事会和监事会等的职能和收益分配原则。

2003年11月,针对一些地方违反规划和土地管理制度,擅自建设厂房、打工楼和其他用房现象,市委办发出紧急通知,重申相关政策,要求必须在规划允许范围内,严格按照程序规范操作,先报批,后实施,并要求迅速落实纠错和整改措施。

2005年3月,昆山市农办发布《2005年昆山市农村三大合作工作意见》,进一步对富民合作社进行规范,提出富民合作社的发展要"规范有序、规避风险、消除隐患、增股扩面"。具体内容包括:提高参股面,要求新办的富民合作社必须有50户以上参股,已办富民合作社不足50户的在2005年之前必须扩至50户以上,且持大股者股金原则上不超过10万元,多出部分要限期退出,降低大户占股比例,让股于民;严格报批手续,严禁土地未批先用和未报先建,实行责任追究制;完善治理结构,落实合作社章程规定的各方权利,发挥监事会和社员代表大会的作用,清理不规范的合作社。

截至2007年底,富民合作社从2002年的48家发展到现在的154家,其中从事一产的有2家,入股农户203户,入股资金55万元;涉及二、三产业的152家,主要从事标准厂房、打工楼、农贸市场及店面房出租经营,土方工程、绿化工程等配套服务,累计入社农户1.31万户、入社股金4.79亿元,其中农民入股3.17亿元,平均每户农户入股2.4万元。合作社经营涉及土地面积2 465亩,其中租用集体建设用地1 973亩、征用土地492亩。合作社已建造打工楼31万m^2、标准厂房41万m^2、店面房13.5万m^2、农贸市场5个,占地面积38万m^2。

3.3.4 乡村民主发展和社会治理的有效补充

中国农村专业合作组织以其"民办、民管、民受益"的组织特征和显著的经济影响力,已成为乡村社会民主发展和社会治理中不可取代的部分,成为乡政府和村委会主导性社会建设体制的必要补充。政府可以充分利用农村专业合作组织的组织优势和本土知识资源,以实现乡村社会发展的总体目标,破解"三农"难题,消除贫困,促进乡村社会治理和和谐发展。

首先,在现行"乡政村治"的管理模式下,包括农业技术推广活动在内的乡村公共产品和服务的供给主要依靠村庄外部的行政计划或帮扶项目,通常采用"自上而下"的供给决策机制,很少为家庭农户提供有效的供给谈判与决策参与机制,结果导致公共产品的供给与需求不相适应,农村基层政府提供的乡村公共产品或者无法满足农民的需要，或者农民根本就不需要。农村专业合作组织的兴起，为乡村社会的民主建设开辟了新的空间。家庭农户通过农村专业合作组织统一购买生产资料、统一销售农产品，可显著改善在市场谈判中的不利地位，也通过专业合作组织团结起来，向政府反映其发展诉求，维护自身的经济权益①。特别地，小农户可通过农村专业合作组织全面参与村庄公共产品供给的决策，充分表达自己的利益诉求，成为乡村公共产品供给的主体之一。比如，广西玉林市在水利工程投入等乡村公共物品供给中就充分发挥农民用水协会等专业合作组织的重要载体，先由农民用水者协会的会员代表大会讨论确定工程方案，再提交水利部门协助设计与计算，然后政府根据会员议定的水利建设方案和群众投劳筹资备料的实际情况，将补助金直接补助给农民用水者协会，结果确保了政府有限的补助资金和物资真正用在水利建设上，避免了行政性流失与挪用等。农民用水者协会通过上下沟通政府与农民，协作互动地实现公共产品的供给②。

其次，农村专业合作组织开展的各类技术推广、教育培训和民主管理活动，不仅使农民在应用技术、分工协作、组织管理、市场营销、对外交往和民主决策等方面得到锻炼，增强了农民市场意识、科技意识、合作意识、民主意识、法律意识，提高了其自我组织、自我服务、自我管理的能力，而且提高了农民的科学文化素质，影响了农民的生活方式，改变了乡风习俗，推动了精神文明建设，为乡村社会实现"管理民主"创造了重要的社会文化条件。农村专业合作组织以"民办、民管、民受益"为原则，通过会员大会建立其民主的管理制度和组织章程，并在合作组织内部实行民主选举、民主决策、民主管理和民主监督，这种民主管理方式能够增强农民的民主意识，为乡村社会积累成熟的民主管理经验，使干群关系融洽，乡村社会共治成为现实。一些专家分析说，农民合作组织是培养政治参与能力的重要渠道，是实施农民组织化的突破口。以平等为原则的专业合作组织可使成员普遍享有参与组织决策的权利，为成员提供丰富的组织化的生活经历和自治体验，增加个体政治参与和政治活动的能力；农村专业合作组织发展还能够拓宽农民维权的空间，增加其参与社会发展决策、分享现代化成果的政治能力。农村专业合作组织将成为利益多元化时代一种最经济的利益整合机制，可使包括农民在内的不同利益群体在利益表达过程中达到点面之间的平衡，避免社会陷入频繁冲突乃至最终分裂，这对农村乃至整个社会稳定都有重要意义③。一些研究者在调查中发现，凡是农村专业合作

①张章．农民合作社——推动农村社会和谐发展的有效载体[J]．经济师，2007(7)：43-44

②蓝浩溥．农民合作组织在公共产品供给中的组织化研究——来自广西大平山镇江下、江岭村罗伞陂坝灌区用水者协会的调查与思考[J]．广西民族大学学报(哲学社会科学版)，2007(6)：28-31；41

③郑芸．农民合作组织：破解"三农"困局的现实选择——一种政治学的分析视角农民合作组织[J]．石家庄学院学报，2008(1)：39-43

组织发展比较好的地方，群众纷纷反映村里的风气好了，打牌赌博的少了，学习技术的多了，无事生非的少了，邻里关系和睦了，大家都想着怎样学技术，增加收入，整个村的精神面貌也发生了变化[①]。

再者，农村专业合作组织的发展可强化乡村社会的信任机制，拓展乡村社会经济发展的社会资本和人力资源。随着市场经济的发展，乡村社会的伦理资源和传统规矩受到很大的冲击，这就使乡村社会的信任资源日渐稀缺。农村专业合作组织通过“利益共享、风险共担”的制度安排，让小农户之间的信任资源从亲情血缘逐渐扩大到基于业缘关系的无限社会网络之中，增强了乡村社会的凝聚力，为乡村社会的“善治”找到新的变革资源。乡村精英是农村社会网络的编织者和协调者，是农民进行政治参与的鼓动者和管理者，农村专业合作组织为乡村精英的聚合搭建了良好的事业发展平台，也为乡村社会的新农村建设网络了极其稀缺的人力资源。

还有，农村专业合作组织也是确保乡村社会经济稳定持续发展的重要制度基础。一些实力较强的农村专业合作组织每年都拿出部分资金用于乡村道路、灌溉、村容村貌整治等基础设施建设；一些农村专业合作组织为有困难的会员和村民垫付生产费用，给因贫失学的学生捐助学费，对困难村民家庭给予救济补助；也有一些农村专业合作组织协助基层政府实施农业结构调整、发展优势农产品产业带、科技推广、农业补贴、农村劳动力培训、农村基础设施建设等“三农”政策的落实，不仅降低了政府政策实施成本，减少了政策时滞，而且大大提高了政府调控农业和农村的能力。还有一些农村专业合作组织担负起乡村维持社会治安、协调干群关系、调解邻里纠纷、维护道德规范等社会事务。

此外，农村专业合作组织通过其专业化的生产经营服务能力和市场拓展能力正在改变着乡村社会治理结构的变革，推进着乡村政府治理职能的转型。农村专业合作组织发展提高了农民的组织化程度，增强了农民抵御市场风险的能力，在一定程度上解决了家庭农户增产增收的问题，改善了农村公共产品供给不足和社会化服务体系建设落后的状况，从而缓解了基层政府的工作压力，使基层政府能从具体的经济事务中解脱出来，腾出更多的时间和精力，集中抓好村民自治、精神文明、环境整治、社会治安、计划生育等工作[②]。

【案例18】罗伞陂坝灌区用水者协会[③]

罗伞陂坝灌区用水者协会成立于2005年12月11日，辖江下、江岭两个行政

---

①尹成杰. 发展农民专业合作组织，推进社会主义新农村建设[J]. 农村经营管理，2006(9)：8-9

②喻占元. 农民合作组织在经济和社会发展中的作用分析[J]. 商业现代化，2007(11)：271-272

③蓝浩溥. 农民合作组织在公共产品供给中的组织化研究——来自广西大平山镇江下、江岭村罗伞陂坝灌区用水者协会的调查与思考[J]. 广西民族大学学报(哲学社会科学版)，2007(6)：28-31；41

村，19个村民小组，有农户800户，均为会员，人口4 200人，灌溉面积2 000亩，其中受益于三面光渠道的有700亩，协会管理的水利工程有罗伞陂坝1座，三面光渠道3 km。江下、江岭两村的水田灌溉主要依赖于罗伞陂坝截江灌流。罗伞陂坝在互助组时代先是打木桩来拦截，1964年开始建坝，建成后归集体所有，由集体统一组织运用、管理和维护。实行家庭联产承包责任制之后，小型水利设施的产权仍归集体所有，管理体制不变。但在水利设施出现老化、失修甚至危及安全的情况下，却因水利设施是集体财产而无人管护，结果加速了其损坏与老化。为了维护乡村农户的共同利益，在村委认可下由村民自发组建了一个罗伞陂坝管水组，由受益户所在的自然片各派一名代表组成，管理此坝，1年每亩收水费2～5元，用于维修坝渠及支付管水员的酬劳。但由于费用有限，投入不足，管理不善，年久失修，渠道堵塞，灌溉能力逐年下降，同时由于没有明确的规章制度，用水秩序比较乱，尤其在天旱时常常产生用水冲突，管水组难以协调处理，村委也不愿掺和，致使冲突和矛盾日益激化。2005年，地区水利部门开始进行乡村小型水利工程改革，由镇里牵头，江下、江岭两村委在管水组的基础上组建了罗伞陂坝灌区用水者协会。通过召开会员代表大会，选举产生了协会会长、副会长及执行委员，通过了协会章程、责任追究制度、水利工程投入制度、监督管理制度、水利工程管理制度、财务公开制度、财务管理人员职责等一系列完整的协会制度。

协会的组建解决了乡村灌区管水和维修主体缺失的制度设计缺陷，明确了水利设施的产权归属以及用水农户、镇政府和水利部的责任和义务，建立了协会与受益用水户之间服务合约以及水费使用和监管制度，通过协会独有的议事机制和民主管理制度赋予乡村用水户参与公共用水设施建设和维护的决策权，从而协调了村民之间的用水关系和村民邻里的用水矛盾，调动了乡村用水户的投资修建热情。2005年，协会动员用水农户投资投劳修建3 km的三面光渠道，清淤渠道3 km（含支毛渠的清淤）。修建资金共40万元，由上级水利部门拨款资助30万元，镇政府农办出沙、出水泥、砖等折现6.5万元，受益区村民筹资3.5万元。

第4章　农村专业合作组织的创建

农村专业合作组织是建立在家庭联产承包经营责任制基础上的、由农民和其他农业生产经营服务者自愿联结的互助性经济组织。农村专业合作组织主要围绕农户生产经营所需的农业生产资料购买、种植养殖技术推广、农产品销售和加工等服务而组织发展。农村专业合作组织的创建必须遵循基本的原则、条件和程序。其具体创建模式主要有内生型和外生型两大类。

4.1　农村专业合作组织创建原则与条件

农村专业合作组织是建立在家庭联产承包经营责任制基础上的、由农民和其他农业生产经营服务者自愿联结的互助性经济组织。农村专业合作组织的创建原则和条件与其他经营组织和机构有所不同。

4.1.1　农民专业合作组织创建原则

(1)家庭经营原则。以家庭承包经营为基础、统分结合的双层经营体制，是我国农村经营的基本制度。农村专业合作组织的创建不应改变农户最敏感的土地承包关系，而应以家庭经营制度为基础，充分尊重农户生产经营的自主权，通过多个经营主体自愿联合的方式组织和发展。其创建的宗旨在于构建新型农业生产经营服务体系和运行方式，以解决小农户与大生产、大市场的联结机制，全面提高农户的综合生产能力和农业生产经营效益，增加农户的经济收入。这是农村专业合作组织不同于集体经济的本质所在。国际农业经营和合作组织发展的经验表明，家庭经营是相对高效的农业生产经营模式之一，但家庭经营优越性充分发挥的前提条件是各类旨在为家庭农户提供农业生产经营服务的专业合作组织的充分发育。家庭经济比较活跃和发达的领域和地区，往往也是各类专业合作组织最发达的领域和地区。

(2)自愿自主原则。农村专业合作组织是农户自愿联合的互助性组织。发展农村经济合作组织，必须尊重农户的意愿和选择。农村经济合作组织是市场经济发展的产物，是农户为改变其在市场竞争中的不利地位而自发结成的自主性经济组织，其职能主要是解决农户分散生产经营中遇到的困难，提高农业生产的组织化程度，降低交易成本，保障农户的合法收益。创建农村专业合作组织必须坚持入社自愿、退社自由原则，既不能强迫农民组建或加入某些合作组织，也不能限制农民退出某个合作组织。农村专业合作组织内部的制度安排和组织建设、与其他组织（包括政府）合作或生产经营协议，必须由合作组织成员通过适当的程序自主决定。政府可以通过立法、税收及其他经济和社会政策引导、规范和促进合作组织的发展，但不能通过行政手段干预合作组织的生产经营活动。各级政府和部门在推进农村专业合作事业发展工作时要充分尊重农民的意愿和创新精神，着重发展环境的营造、公共服务的供给和生产经营的指导。只要是农民愿意而且能办的就放手让农民去办；农民愿意但暂时无力办的应积极创造条件，引导和帮助农民去办；农民不愿的切忌用行政命令强迫农民去办。

(3)农民主体原则。农村专业合作组织之所以有强大的生命力，是由其本质规定性所决定的，它以为农户成员服务为宗旨，坚持自愿、民主、平等和联合等原则，主要实行按交易量分配的原则。农村专业合作组织是服务农户生产经营的互助性组织，我国《农民专业合作社法》明确提出要以农民为主体发展各类专业合作组织。坚持农民为主体的原则，首先要保证农户成员占合作组织成员的比例在80%以上，其次要坚持合作组织的重大生产经营活动必须考虑农民的利益，由合作组织成员大会决定，实行民主管理、民主决策、民主监督，切实保障农户成员的知情权、决策权和参与权。一些研究者指出，为了保证农民真正成为合作组织的主人，有效表达自己的意愿，防止他人利用和操纵合作组织，农村专业合作组织必须实行一人一票或一人一票加20%附加票的民主管理机制。采取附加票的决策机制有利于动员各种社会力量参与合作组织发展，解决合作组织技术、人才、资金、信息缺乏等瓶颈问题。

(4) 互利共赢原则。“走向合作不是一种情操，而是一种经济上的需要”，这是美国“新奇士”农业专业协会印制在用户手册上的一句话，它从一个侧面揭示了农村专业合作组织创建的本质和发展动力之所在。农民专业合作组织之所以蓬勃兴起，就在于同行业、同专业、同类产品的小规模生产经营者，有着对市场信息、技术、良种、标准生产、统一品牌、物资采购、产品销售、加工增值等生产经营服务的共同需要，而单个家庭或者难以独立解决这些问题，或者解决这些问题的成本很高。农村专业合作组织通过对农户成员实行农业生产经营服务的互助性供给，可保障其生产经营利益的最大化，高效率地引导农户成员和其他农业生产经营服务供给者建立农业生产经营价值链。农民专业合作组织只有不断满足成员的共同需要，服务于农户成员的生产经营活动，才可能持续健康发展。为了保证农村专业合作组织发展壮大，农村专业合作组织还必须兼顾专业大户与一般农户、交易者与投资者的需求和利益，以调动不同成员发展专业合作的积极性。

(5)多元发展的原则。农村专业合作组织可采取不同的组织形式和发展模式，但必须建立在农民自愿的基础上，坚持“民办、民管、民受益”的基本原则。以农民为主体创立和发展农村专业合作组织，并不否定农村专业合作组织创建形式的多样性，尤其是在农民专业合作组织发展的初期，要鼓励探索多种合作方式以调动和发挥各方面的积极性。农村能人、专业大户、集体组织、龙头企业、基层农技推广部门、农业科研院所等都可以利用其资源、人才、技术、信息、流通、加工等优势，发起和引导农户兴办专业合作组织，在技术服务、基地建设、市场开发、产品销售、加工增值等方面参与农村专业合作组织的生产经营活动。当前，我国农民经济合作组织进入快速发展阶段，各地尤其是沿海发达地区兴办农村经济合作组织的热潮不断高涨。各级政府要善于把合作制的基本原则与我国实际情况相结合，通过多种政策工具、资产运营和资源整合机制来创造性地推进农村专业合作组织的创建和发展壮大。

4.1.2　农村专业合作组织创建条件

《农民专业合作社法》第 10 条规定，设立农民专业合作社，应当具备下列条件：

(1)有 5 名以上符合本法第 14 条、第 15 条规定的成员；

(2)有符合本法规定的章程；

(3)有符合本法规定的组织机构；

(4)有符合法律、行政法规规定的名称和章程确定的住所；

(5)有符合章程规定的成员出资。

参照这一法律规定并借鉴各类专业合作组织发展经验，可以将农村专业合作组织创建条件概括为如下 6 个方面。

(1)有一定数量的、有合作意愿和创建合作组织诉求的农户成员。农民专业合作组织成员不少于 5 人，其中依法享有农村土地承包经营权或从事捕捞生产经营的农村集体经营组织的成员至少占成员总数的 80％以上。合作组织成员应符合以下条件：具有民事行为能力的中国公民；能够利用农民专业合作组织提供的服务；承认并遵守章程，履行章程规定的加入手续。中国的企业法人、社会团体法人、事业单位法人从事与农民专业合作组织业务有关的生产经营活动，可以成为农民专业合作组织的社员，但具有公共管理职能或受委托行使公共管理职能的法人不得加入农民专业合作组织。

(2)有符合相关法律规定的合作组织章程。农村专业合作组织章程是决定专业合作组织有关事宜的重要原则和规定，也是规范社员行为的准则，主要内容包括：农民专业合作组织的名称和住所；专业合作组织的业务范围；成员资格及加入、退出和除名；成员的权利和义务；组织管理机构及其产生办法、职权、任期和议事规则；成员出资方式、出资额；财务及资金管理；盈余分配及亏损处理；章程修改程序；合作社的变更、解散、清算；公告事项及发布方式；需要规定的其他事项。章程可以规定社员承诺承担保证责任的方式和金额。

(3)有法定的组织机构。农村专业合作组织一般设立社员(代表)大会、理事会(主任)、监事会(主任)、经理、财务会计等管理机构和人员。农村专业合作组织成员(代表)大会由全体成员组成，是本组织的权力机构，农民专业合作组织成员超过150人以上的，可以设置社员代表大会，一般按照15%～20%的比例选举产生，其职权由章程规定。

(4)有符合法律、行政规范的名称且有章程确定的住所。农村专业合作组织的名称一般为所在地的县名＋村名(地名)＋生产经营项目名称＋专业合作社或专业协会，如××县南关(村名)无公害蔬菜(项目)专业合作社。农民专业合作社的住所，即合作社的办公地点。成员较少的合作社可以选择以合作社发起人、生产经营大户家庭住址或村支"两委"的办公室作为合作社的办公地点。合作组织的办公室一般要布置专业合作组织章程，社员(代表)大会工作规则，理事会工作规则，监事会工作规则，理事会主任、监事会主任、会计职责，财务管理办法，服务承诺，技术服务资料等；应设置四簿，即基本情况簿(社员花名册)、销售登记簿、会议记录簿、意见簿；配置桌椅、电话等必要的办公设施。

(5)有章程规定的成员出资。农民专业合作组织是一个互助性经济组织，全体社员需要提供一定的出资额(股金)以确定其成员资格。只有获得成员资格的农户才可能享受合作组织提供的互助性服务，享受按交易量返利的剩余分配权利。出资额的具体标准由各农村专业合作组织章程自主确定。某些合作组织因其生产经营业务的扩大还为合作社成员设置了投资股，具体由合作组织根据经营业务的需要设立，由全体成员自愿认购。投资股可以享受合作组织经营剩余的分红。

(6)有特定的经营服务项目和必要的生产经营服务条件。这是农村专业合作组织创建和持续发展的必要条件。农村专业合作组织一般选择以下经营服务项目：采购和供应社员所需的生产资料和生活资料；收购和推销全体社员生产或加工的产品；对本社社员进行技术指导服务，引进新技术、新品种，举办技术培训、示范，开展技术交流，组织内外经济技术合作；提供本合作社社员在生产、加工、销售方面所需的部分资金;从事农产品的运输、加工、贮藏和销售等业务;在现行法律法规许可内对外签订合同,开展与经济部门、科研单位及其他经济合作组织的合作;向社员提供有关经济、技术信息;本合作社需要的其他业务。

4.1.3 影响农村专业合作组织创建的其他因素

(1)生产经营目标。农村专业合作组织成功创建的前提条件是有明确的商业目标和计划,并且有足够的理由说明组建专业合作组织是实现该商业目标和计划的最佳选择。多数农村专业合作组织最初选择农业生产资料的联合购买、农产品合作销售或农业生产技术推广应用等经营服务作为其创建契机,并将其生产经营的对象锁定在商品化程度高、价格弹性大的农产品领域,如蔬菜、水果、烟叶、茶叶、中药材等经济作物和生猪、山羊、家禽、水产品等畜产品。也有一些农村专业合作组织将农产品的初级加工和市场营销、农户共有资源的开发经营作为其创建目标。

(2)资源环境。由于农业生产经营项目具有资源依赖性的显著特征,不同区域的自然资源不仅影响特定种养业项目产品的品质,而且会影响其生产经营和开发成本。比如,某地气候潮湿多雨,养蝎子病虫害发生率和死亡率就会增加;如果纬度高,平均气温低,养白玉蜗牛则会因给蜗牛增温使养殖成本大大增加。因此,结合区域自然资源优势,选择具有潜在经济价值的生产经营和开发项目,是联结小农户创建农村专业合作经济组织的前提条件。徐闻县下洋、曲界、和安、下桥、龙塘等供销社就是从当地产业结构调整的实际出发,领办菠萝、香蕉、海产品等专业合作社,以此作为与农民合作的基础,从而实现农民与供销社的"双赢"。

(3)小农户需求和合作意愿。农村专业合作组织是农民的合作经济组织,其创建宗旨是服务农户成员的生产经营活动,以推动小农户生产经营活动与社会化大市场的对接。一般而言,当本村本镇区域内从事某种专业种植养殖生产的农户达到一定数量时,农户就会产生组织起来闯市场、共担风险的意识和要求。在这种情况下,专业合作组织的发起人能否准确把握农产品生产经营的市场行情、预测市场动态、了解农户现实需求就成为引导农户创建合作组织的关键所在。创办专业合作社要充分尊重农民愿望,坚持入社自愿的原则,不能搞强迫命令或变相强迫农民入社,而要多做宣传和引导工作,向农民解释成立专业合作组织的优势、可行性、未来的发展前景和存在风险等,并发挥专业大户的示范带动作用,让农民看到实实在在的好处,用身边看得出、摸得着的事例引导他们。

4.2 农村专业合作组织创建的一般程序

农村专业合作组织创建必须遵循一定的程序，具体包括联络合作组织的发起人、拟定合作章程、召开设立大会和登记注册等基本程序。

4.2.1 联络合作组织的发起人

当众多农户有创建合作组织的意愿和需求时，必须有人组织出面来充当发起人或牵头人的角色。发起人是合作组织的创始人，其可以是自然人，也可以是企业法人。参照《农民专业合作社法》，合作组织的发起人不得少于5人。多数情况下，这些发起人可能是乡村专业大户、营销大户、乡村供销社组织、企业组织或政府机关。其需要完成的工作主要是：明确合作组织生产经营目标、服务宗旨和发展远景；说服更多农户参与农村专业合作组织的创建工作。

4.2.2 拟定合作组织章程

拟定章程是合作组织创建的基础性工作，决定着合作组织发展的服务宗旨和运行原则。参照《农民专业合作社法》第二章第11条的具体规定，可以对农村专业合作组织章程的内容做如下规范：

(1)名称和住所；

(2)业务范围；

(3)成员资格及入社、退社和除名条件；

(4)成员的权利和义务；

(5)成员的出资方式、出资额；

(6)财务管理、盈余分配、亏损处理办法和机制；

(7)章程修改程序；

(8)解散事由和清算办法；

(9)公告事项和发布方式；

(10)需要规定的其他事项。

4.2.3 召开设立大会

《农民专业合作社法》第11条指出，设立农民专业合作社应当召开由全体设立人参加的设立大会。设立时自愿成为该社成员的人为设立人。设立大会行使下列职权：

(1)通过本社章程，章程应当由全体设立人一致通过；

(2)选举产生理事长、理事、执行监事或者监事会成员；

(3)审议其他重大事项。

参照以上规定，农村专业合作组织创始人还必须完成如下工作。

(1)确定会员加入的条件。一些专业合作组织的发起人要求加入会员是具备一定种植养殖规模的同行业的农户成员；一些则要求加入会员提供一定数额的出资，也有一些合作组织对加入组织的农户会员不做具体限制，甚至还赊购农业生产资料，如种苗、饲料等给困难农户，以帮扶其通过合作组织发展生产，改善生计。

(2)协商基本事项，讨论章程内容。与准备加入合作组织的农户商议确定合作组织建立的基本事项，讨论章程内容，明确组织成员的权利和义务。根据《农民专业合作社法》的基本精神，农民专业合作组织成员享有权利主要有：参加成员(代表)大会，并享有表决权、选举权和被选举权；利用本组织提供的服务和各种生产经营设施；按照章程规定分享盈余；查阅成员(代表)大会记录、财务会计报告；章程规定的其他权利。农民专业合作组织成员承担的义务主要是：执行成员(代表)大会和理事会决议；按照章程规定向本组织出资；按照章程规定与本组织订立合同或者进行交易；按照章程规定承担亏损；章程规定的其他义务。

(3)完善入社手续，选举产生组织领导机构。一般而言，农民专业合作组织理事会由3人以上奇数成员组成，由社员(代表)大会在本合作社社员中选举产生。在理事会选举产生理事长1名，社员较少的合作组织可以不设立理事会，只设立理事长1名。理事长为合作社的法定代表人，对社员(代表)大会负责，其职权由章程规定。农民专业合作组织监事会也一般由3人以上奇数成员组成，由社员(代表)大会在本合作社社员中选举产生。在监事会选举产生主席1名，社员较少的合作社可以不设立监事会，只设立执行监事1名。监事会或执行监事的职权由章程规定。农民专业合作组织理事会(长)可以根据社员(代表)大会的决定聘任经理和财务会计人员，理事(长)可以兼任经理。经理根据章程规定或者理事会的决定，可以聘任其他人员。

4.2.4 登记注册

根据《农民专业合作社法》第二章第12条的具体规定，设立农民专业合作社，应当向工商行政管理提交下列文件，申请登记：

(1)登记申请书；

(2)全体设立人签名、盖章的设立大会纪要;

(3)全体设立人签名、盖章的章程;

(4)法定代表人、理事的任职文件和身份证明;

(5)出资成员签名、盖章的出资清单;

(6)住所使用证明;

(7)法律、行政法规规定的其他文件。

该条同时规定,登记机关应当自受理登记申请之日起 20 日内办理完毕,向符合登记条件的申请者办法定营业执照;农民专业合作社法定登记事项变更的,应当申请变更登记;农民专业合作社登记办法由国务院规定。办理登记不得收取费用。

【案例 19】法库县金利万寿菊专业合作社[①]

辽宁省法库县冯贝堡乡北旬子村现有耕地 3 024 亩,人口 820 人,其中,劳动力 510 人,外出打工 150 人。农民一直以种植玉米为主,每亩纯收益 300~500 元。2006 年,科技特派员进驻该村逐户指导发展万寿菊产业,当年万寿菊种植户35 户,面积 100 多亩,每亩万寿菊纯收益 600~700 元。随着万寿菊种植面积的扩增,一家一户式的生产方式和逐户技术指导已难以满足产业发展的技术需求。在科技特派员的指导和支持下,北旬子村党支部书记高金萍联合吴海涛等 6 名村民注册成立了"法库县金利万寿菊专业合作社"。

金利万寿菊专业合作社按照"入社自愿、退社自由、地位平等、民主管理"的原则,进行自主经营、自负盈亏、利益共享、风险共担。农户可以土地入股,由合作社统一种植万寿菊,统一管理,统一销售。2007 年,合作社集中 57 户农民的 678 亩土地种植万寿菊,由于采用新品种和规范化栽培技术,万寿菊鲜花亩产量达到 3 000 kg,每亩纯收入由 700 元增加到 1 100 元。由于土地合理流转,使外出打工人员由 150 人增加到 350 人。同时,针对万寿菊采花用工的大量需求,合作社组织入股无地农民成立了万寿菊专业采花队,入股农民每天可以挣到 30~40 元,人均采花年收入可达 2 000~3 000 元。专业合作社的成立,使北旬子村增收 220 万元,农民人均增收 2 700 元。到目前为止,又有 157 户农民签订了入社协议,合作社采花队已达 400 多人,服务范围扩大到周边其他乡镇,预计明年万寿菊将达到 1 500 亩。

---

①董加耕,孙占慧. 实施科技特派员示范工程,助推农村合作组织发展[J]. 中国农村科技,2007(11):24-25

4.3 农村专业合作组织创建的主要模式

农村专业合作组织主要围绕农户生产经营所需的农业生产资料购买，种植养殖技术推广，农产品销售和加工等服务而创建。从农村专业合作组织创建的主要机制来讲，可将专业合作组织划分为内生型专业合作组织和外生型专业合作组织。其中内生型专业合作经济组织一般由若干从事专业生产的农民为解决技术、购销等分户经营难以解决的问题而自发酝酿产生；外生型专业合作经济组织则是有关机构或组织为有效行使职责或出于利益需要而与农民联合组建的专业合作组织。一般而言，乡村精英领导型、集体经济改制型的农村专业合作组织属于内生型的合作组织，而龙头企业拉动型、政府部门引导型、国际项目示范型的农村专业合作组织属于外生型的合作组织。

4.3.1 乡村精英领办型

这种类型的农村专业合作组织一般由多年从事生产、运销、技术推广和村镇管理的乡村专业大户、经纪人、技术员和村干部等乡村精英牵头，联合从事同种专业生产的农民自发创立。这些乡村精英多数技术上有专长，善经营、会管理，有丰富的种养经验或营销经验①，并有一定的社会资源和社会影响。由于农民在生产经营过程中，常常遇到仅仅依靠自身力量难以解决的发展难题，如技术、资金、人力短缺和产品销售困难等，这时就会由一人或数人发起，多人或多户自发参与，组成农民专业协会或合作社，架起农户通往市场和现代农业的“桥梁”。

从早期发展的形态看，这种模式主要具备以下特点：

(1)多数建立在口头协约或乡规民约的基础之上，没有规范的协会章程和相关管理制度；

(2)缺乏外部有利的政策、资金、技术服务和法律环境支持；

(3)主要由农户在各自的土地上种植或养殖同一品种，采取以土地、劳力、资金入股，按股份多少分红②；

(4)经营方式大多是个人承包，摸着石头过河，缺少相应的制度和服务，发展机制不完善，管理松散，难以形成规模经济和销售实力。

这种模式创建的农村合作组织在其发展过程中，存在的主要问题是其领导集

---

①孙亚范. 新型农民专业合作经济组织发展研究[M]. 北京：社会科学文献出版社，2006：196-198

②周彩娟. 湖北省农村专业合作组织模式简析[J]. 商业时代，2008(2)：105；112

体的合作知识、企业家资源和社会资本缺乏，但也可能由于领袖人物的觉悟和管理需要，一些专业合作组织会借助于外部专业人士的指导和援助，建立起符合农村专业合作组织的规范的管理制度和经营策略。

根据发起人社会阅历和专业背景不同，这些乡村精英组建的专业合作组织可能表现出不同的形态。概括起来讲，主要有以下 4 种类型：

(1)专业大户引领型的农村专业合作组织。面对日益激烈的市场竞争和日趋严峻的“卖难”问题，专业大户在生产规模或经营规模达到一定程度时，迫切需要联合其他经营者以取得市场定价的筹码，共同解决生产经营中面临特色种植养殖所必需的规模、标准和技术等问题，以降低生产成本和市场风险，节约交易费用。由于专业大户的专业化生产较高，种植规模较大，通过专业合作组织获益最多，他们最有积极性来牵头组建专业合作组织。这类专业合作组织一般由专业大户控制，并在具体运行过程会选择“合作社（协会）＋农户”的模式，其特点是农户根据合作组织提供的技术规程利用各自的土地进行种植养殖，技术、种苗、饲料或农药等由合作组织统一购买，种植养殖的农产品也由合作社统一经销。

【案例 20】五竹蚕豆技术开发协会①

五竹蚕豆技术开发协会是由五竹镇的乡土能人张义发起成立的，协会吸收五竹、会川、清源、路园、锹峪、祁家庙 6 个乡镇的蚕豆种植和加工大户参加。年初协会和会员签订收购合同，并统一发放优质的蚕豆种子，严把良种关；青豆生长季节，协会为会员提供全程技术指导和科技服务，指导农民进行标准化生产，提高青豆的产量和质量；采摘季节，协会（经济实体）按合同收购青豆，统一加工销售。目前协会会员已发展到 1 500 多户，有经济实体 20 多个，遍及该县南部乡镇和岷县、漳县部分乡镇，建立订单种植基地 333.3 hm^2，每年生产销售青豆 1 500 t，实现附加值（包括农民工劳务收入）200 多万元。

(2)技术能手领办型的农村专业合作组织。乡村技术员、技术能手牵头组建合作组织既可以发挥自己的技术才干，在乡村获得较高的社会认同，又可以通过提供有偿服务获得收入，因而有足够的动力领办专业合作组织。他们领办的专业合作组织多数是围绕着特定技术推广活动而建立的松散的协会型专业合作组织，具有较强的技术创新服务的特征。会员入会只交纳少量的会费，主要功能是向周边农

①张颖，卢星，仰明义. 对清源县探索发展农村专业技术协会的思考[J]. 甘肃农业，2007(9)：9-13

户提供技术推广、技能培训、信息交流、病虫害防治和疫病防治等其他专业技术服务。这类由技术能手创建的协会型农村专业合作组织有一些已转化成包括品种研发、技术推广和生产经营等多样化经营的超大型农村专业合作组织，如从事棉花种子繁育和推广的河北国欣农研会。

(3)运销大户或经纪人领办型的农村专业合作组织。运销大户、经纪人组织创办合作组织既可为其提供质量有保障的农产品资源，又可壮大其市场拓展的实力。这类专业合作组织以农产品运销为主，属市场导向性的合作组织，一般由农村运销大户或经纪人利用其生产、经营、购销、流通的优势资源和销售网点而组建，旨在为农户提供农产品营销服务。其运营管理多数由运销大户、经纪人控制，可能采取松散的专业产销协会的运行模式，也可能进一步拓展形成包括生产、销售和经营在内全程服务型的农民专业合作社模式或股份合作社模式，其经营领域主要是那些需求弹性较大的农产品，如水产品、柑橘、蕉藕、家禽等。由于运销大户和经纪人市场意识敏锐，善于根据市场需求引导农户调整种植规模和生产品种，并具有较强的品牌意识，他们组织创建的农村合作组织常常会涉足农产品的初级加工、地理标识的申请和产品品牌的打造等生产经营内容。如甘肃省渭源县中药材产业技术开发协会就是依托会川中药材专业市场，由当地300多户中药材加工运销大户发起建立的，目前协会已建立中小型加工企业77个，加工设备350多台，运输车辆50多台，在省内外建立经销网点60多个，并吸收108名贫困子女进厂就业，救助了弱势群体，年加工、销售各类中药材20 000 t以上。

(4)乡村干部带动型的农村专业合作组织。主要由一些率先致富的乡村干部，为了谋求更大的发展空间和引导农民共同致富，联合本乡、本村农民组建而成，多数围绕当地主导产业、特色资源或优质农产品生产基地建立专业合作组织，带领广大农民办实体、搞加工、闯市场。这种由村干部领导创办的合作组织则多数为股份合作社，这在经济比较发达的省份尤其明显。

【案例21】重庆市渝北区龙兴镇奶牛协会①

渝北区龙兴镇地处重庆近郊，面积47 km^2，人口3.2万人，劳动力1.7万人，是一个典型的山区农业镇。近年来，当地政府把发展奶业作为产业结构调整的重点，制定优惠政策，实行政府补贴，帮助农民从外地购进奶牛300多头，引进重庆天友乳品公司作为龙头企业，建立鲜奶生产基地，走“公司＋农户”的产业化发展道

①奶牛协会联结公司与农户，带动山区农民共同致富——重庆市渝北区龙兴镇奶牛协会[N]. http://www.agri.gov.cn/ztzl/nygzh/2004/t20051229_525554.htm

路。奶牛购进以后，由于技术服务没有跟上等原因，曾出现部分奶牛产奶量极低甚至死亡等情况，企业的收购站也因为收购量小亏本，不能确保奶农的利益。对此，群众意见很大，有的农户甚至将奶牛牵到镇政府要政府退钱。仅死亡奶牛赔偿一项，政府就赔偿了30多万元，龙头企业的经营遇到很大困难。“公司+农户”的形式面临公司与农户利益难协调、管理费用高、农户生产经营风险没人管等问题。公司和农户都感觉到应有一个中介组织，在两者之间起协调和组织作用，走“公司+合作组织+农户”的道路。2001年7月，以农民养殖大户刘庆容、黄时文等牵头，遵循自愿、平等、互助的原则，经过充分的协商和酝酿，由163户养殖户联合，成立了龙兴镇奶牛协会。协会成立以来，始终坚持“为会员服务，增加会员收入”的宗旨，切实加强奶牛的产前、产中、产后服务。

(1)进行筹资服务，解决生产发展难。协会通过会员联保的形式帮助养殖户会员协调贷款，以解决生产资金不足的问题。截至目前，协会累计协调奶农户向信用社和重庆天友乳品公司取得生产垫底资金贷款达734万元(会员户养1头奶牛可向信用社和天友公司取得贷款0.6万～0.8万元)。

(2)把好优质牛源的引进关，确保牛源质量。为对引进的奶牛进行疾病防治和检疫，协会投资21万元在附近的石船镇建立奶牛交易市场，凡引进奶牛首先进入该市场进行病原隔离消毒后再销售给会员户，以保证牛源质量。两年来，协会从浙江、陕西等地引进优质奶牛862头，经病原隔离后及时供应给会员户。

(3)进行购销服务，解决销售产品难。协会组织会员与天友公司签订牛奶收购协议，实行优质优价，最高2.10元/kg，实行保护价(1.74元/kg)收购；公司对会员户发放会员卡，确定收购量并及时按价结算(每月结算一次划拨到账)，实行以销定产，防止盲目扩大饲养奶牛给会员带来损失，解决了销售难的问题。

(4)进行保险服务，解决抵御风险难。协会建立风险保证金制度，凡会员饲养奶牛，可向协会缴纳风险保证金，每头牛300元，以后每年交30元，由协会进行专户贮存，当会员户的奶牛发生非正常死亡后，协会按奶牛购进价减去残值后的余额价值，赔付60%～80%的赔偿金，赔偿金自申请之日起5日内发放到会员手中，从而降低了会员户的养牛风险。协会成立以来，累积非正常死亡奶牛18头，总计赔偿12万元。

(5)进行技术服务，解决技术提高难。一是为农户统一设计、规划养殖圈舍，确保养殖环境的规范化。协会成立以来共为会员户设计规范化牛舍409间，还从上海引进挤奶机4台，保证了奶源质量，提高了工作效率。二是聘请技术人员进行技术培训和指导，全面提高会员的整体素质。协会聘请市、区专家每半年对会员户进行一次技术培训和现场指导；送6名会员到河南中荷奶牛培训中心进行技术培训，进一步提高奶农户的饲养技术。三是聘请镇兽医站6名兽医专家，实行持证上岗，负责协会奶牛疾病的防治。四是进行试验示范，推广新品种和新技术，协会组织会员种植优质牧草2 200余亩，建立草种基地100亩，促进了基地建设和规模生产，推广了新技术。

2003年8月，协会在区民政局进行了注册登记，保证协会法人地位和对外开展经营活动主体资格的合法性。目前，协会会员已由最初的163户发展到300户，占总农户数的3%，存栏奶牛从800多头发展到2 100头。2002年交售鲜奶2 900 t，实现销售收入510万元。协会自身积累36.7万元，其中固定资产(石船奶牛交易市场、计算机等)20.16万元，流动资产7.80万元，现金存款8.74万元。加入协会的农户，仅奶业收入一项，户均年收入就达1.7万元。随着奶牛业的发展，当地种草业也发展起来。目前全镇种植优质牧草2 200余亩，每亩每年可增收1 100元，仅此一项年增产值242万元。

【案例22】四川省乐山市沐川县猕猴桃产业化合作社①

1999年11月，进城务工的李道珍决定回乡创业，在沐川县富本村和乡宋村租赁承包了80多亩荒山荒坡搞农业开发，成功引种“红阳猕猴桃”及油桃、板栗等果苗2万多株，把承租的80多亩荒山改造成了优质水果基地，注册了沐川县高峰寺果园。2002年，李道珍收获“红阳猕猴桃”鲜果1万kg以上，加上果园其他收入，共创利10多万元。2003年9月，李道珍带自己的水果到成都参加第四届西博会。经南来北往的客商品尝，沐川“红阳猕猴桃”一炮打响，许多客户表示合作意向，并当场向她下了鲜果订单，李道珍却因果园产量有限不敢接“单”。为打造猕猴桃产业，带动更多的乡亲增收致富，她多方奔走，积极宣传，争取支持。2003年11月，李道珍发起成立“沐川县猕猴桃产业化合作社”。合作社成立之初，李道珍就提出通过技术服务和标准化生产打造沐川“红阳猕猴桃”品牌的商业战略。为此，她自费参加省农业厅绿色发展中心举办的绿色、有机食品生产管理等培训班，专门邀请四川农业大学专家到她果园现场授课，组织村组干部、合作社社员等200多人现场学习。

自合作社成立以来，李道珍和技术骨干常年奔波于全县各地果农的果园，进行标准化、无公害种植的技术指导，并通过培训班、现场会、田间课堂等形式培训和指导种植户。目前，沐川猕猴桃基地的面积不断扩大，并通过了四川省无公害农产品

①彭继革.人大代表风采:李道珍打造沐川猕猴桃产业[N].乐山新闻网.2007-1-23 http://www.leshan.cn/lsnews/news/lsxw/userobject1ai49253.html

基地认证，列入了省科技厅和科技部的“猕猴桃标准化、产业化开发与示范”项目。2005 年冬，沐川猕猴桃鲜果首次走进超市，仅 1 个月就卖断了货。2004 年，李道珍当选为乐山市第五届人大代表，获市劳动模范殊荣；2005 年，合作社在全县 6 个乡镇、30 个村发展种植户 1 700 户，面积达 3 200 亩。同年，李道珍荣获市“三八”红旗手称号，2006 年，李道珍当选省委宣传部、省妇联、省广电集团联合评选的“四川女性 2005 年十大年度人物”。

【案例 23】吉林省梨树县夏家农民合作社

吉林省梨树县夏家堡村有饲养畜禽的传统，先前的养殖传统是养殖户独自到专营饲料门市部购买饲料，畜禽出栏时再等待商贩到村中收购。由于防疫和饲养技术跟不上，经常暴发畜禽疫病，加上市场波动引起的销售难，致使养殖户的经营风险高，经济效益低，农户养殖的积极性不高。1999 年，夏家堡 6 户养殖户联合从正大饲料厂购买饲料。当时饲料市场价格是每吨 3 200 元，厂家给批发价每吨 2 900 元，联合购买比专营门市部每吨便宜 300 元；猪出栏时，6 家农户又联合出售，结果每千克多卖 1 分钱。经过几个周期的合作，养殖户的经济收入有明显提高，周边养殖户一下子发展到 32 户，社员之间开始打破单家独户的饲养形式，实行统一购料，统一销售，尝试走互助合作，共同致富的新路子。2000 年 4 月 28 日，由养殖大户张淑香牵头，6 户农民出资 1.2 万元，组织创办了夏家养殖专业合作社。

合作社成立后，首先从全村选出 2～3 户踏实肯干的贫困户，用合作社资金扶持他们养猪，同时赊给饲料，等这些贫困户饲养的母猪产仔后再把猪仔赊给下一个贫困户。通过这种策略，合作社很快就发展了 70 多户社员加入养殖合作社。合作社统一组织成员的产购销业务，为农户成员提供种养业产前、产中、产后的各项服务。在种植业领域，合作社为成员统一选购适宜的优良品种，统一从厂商批量购买化肥，实行统一耕种，统一田间管理。在养殖业领域，合作社根据市场走向确定优良的养殖品种，从厂家直接购买幼畜，并与饲料厂商直接谈判，选取优质、高效的精品饲料，通过把每个厂家的饲料拿到县质量监督局检验对比的办法，最后确定高品质、高标准的饲料供社员使用。同时聘请高级畜牧师指导社员养殖技术，进行统一防疫。合作社还通过把养殖户的畜禽产品直接卖到加工企业来增加社员收入。具体算来，合作社统一收购社员生猪销售，每千克高于市场价 0.10 元，每头猪可节省 3 元装车费、4 元免疫费；统一销售肉食鸡，每千克可多赚 0.10 元。合作社还将年终盈余给农民进行二次返还，极大地调动了社员的积极性①。

夏家合作社的成功运营，吸引了越来越多的周边农户。不仅本村农户要求加入，梨树、榆树台、郭家店等镇的农民也纷纷加盟。为了防止“一哄而起”、“一哄而散”，合作社参照国际合作社组织标准，以社员代表大会为合作社的最高权力机构，实行合作社带头人由社员选举产生的民主制度。合作社下设理事会和监事会，理事会由1个理事长和若干副理事长、委员组成，负责合作社日常工作；监事会由1个监事长和若干副监事长组成，负责对理事会的监督、账目清算，为合作社的正常运行保驾护航。2005年，合作社已有社员110户，其中养殖户72户，养禽（鸡、鸭、鹅）户38户。包括临近乡镇的合作社社员，合作社共计有社员173户。

自2000年4月成立至今，通过组织农民发展种养两大支柱产业，合作社为农民减少成本8.38万元，形成消费积累4.23万元，为农民增收98万元。截至2007年，合作社已从原来组建初期的6户社员发展到172户，拥有固定资产162万元，社员现有耕地面积170 hm^2，养殖圈舍159栋，流动资金135万元，平均每年为社会提供各类经济作物1 700 t左右，年出栏生猪12 000多头，仔猪5 300头，鸡12万只，鸭1万只，鹅2万只，生产经营销售收入达1 300多万元，纯收入90多万元，社员每户年增加收入6 500多元②。

【案例24】“海龟版”的农村专业合作社③

《21世纪经济报道》报道，由“海归”陶兵林牵头在湖北武汉市黄陂区设立了我国首家“海归版”农民专业合作社——湖北省木兰葛产品专业合作社。该合作社注册资金为3 000万元。其中，陶兵林和妻子徐薇以企业博嘉科技入股2 180万元，并以个人名义认购560万元的股份；留日学生邵仙墙以企业石门山天然食品有限公司入股，作价60万元；本地农民张远胜以企业羊角山圆圆食品有限公司入股，该企业50万元注册资金转为股本；其余的15位农民，则以荒山和种植的葛根入股，每户计10万元。

该合作社的运作模式为：合作社以保护价收购农民手中的葛根。在合作社内部，按照保底价每千克1元收购葛根，如果市场价格超过1元，则以不低于市场价收购。同时形成一种互相让利的机制，提高整体面对外界的竞争力。目前，合作社

①田喜赢，刘亚范．走新型合作化道路，实现农民共同富裕——记吉林省梨树县夏家农民合作社［J］．农村经营管理，2008(5)：28-29；37

②发展中的农村合作社［M］．北京：中国社会出版社，2006：94-98

③海归版农民合作社［J］．县域经济，2007(9)：25

内农民种植葛根，种苗和平整土地由政府完成，农民10亩葛根仅需投入100多元的复合肥。而当地政府每年数百万元的投入，可以转为合作社的公共投入。合作社的决策机制是，16位农民每人一票，占有80%的表决权；其余20%的投票权，则按出资额分配的投票系数表决。同时，农民需承担相应义务。除了按时供应产品外，还要求产品质量符合企业的绿色要求。合作社计划给每个农民生产出来的葛根，贴上商标或者编号，以追根溯源，提高农户的安全生产意识。

4.3.2 集体经济依托或改制型

集体经济依托或改制型的农村专业合作组织也属于内生型农村专业合作组织，其创建的理由多数是由于乡村社区出现了某些与农户的生产生活相关联的重大问题，迫切需要乡村集体通过市场的力量加以联合解决。这种类型的专业合作组织多发生在经济比较发达经济区域和城市郊区，一方面这些地区的乡村经济相对发达，与市场联系比较直接；另一方面这些地区随着城市化进程的加快出现了许多新的农业生产经营形态，如农家乐、采摘农业等。乡村农户在独立走市场的过程中感受到集体力量的重要性，也逐步认识到集体经济由于产权归属不清等问题而引发的低效率。农户发展理性诉求和集体经济高效增值的现实压力促成了各种依托集体经济的专业合作组织的孕育。其主要有如下3种形态：

(1)以村为单元而组建的各类农村专业合作组织。主要依靠村干部的领导权威引导全村发展专业化的特色种植养殖产业，为该村农户提供生产及产前种肥和产后销售服务，或者提供农户养殖共同需要的疾病防疫、养殖产品的收购和加工服务，或者所有农户需要解决的供水设施建设等公共服务。农村专业合作组织体制呈现政经合一的特点，村委会领导就是农村专业合作组织的领导。

【案例25】鸦鹊岭镇梅店村农民用水者协会①

湖北省宜昌市夷陵区鸦鹊岭镇梅店村5个村民小组，848户，3 013人，耕地面积4 890亩，其中水田面积2 890亩，果园面积2 000亩，是产水稻的大村，也是水资源严重缺乏的村。2004年3月，该村按照“党支部引导协会、协会组织会员”的方式创建了鸦鹊岭镇梅店村农民用水者协会。协会利用村集体在农户间的组织协调权威，引导农户开展以末级渠系建设为重点的农田水利基本建设，化解农民用水

①向文发，黄周. 用水协会作用大 多方满意效益高——湖北省宜昌市夷陵区鸦鹊岭镇梅店用水者协会经验与做法[N]. http://www.chinanpo.gov.cn/web/showBulltetin.do?type=pre&id=19427&dictionid=1939

难题。自专业合作组织成立以来,已硬化三面光沟渠3 160 m,维修沟渠6 000多m,整治堰塘60多口。农民入会后,每亩用水费用由过去36元降到25元,净减11.4元,减幅达36.6%;节约增收3.3万元,提高农产品数量质量增收62万元,两项人均增收217元。

(2)乡村集体经济改制形成农村专业合作组织。依托村或乡(镇)社区组织优势,以乡村集体组织的土地、人力、设备和产业基础为支撑,吸收本村农户从事同一专业生产经营的农民建立合作组织,发展专业化生产经营项目,实行社会化服务和企业化管理。这类专业合作组织具有显著的区域性和相对封闭性,多是村集体经济延伸兴办农产品加工企业、农家乐或采摘农业等农业生产经营活动,并且多数采取政经合一的运行管理体制,由村干部兼任合作组织的理事长等领导职务,他们既领导全村农户的生产经营活动,又主持全村农户的公共产品供给和社会政治生活。

(3)依托地区农贸市场等组建农村专业合作组织。一些乡村集体组织由于地缘、资源和人脉资源等成为当地的农贸市场或农产品流通的集散地,这些乡村集体的干部领导广大农户组建农村专业合作组织,投资建设地区农贸市场的基础建设和服务设施,甚至创建农产品拍卖市场等,以优化市场经营环境,更好地服务于农户生产经营活动。这种形式的专业合作组织一般也是村干部控制的合作组织,多数采取股份合作的形式。

(4)乡镇供销合作社领办或创办的农村专业合作组织。乡村供销社是农资经营的主渠道,对乡村经济发展有一定的影响力和拉动作用。县乡供销合作社作为集体经济的一种形式,在市场经济的条件下迫切需要寻找新的发展路径和事业资源,其有较强的动机转化为农村专业合作组织,也有较强的优势资源来发展和引导农村专业合作组织发展。目前,许多地区农村专业合作组织发展或多或少都受到乡镇供销合作社的拉动和引领。这类专业合作组织多依托供销社的人力、营销网络、固定资产或设施,以中介、联营、代理、直购、代购代销等方式参与农户的生产经营活动,一般由基层社牵头,吸收种植大户、养殖大户和流通大户参加组建。如福建省福鼎市前岐供销社吸收蘑菇生产经营大户转制形成蘑菇专业合作社,每年筹集700多万元扶持资金,在蘑菇开始生产时发给菇农原辅材料、菌种、菌用药品,并指导其生产,解决疑难问题;产后包销产品,与菇农签订最低保护价合同,协调各方利益,保证蘑菇市场畅销。

【案例26】吉林省永吉县一拉溪苏籽合作社①

永吉县一拉溪镇地处半山区，当地农户早就有种植苏籽的传统，但一家一户分散种植，产量低、品质差，难以形成规模化、标准化生产，产品难以进入需求强劲的国际市场。1993年，永吉县一拉溪供销社从开拓苏籽市场入手，利用各种关系，帮助农户销售苏籽37 t，当年为农民增加纯收入14.4万元，每亩比种植玉米增收300元。1994年，供销社在开拓市场的同时帮助农户引进韩国优质苏籽品种，使当年的苏籽种植面积增加到1 700亩，产量达到228 t。1995年，供销社在每个村选择一户农民作为示范户，并通过技术、资金、物资供应、产品销售等优先支持方式推广普及苏籽种植技术，使当年苏籽种植面积和产量迅速增加，培养了一批种植大户。1997年3月18日，在当地党政部门的支持下，永吉县一拉溪苏籽合作社成立。通过召开社员代表大会，合作社选举产生了理事会和监事会，制定了章程。合作社在吸纳股金的基础上，与社员签订股金管理办法和利润分配协议，实行规范化的经营管理。合作社成立后，严格坚持以合同承诺保底价收购社员产品，不压价、不打白条。合作社还对农户成员实行让利收购，一般每千克高于市场价1角钱左右。考虑到苏籽属于出口导向型产品，市场风险大，合作社非常注意市场信息的收集与分析，积极开拓市场，力争与外商建立稳定的业务关系。目前，一拉溪苏籽已在韩国市场站稳了脚跟，仅在首尔就占有60%的市场份额。

苏籽合作社在发展苏籽生产的同时，发现苏籽叶具有很高的开发价值。1997年，合作社开始建立苏籽叶加工厂。现有4个苏籽叶加工厂，年加工苏籽叶800 t以上，出口创汇40多万美元。一般1亩地可产苏籽叶300 kg，增值390元，仅苏籽叶一项每年可为农民增收150多万元。2000年，合作社注册了“彩绿”商标，开始走品牌化发展之路。为了帮汉族农民掌握新的种植方法，合作社组织专业技术人员常年活动在村屯，进行巡回指导，通过举办科普讲座、培养示范户、设立扶贫支农综合服务站等方法引导农户掌握苏籽种植技术，实施产前、产中、产后的跟踪服务，对困难农户成员实施帮扶。目前，苏籽的种植面积已发展到3 000 hm^2 以上，年加工盐渍苏叶3 500 t，收购苏籽4 500 t。

---

①白立忱. 发展中的农村合作社[M]. 北京：中国社会出版社，2006：59-63

【案例27】河南省内乡县黄姜合作社①

2001年8月，在内乡县供销社等县社机关的组织发动下，大桥乡陡坡沟村的村民成立了内乡县黄姜合作社。首批入户农民215户，股金17.8万元。第一届社员大会选举黄姜种植大户程鹏为社长，村委会主任李国选为副主任，3名农民、3名基层供销社职工被选为理事会、监事会成员。合作社对社员提供产前信息服务、产中科技和物质服务、产后销售服务，并通过统一选育种子、统一种植模式、统一技术指导、统一锄草施肥、统一机耕灌溉、统一产品购销实现黄姜生产的规模化和标准化。合作社改进了传统的黄姜种植模式，发明了姜、粮、树套种模式，在杨树行内套种黄姜，在黄姜地里套种玉米，一亩地可收获玉米200 kg，玉米秸秆可作黄姜爬秧的支架，一举两得。为解决农民想入社种植黄姜却无钱投资和劳力缺乏的问题，合作社经过慎重研究，根据社员的建议修改了合作社章程。新章程规定，凡要求入社的农民，在不改变土地承包权的基础上，以土地经营权按每亩300元折价作为入社股金，集中土地由合作社统一耕种。社员可参加合作社的生产也可自由择业，对参加生产的社员计发工资。年终合作社以股金土地上黄姜的净收益与社员按五五分成，立即兑现。

合作社成立初期缺少流动资金，县社机关倾力相助，参股26万，让合作社买了小四轮拖拉机、弥雾机、喷雾器，打机井两眼，并配套了水泵、水管，实现了机械化作业。2003年夏秋两季，内乡县遭遇洪涝灾害，社员黄姜泡在水里。县供销社组织百名职工深入田间地头疏渠排水，帮助合作社解决了黄姜生产灾害。在合作社的带动下，黄姜很快就成为当地的拳头产品。短短的两年时间，黄姜销售量由31万kg增长到500万kg，农民纯收入由360元增长到1 308元。

4.3.3　龙头企业带动型

龙头企业带动型专业合作组织是外生型农村专业合作组织的创建模式。由于大型的农产加工和流通企业，如蒙牛、汇源，甚至家乐福、麦当劳等对乡村种植养殖的发展具有显著的拉动效应，因此常被许多农业产业政策研究者和制定者称为农业产业“产加销”、“农工贸”一体化经营的“龙头企业”。在市场高度发达和食品安全问题频繁发生的今天，众多大型的农产品加工和流通企业，特别是具有规模化生产和销售市场的食品加工企业，亟须建立质量稳定的原材料批量供应基地和农业生产者组织。一些龙头企业曾在生产经营实践中探索出“公司＋农户”的联结方

---

①白立忱.发展中的农村合作社[M].北京：中国社会出版社，2006：55-58

式，试图通过企业与农户之间的合同或“订单”联结来打造农业产业化生产经营的价值链，但由于农户的分散性、合同的弱约束性等原因，这种形式的联结无法保证合作的稳定性和持续性，难以在龙头企业和农户之间形成风险共担、利益共享的经营机制，常常导致各种“违约”行为，或者龙头企业在市场环境不利的情况下拒收农产品，或者农户在市场行情看涨的情况下拒绝以合同价提供农产品，或者由于利益联结机制缺失导致公司获得的农产品原材料不当使用“三聚氰胺”等严重影响食品生产质量的化学添加剂等，给农户或龙头企业的生产经营带来巨大的风险。为了保证生产经营的可持续性，许多龙头企业开始通过引导农户创建或直接创建专业合作组织，以保证农户统一使用公司的种苗和生产资料、采用科学的种养方法和病虫害防治和疫病防控技术等，有效联结千家万户的个体农户，实现原材料的批量采购和质量监控，稳定与农户的购销关系。

龙头企业带动型的创建模式一般采取“企业＋专业合作组织＋农户”的生产经营模式，具体由农户负责农业生产，专业合作组织进行协调和服务，公司负责产品营销和加工。农户、农村专业合作组织与龙头企业之间通过递进委托代理和合同关系或股份合作关系保持稳定的业务联系和利益联结。这种形式的农村合作经济组织最早出现在东部沿海经济发达或比较发达的地区。其特点主要是：

(1)合作关系建立在企业谋求利润最大化的基础上，多数情况下会形成企业和农户之间存在的事实“不平等”；

(2)企业以全资或控股的方式开展产品生产和经营活动，对农户经营活动有支配和控制权；

(3)农户生产经营者有一定的市场保证和收入预期。

根据组织方式的不同，龙头企业带动的农村专业合作组织可以划分为两类。

(1)龙头企业支持创办的农村专业合作组织。一般由龙头企业牵头发起，采用“企业＋合作社（协会）＋农户＋基地”的经营模式。其具体做法是，由农产品加工和流通龙头企业向初级农产品生产领域延伸，通过合同引导、技术扶持和资金资助，组织从事原料生产的农户建立生产初级农产品的专业合作组织。农村专业合作组织通常会根据合同要求建立相对标准的生产基地，并以销定产，有计划地向其组织成员下达种植养殖计划，向其农户成员提供种子、化肥、农药和栽培技术或养殖技术服务。这类农村专业合作组织一般充当农户和龙头企业之间联结的中介和纽带，通过为农户提供生产、技术服务和指导来促进农户生产经营活动的高效开展。由于借力于龙头企业的技术支持和资金扶持，这类专业合作组织一般起步较快，发展迅速，并能通过各种机制实现与企业的平等对话，减少农户经营的市场风险。如福建福鼎市天湖、品品香茶业有限公司支持茶农组建的市级茶业协会，就为农户提供种苗、周转资金、技术指导、农产品收购的“四到位”服务，并与农户建立茶业产加销合同契约，推动15万亩无公害茶园建设。

这种类型专业合作组织的发展虽然很大程度上受制于龙头企业，但农村专业合作组织仍有较大的自主权，各种生产经营协约主要通过平等协商达成。通常情况下，龙头企业与农村专业合作组织之间会签订保护价收购协议。具体内容包括：当产品市场价格超过保护价时，企业按照市场价格收购专业合作组织供给的农产品；当产品市场价格低于保护价时，企业按保护价收购专业合作组织供给的农产品。专业合作组织与其组织成员之间的分配一般以交易量为主的原则进行收益分配，即在扣除组织积累后，部分按成员股金分红，其余按成员交易量分配。

【案例28】山东省莱阳市宏达果蔬合作社①

莱阳市昭旺庄镇是蔬菜果品的集中产区，随着种植面积的扩大，卖难问题日渐突出。宏达食品公司有一定的果品贮存加工能力，出口量不断增长，公司扩大规模面临的最大问题是缺乏稳定的货源。过去公司收购农民的果品蔬菜需要提前签订合同，确定价格，但市场价格高时农民就不履行合同以高价卖给别的厂家。由于国际农产品贸易壁垒日益提升，各类市场对农产品的质量要求也在逐渐升级。农民的问题、公司的困难，使公司和农民有了合作发展的强烈愿望。1995年，在当地政府的支持下，宏达食品公司牵头组织种植果蔬的农户成立了果蔬合作社。合作社入社股本金总额74.8万元，其中宏达食品公司以1个冷库、4辆汽车折价入股46.5万元，农户入股28.3万元。农户以土地入社，其中183户果农带4 600亩土地入股，100户菜农带2 200亩菜园入股。合作社运行的机制是：合作社根据市场需求制定种植计划，社员以村为单位分成若干小组按计划种植；合作社组织公司与社员签订收购合同，明确最低保护价；合作社为社员提供生产资料供应、信息、资金和技术服务等，聘请专家现场对农民进行技术指导；公司每年都从利润中拿出一定比例返还给合作社，合作社留下积累和发展基金后按照社员固定和交易量分配给社员。

合作社使公司与农民缔结成经济利益共同体，公司因此有了优质的原料基地，出口业务快速增长。2001年，公司出口速冻蔬菜6 000 t，内销保鲜菜2 000 t，果品4 000 t，实现产值8 600万元，创利税680万元，出口创汇660万美元。公司产品主要销往日本、韩国、东南亚、欧美等国家和地区。2003年，合作社向社员收购蔬菜15 000 t，果品5 000 t。2004年，合作社实现纯利润31.4万元，按照规定，合作

①白立忱．发展中的农村合作社[M]．北京：中国社会出版社，2006：30-34

社提取10%公积金用于公共积累，提取10%作为合作社发展公益事业的公益金，其余25.12万元全部按社员交售果品、蔬菜的数量和购买合作社的物资量返还给社员。2005年，合作社社员已发展到583户，股金总额已扩增到104.8万元，拥有种植基地面积发展到9 800亩。

(2)龙头企业与农户按照股份合作制而建立的农村专业合作组织。其具体形式主要是:龙头企业吸收农户入股或龙头企业向农村专业合作组织投资入股，形成股份合作社，合作社剩余实行按股分红和按交易量分配两种机制。这种模式最显著的特点是将龙头企业和农户联结成一个利益共同体，突破了企业与农户之间仅仅只是分工意义上的联合，可充分利用龙头企业的加工、品牌、营销优势，实现各方资源和资产的优势组合，有助于农村合作组织在较短的时间内筹集社会资金，实现生产要素的合理配置，壮大龙头企业的实力，而且可能使农户分享农产品加工和销售环节的利润，利用公司的市场经验和信息渠道获取市场供求信息，及时调整生产经营结构，指导生产经营过程。目前，这类以龙头企业为依托，吸引相关服务组织和广大农户投资入股而组建的股份合作社数量不多，且面临政策调整的考验。首先，这类专业合作组织的理事长一般由组建企业的领导兼任，具有较强的利益导向性，可能会在决策机制和利益分配方面产生不利于农户的结果;其次，专业合作组织生产经营的主要资源之一是农户所拥有的土地经营权，这在经营信息不对称的情况下常常造成土地经营权价格的低估，使出让土地经营权和劳动力的农户的生产经营收益得不到有效保证。

4.3.4 政府部门领办型

政府部门引导型的农村专业合作组织也属外生型创建模式，通常是指政府相关部门利用政府行为号召和组织农民联合起来，并具体指导和帮助农民组建而成的农村专业合作组织。这类专业合作组织多出现在一些欠发达地区，其特点主要是:

(1)主要借力于政府行政手段“自上而下”的推动，包括政策优惠、资金支持、技术服务和市场保障支持等;

(2)专业协会或合作社的领导人一般由政府或职能部门的官员兼任或由退居二线的政府或职能部门的官员担任;

(3)有政府的支持和外部专家的指导，起点高，有比较完善的章程和管理制度，具有一定的规模和实力，市场能力较强。

这种类型的合作组织在发展中存在的主要问题是过分依赖县乡行政资源，特别是政府的各项支持政策和财税优惠，生产经营的实际控制权在政府部门，致使合作组织内生性的发展动力和生产经营能力不足，相应的组织运行机制不健全，对农户成员的服务意识缺乏，农户成员和组织的关系相对松散等。少数合作组织只经营一些产前、产中的原料和配套物资供应，而对农产品生产的标准化、产品的深加工、产后的市场连接和营销等服务很少涉及。有些专业合作组织纯属行政“捏合”的产物，农民只是名义上的会员，与协会的生产经营毫无关系。

根据领办主体的不同，政府领办型的专业合作组织还可划分如下 2 类：

(1)科协或农技部门领办型。依托县乡两级农技、畜牧、水产、农机等技术推广服务部门和农业局等机构的人才、技术、设备和服务优势组建而成，主要是通过县级机构派出“科技特派员”或行政干部领导乡村农民联合起来发展当地主导产业和特色种植养殖产品。一般采用“科技特派员(部门)＋合作社(协会)＋农户”的运营模式，合作社挂靠某行政部门，并由主管部门的领导或科技特派员兼任理事长或总经理，各有关部门共同参与，带动组织农业生产经营活动。

(2)基层政府部门领办型。为充分发挥地区资源的优势，做大做强农业产业，通常由乡镇或区县政府出面组织，在全县乡范围内联合加工企业、科研单位、专业种植养殖农户等组建形成专业合作组织。一般由政府依据自己的行政力量在其所辖区域内先搭起专业协会的架子，然后再吸收一些专业大户为理事自上而下组建，具有明显的政府部门主导控制性。其特点是围绕县乡主导产业发展规划需要进行技术、土地资源、供销网点和各类社会资源的整合，引导农户参与县乡产业化基地建设。大多数这类专业合作组织的理事长由县乡镇领导担任，极个别合作组织的理事长由乡村能人担任。如 2001 年 5 月由湖北省丹江口市政府和农办、财办、农业局、科协的 5 名领导倡导组建的该市农业经济协会联合会，就是一个典型的政府部门领办的合作经济模式。该会下设 17 个专业分会和 1 个农业名牌产品专营中心，涉及农业各行业，由分管农业的副市长兼任理事长，各有关部门领导和主要涉农企事业单位人员分别兼任协会联合会常务理事、理事和各分会会长，网络农业大户 80 余户，会员 1 778 名，年销农产品 6 万 t，销售总额 1.8 亿元，农民从农产品流通中人均年增收 60 元[①]。

【案例 29】甘肃省渭源县南山放养虫草鸡协会[②]

甘肃省渭源县政府围绕当地资源优势从发展南山放养虫草鸡产业、开发绿色

---

①湖北省统计局. 湖北省农民组织化与农业竞争力问题分析研究[R]. http://www.stats.gov.cn/was40/reldetail.jsp? docid＝402295256

②张颖，卢星，仰明义. 对渭源县探索发展农村专业技术协会的思考[J]. 甘肃农业，2007(9)：9-13

食品的需要出发组建南山放养虫草鸡协会，在县财政十分困难的情况下向协会提供扶持资金20万元。目前协会会员已达488户，分布在南山放养虫草鸡良种研发、孵化、育雏、放养、粪便无害化处理等各个环节，带动形成了完整的产业链，年销售300多万只，实现销售收入8 000多万元，并申请"秀峰"牌南山放养虫草鸡商标，获得"无公害农产品原产地认证"和国家A级绿色产品认证。

【案例30】四川大竹县神合乡海椒协会①

神合乡是大竹县位置偏远、经济较为落后的乡，距县城46 km，人口1.2万人，田地1.3万亩，其中含有硝土较多、适宜海椒种植的土地面积5 000多亩，当地农民有种植海椒的习惯。由于受地理环境、品种结构、商品意识、一家一户生产等因素制约，多年来海椒销路不畅，卖价低，生产未形成规模，种植面积始终在300～400亩徘徊，产品优势无法转变为经济优势。2002年，在当地基层供销社的支持下，该乡坛水村党支部牵头组织从事海椒生产和经营的专业户为主体成立了海椒专业合作社，组织椒农互助合作发展海椒产业。2004年7月，在神合乡党委、政府和县供销社的引导支持下，以坛水村为主体成立了大竹县神合乡海椒协会。协会按照章程选举产生了正副会长和秘书长，坛水村党支部书记被选为会长，并邀请神合乡党委、政府和县供销社主要领导为名誉会长。

协会下设生产技术服务组和产品营销组，对会员进行产前、产中、产后服务。生产技术服务组在培育和改良品种、技术培训推广、病虫防治等方面进行无偿服务；在化肥、农药等农资供应上实行优惠服务。产品营销组负责搜集市场信息和联系销售渠道。协会成立以来，坚持为会员提供技术培训、农资供应、市场信息、产品销售、法律咨询等多方面服务，在促进当地海椒的专业化、规模化生产，提高农民的市场竞争力，促进农民增收致富等方面发挥了较大作用。在协会的推动下，神合乡海椒种植面积由过去的300多亩发展到现在的2 000多亩，海椒品种由过去的以朝天椒、本地海椒为主，调整到现在以二荆条、子弹头等优质品种为主；销售也从原来就地、就近销售拓展到大竹、达县、重庆等县（市）销售市场。2005年，全乡海椒产量113万kg，产值203万元，海椒种植集中的坛水村人均收入3 000多元，比全乡人均收入高20%。

协会以服务会员为宗旨，主要从服务中提取有限的资金保证协会的基本运转，每户会员1年交10元会费；协会为会员组织种子、化肥、农药优惠供应，从批零差

①赵昂，唐文超．一种新型的农村专业合作经济组织——大竹县神合乡海椒协会调查[J]．四川省情，2006(11)：48

价中提取管理费；为会员代销海椒，每千克收取2分钱的管理费。这3项收费主要用于协会的日常管理、营销人员工资和其他一些服务开支。

4.3.5　国际项目示范型

一些国际援助项目在各类扶贫和援助项目实施过程中，非常注重援助项目的可持续性，从一开始就以参与式行动研究为手段，有效地推动农民自助性组织的建立和发展，因而常常在其项目实施的过程中引导和示范农民建立专业合作组织。这类外援型专业合作组织的主要特点是：

(1)接受国际援助项目的参与式理念，有一定的项目资金资助和项目专家指导，起点高；

(2)以贫困农户为主体，采取“自下而上”的自愿发展原则，有乡村成员广泛参与制定的合作组织章程和管理制度，村民参与性较高；

(3)专业组织的领导人均由会员大会民主投票选举产生，有理事会和监事会，组织运行相对规范；

(4)有一定的经济规模，具备引导农民从田间、林场逐步走向“工厂”和市场的组织能力。

这类专业合作组织常常在项目结束、各种外部支持性力量减弱后或者由于乡镇和政府部门的压力，或者由于对援助项目的过分依赖性，很快解体或“变性”为政府管理控制的盈利机构①。当然，也有一些专业合作组织由于有强有力的领导集体，并在接受援助期间注重组织内生性力量的发展和资源拓展，因而能够持续平稳地发展成为农民专业合作社或股份合作社。

【案例31】安徽省霍山县桃源河乡大岭村竹农协会②

桃源河乡大岭村位于霍山县的西北部山区，是安徽十大“毛竹之乡”之一，被誉为“江北毛竹第一乡”，但由于交通不便，信息闭塞，经济十分落后。全村共有14个村民组，456户农民，1 702口人；土地总面积12 km^2，其中山场面积10 km^2；现有毛竹林3.36 km^2，立竹总蓄积60万株以上，年采伐量6万～7万根。虽然户户有竹，但因原竹价贱、卖难，人均纯收入每年不足1 000元，低于全县农村人口经济收入贫困线指标。2000年底，该村在中荷扶贫项目的援助下采用参与式发展机制动员村民开发毛竹加工项目，引导农户自愿组建“竹农协会”，创建由村民入股投资的

①徐家琦.中国农村新型合作经济组织研究与实践[M].北京：中国大地出版社，2007：35-37

②竹子扶贫工程[N].参见 http://www.cedpa.cn/newshow.asp?id=180&mnid=188

股份制竹加工作坊。有120户竹农报名自愿参加,遍及全村14个村民组。中荷扶贫项目以社区股份资金的形式资助该协会65 000元用于购买竹加工机械和配套设施,会员每户以100元入股的方式筹集股金10 000元用于修建厂房。中荷援助项目提供的项目培训和指导,使农户不仅掌握了竹加工技术,还学会了项目自主管理的方法,全面提升了组织发展的能力。作坊建立的当年,竹加工产值达到18万元,除了折旧、提成资金外,发放会员的劳动工资近88 000元;参与劳动的会员人均获得报酬220元/月,签约的固定工会员人均获得报酬325元/月,最高月收入者工资可达到500元以上。2002年,总产值达到32万元,利润和发放劳动工资15万元。2003年,总产值达到32万元,利润和发放劳动工资18万元。3年合计生产总值达86.2万元,利润和发放劳动工资共计41.8万元。"竹农协会"的创建和竹加工项目的实施,稳定和提高了当地毛竹销售价格,解决了大岭村卖竹难问题,为农村富余劳动力的就业和妇女参与项目创造了机会。目前,竹农协会已能够生产寿司卷、餐帘、食品罐、竹杯、竹碗4大类20多种产品,并通过省、市外贸途径开辟了对外销售市场。

第5章 农村专业合作组织的运行管理

农村专业合作组织的运行管理主要包括内部组织管理、生产经营管理和财务管理等基本内容，其中内部组织管理是其持续发展的制度保障，生产经营管理是其做大做强的基础能力，财务管理是其发展壮大的重要支撑。

5.1 农村专业合作组织的组织管理

完善的组织管理结构和机制，是农村专业合作组织生产经营服务目标实现的重要保障。农村专业合作组织的内部组织管理包括组织结构的设置、内部管理制度的建立等。

5.1.1 农村专业合作组织运行发展的组织原则

(1)农户为主体的原则。农村专业合作组织是农业生产经营者、农业生产经营服务的提供者和使用者自愿缔结的互助性经济组织，其运行管理必须坚持以农业生产经营的农户为主体的原则，以保证农村专业合作组织真正成为服务农业生产经营活动、维护农民权益的经济组织。以农户为主体，具体要求就是农村专业合作组织的成员至少80%是农户。国内外农村专业合作组织发展的实践表明，农村专业合作组织只有坚持以农户为主体，才能确保农村专业合作组织服务农户的发展目标，才能具备持续发展的凝聚力和竞争力，获得广大农民的普遍欢迎并持续健康地发展。

(2)民主管理的原则。民主管理是农村专业组织发展的基本运行规范，也是合作组织发展壮大的重要组织机制。农村专业合作组织的成员既是合作组织服务的受益者，也是合作组织的所有者，各国法律都明确规定专业合作组织要通过章程规范和制度安排，如对其成员的出资额和表决权设置上限、规定合作组织的重大事项必须通过社员大会表决，实行一人一票制等，将组织活动置于全体成员的监督之下①，以切实维护农户成员在合作社中的财产权利和民主权利。农村专业合作的运行管理必须按照合作社法的要求，实行民主决策、民主管理和民主监督，明确重

①杨丽丽，杨进强. 论农村经济合作组织在农业结构调整中的作用[J]. 现代农业科技，2007(19)：227

大事项由社员(代表)大会决定,实行社务公开、财务公开,以为农户成员参与民主管理提供组织程序和制度保障。

(3)按交易量分配的原则。农村专业合作组织的经营剩余主要来源于成员与组织的交易,按社员与合作社之间的交易量分配是合作社利润分配的基本原则,也是合作社和其他生产经营组织区别的最主要特征。各国法律一般都明确规定合作社可分配剩余的60%以上要按照成员与合作社的交易量比例返还给成员,其余部分以成员的出资额和公积金份额等为基础按比例分配。为了保证农村专业合作组织真正履行服务于农业生产经营者农户的职能,激励农户积极参与合作组织的生产经营活动,各类专业合作组织也都将按交易量分配作为其运行管理的基本原则。虽然有一些专业合作组织要求成员投资入股,合作组织对其成员也有一定的股金分红,但从农村专业合作组织运行管理的目标导向来看,农户投资入股仅是其取得合作组织成员资格,获得组织服务的条件,而不应成为其索取组织剩余的主要凭据。

(4)服务农户和关心社区发展原则。农户创建和参与农村专业合作组织的初衷是取得各类互助性的服务,如农产品生产技术服务、农业生产资料购买服务、农产品销售服务以及农村合作金融服务等。美国农场主合作组织的目标是以最好的价格和服务向农场主提供生产资料和出售农场主的农产品,并保证其对政府经济政策的影响力。日本《农业协同组合法》第8章规定:"组合以通过其所从事的事业最大限度地为其组织成员服务为目的,而不得以盈利为目的进行其事业的经营。"推动所在社区的持续发展,包括经济的、社会的、文化的发展和环境保护,是农村专业合作组织的社会责任和优良传统。因此,不以盈利为目的,坚持以服务农户和促进社区发展为宗旨,应成为我国农村专业合作组织发展的根本性原则。

(5)产权明晰原则。合作社是一个定义模糊的"用户和投资者"的财产权集合,这种含义模糊的财产权可能导致对剩余权利和决策权利的冲突,引发其运行管理中的5大类问题,包括免费搭车(free rider)问题、视野(horizon)问题、投资组合(protfolio)问题、控制(control)问题和影响成本(influence costs)问题,这些问题的存在决定了合作社是一个高成本的组织①,其运行管理必须强调产权明晰的原则。产权问题是农村专业合作组织制度建设的核心,它关系到合作组织的股权设置和投票表决权、盈余分配权等重大问题。明晰产权关系,这是市场经济的内在要求,也是农村专业合作组织能否具有吸引力和推动力的关键所在。《物权法》的颁布和十七届三中全会通过的《中共中央关于推进农村改革发展若干重大问题的决定》为

---

①林坚,等.农业合作社和投资者所有企业的边界[J].农业经济问题,2006(3):16-20

农村专业合作组织实现产权清晰创造了有利条件，参与农村专业合作组织的农户不仅有可保障的土地承包经营权、生产经营自主权和家庭、个人财产所有权，而且还可通过土地经营权的流转和合作金融的发展实现生产经营规模的拓展。产权明晰的原则要求其在运行管理中对农民专业合作组织积累形成的资产，尤其是经营性资产，应当折股量化到成员，作为盈余分配的重要参照。在成员退出时，这部分股份是否按照成员所有处置应当由合作组织民主决定。国家对其扶持的资金，除有明确规定的外，也应视同合作组织积累资产对待。

5.1.2　农村专业合作组织的组织结构

组织结构是运行原则实现的程序和制度基础。一些专家强调，加强和完善农村专业合作组织的运行管理，必须建立相互制衡的会员（社员）代表大会、理事会、监事会等组织结构，适当限制会长（社长）执掌的组织大权[①]。这里主要结合《农民专业合作社法》的有关条款对此加以分析。

（1）农民专业合作社的权力机构是全体成员大会。《农民专业合作社法》第四章第22条规定，农民专业合作社成员大会由全体成员组成，是本社的权力机构，行使如下职权：

①修改章程；

②选举和罢免理事长、理事、执行监事或监事会成员；

③决定重大财产处置、对外投资、对外担保和生产经营活动中的其他重大事项；

④批准年度业务报告、盈余分配方案、亏损处理方案；

⑤对合并、分立、解散、清算作出决议；

⑥决定聘用经营管理人员和专业技术人员的数量、资格和任期；

⑦听取理事长或者理事会关于成员变动情况的报告；

⑧章程规定的其他职权。

农村专业合作组织成员必须认真履行职责，积极参与合作社重大投资项目及其他重大事项的决策，参与合作社发展规划、经营方针的制定和合作社年度计划的审议。

第23条规定：农民专业合作社召开成员大会，出席人数应当达到成员总数的2/3以上；成员大会选举或者作出决议，应当由本社成员表决总数过半数通过；作

①发展农村专业合作经济组织研究课题组．农村专业合作组织创新模式探索——以四川省乐山市井研县农村专合组织创新为例[J]．中共四川省委党校学报，2007(3)：34-37

出修改章程或者合并、分立、解散的决议应当由本社成员表决权总数的2/3以上通过。章程对表决数有较高规定的，从其规定。

成员（代表）大会决议规则是：重大事务必须经2/3的出席人表决通过才生效；一般事项经由半数出席人的认可便可通过。

第24条规定，农民专业合作社成员大会每年至少召开一次，会议的召集由章程规定。有下列情形之一的，应当在20日内召开临时成员大会：

①30％以上的成员提议；

②执行监事或者监事会提议；

③章程规定的其他情形。

（2）农民专业合作社的组织框架和运行程序。第26条规定，农民专业合作社设理事长一名，可以设理事会。理事长为本社的法定代表人。农民专业合作社可以设执行监事或者监事会。理事长、理事、经理和财务会计不得兼任监事。理事长、理事、执行监事或者监事会成员，由成员大会从本社成员中选举产生，依照本法和章程的规定行使职权，对成员大会负责。理事会会议、监事会会议的表决，实行一人一票。

第28条规定，农民专业合作社的理事长或者理事会可以按照成员大会的决定聘任经理和财务会计人员，理事长或者理事可以兼任总经理，经理按照章程规定或者理事会的决定可以聘任其他人员。经理按照章程规定和理事长或理事会授权，负责具体生产经营活动。

（3）组织领导人的任职条件和规范。为了保证农民专业合作组织工作的独立性和自主性，第30条和第31条还特别规定，农民专业合作社的理事长、理事、经理不得兼任业务性质相同的其他农民专业合作社的理事长、理事、监事和经理；执行与农民专业合作社业务有关公务的人员，不得担任农民专业合作社的理事长、理事、监事、经理或财务会计人员。

第29条还对农民专业合作社的理事长、理事和管理人员的行为作了具体规范，要求他们不得有如下行为：

①侵占、挪用或私分本社资产；

②违反章程规定或者未经成员大会同意，将本社资金借贷给他人或者以本社资产为他人提供担保；

③接受他人与本社交易的佣金归为己有；

④从事损害本社经济利益的其他活动。

理事长、理事和管理人员违反前款规定所得的收入，应当归本社所有；给本社造成损失的，应当承担赔偿责任。

总体而言，各类农村专业合作组织，特别是农民专业合作社和股份制合作社都须建立社员（代表）大会、理事会和经营管理层三权分治的组织治理结构。其中社员（代表）大会是最高权力机构，决定合作社的重大决策；理事会是合作社的决策执行机构，它代表所有者，行使社员代表大会赋予的权力，决定合作社的重要投资决策和经营方针；经营管理层受理事会领导，负责合作社的日常经营和管理，将理事会的目标和任务细化为阶段性的、可操作性的步骤，转化为合作组织的经营业绩和组织成员的利益实现。借助于这样一个治理结构，农村专业合作组织既可以保障社员对合作社的控制，又可以赋予理事会必要的权利，使其能够在激烈的市场竞争中迅速决策和灵活经营。

需要指出的是，除个别农民专业合作社外，中国的农民合作组织多数还没有进入规范的运营程序。多数农民合作社的民主管理制度还没有建立起来，即使有也多流于形式，这种状况可能会模糊农民对合作组织性质的认识，严重影响农村专业合作组织的健康发展，亟须我们在引导和推进农村专业合作组织发展中加以关注和调整。

5.1.3　农村专业合作组织的内部管理制度

农村专业合作组织的内部治理必须通过一定的制度安排和机制设置来实现，具体说来，主要有以下5个方面。

(1)成员管理。成员管理的具体工作内容包括明确成员加入的条件和程序、成员的权利和义务，以及成员退出、除名后的债权债务关系等。其中，成员资格管理是农村专业合作组织内部管理的基本问题之一。成员资格的开放与否取决于专业合作组织生产经营的特点、事业拓展的需要和组织目标的定位。一些进行专业化种植养殖业生产经营活动的合作组织要求其加入成员必须具备一定的种植养殖规模、有相对丰富的种植养殖经验且能够缴纳一定的出资额；而一些专业合作组织则对其加入成员没有严格的技术和资金要求，甚至还有一些合作组织通过对贫困农户援助帮扶活动来吸引更多的农户加入；还有一些专业合作组织因为多种原因吸引团体成员、企业法人和非农民成员加入。随着专业合作组织的发展壮大，国际农业生产经营竞争格局的形成，各国法律在农村专业合作组织制度立法方面日趋宽松，这就为农村专业合作组织的资源整合和资格开放消除了制度障碍。一些专家在分析北美新一代专业合作组织成员管理的具体经验时指出，以市场需求确定经营规模，以经营规模控制成员数量，按交易额吸收成员投资作为成员资格股份，这种制度设计和体制安排，既可解决合作组织水平扩展问题，限制非成员搭便车现象，又可吸引成员投资，有利于专业合作组织做大做强。

(2)议事决策制度。合作社的运作管理需要依靠必要制度和机制来保证。议事决策制度具体包括规范议事决策程序、成员参与决策的权限等,其中最普遍的议事决策机制是一人一票制的决策机制。由于合作组织成员之间存在的差异性,如专业大户和小农户在生产经营规模、专业经验和技术能力、投资能力方面存在差异,他们从合作组织生产经营决策中获取的收益、承担的风险也必然存在差异,这就产生了议事决策权利的不对称性。一些专业合作组织通过附加票的机制来化解这种不对称性,并取得一定成效。北美新一代农业合作组织之所以能在经营规模和业务拓展方面取得显著的成功,主要归根于其在治理结构和议事决策制度上创新,即在合作社重大业务决策同时考虑了按人、按股和按交易量投票的机制,从而有效地克服了传统合作社的种种缺陷[①]。

一些专家认为,成员的同质化和利益的共同性是农村专业合作组织成功的关键因素。如果专业合作经济组织成员的利益不同甚至存在冲突,合作组织的民主管理原则和议事决策机制就会受到挑战。如不同的利益主体或地方政府等不同类型的成员加入专业合作经济组织,就会要求对其内部结构、决策机制和管理方式等方面做出特别规定,这就可能影响合作组织内部既有利益的平衡关系,甚至改变合作组织生产经营的目标和方向。为了保障成员民主管理合作组织的平等权利,可考虑采取将成员分成不同的小组并给予他们平等的选举权,由各个小组的成员选举自己的代表参加替代或补充社员大会的代表会议。

农村专业合作组织的成员是合作组织的拥有者,合作组织的重大事务必须通过成员大会或成员代表大会表决通过。在大多数情况下,不论成员在合作组织中拥有的股权多少,与合作组织的交易量多少,都实行成员一人一票制,即每个成员都只有一个投票权。考虑到组织成员的贡献大小和组织发展的现实需要,一些合作组织给予其中某些大户成员不超过20%的附加投票权。

(3)内部利益联结机制。专业合作组织内部利益联结机制主要涉及两个层面的利益关系,一个是合作组织与其成员之间的利益关系,另一个是成员之间的利益关系,包括交易成员与非交易成员、投资成员与非投资成员、交易成员与投资成员的利益关系,前者不仅要求组织成员向组织缴纳一定数量的出资额,而且要求合作组织在年终分配剩余之前提取部分作为合作组织发展的积累资金,后者则要求合作组织的剩余主要根据成员与组织的交易量返还和分配,并适当兼顾投资成员的利益采取有限制的按股金分红的机制。《农民专业合作社法》对这些内容都有明确规范,但具体比例由各专业合作组织章程确定。

①李求长.国外农村合作社发展及对我国的启示[J].中国农村科技,2007(9):1-3

内部利益联结机制与成员资格、股权设置、融资方式、资本结构等直接相关，事关合作组织的凝聚力，应在坚持按交易额返还为主的前提下，由专业合作组织根据生产经营发展的现实需要逐步加以规范和完善。一些专家指出，为了消除搭便车行为的发生，合作组织应向成员收取服务费用，并可根据社员分配利益的多少按相同的比例收取费用，这样进行内部利益联结机制的设计既不会引起"合法"成员的抱怨，同时又让搭便车者为其便利付出必要代价，还能使合作组织获得日常运营的足量资本。

(4)农村专业合作组织的内部治理结构。完善农村专业合作组织内部治理结构，是实现民主控制的关键。内部治理结构规定着专业合作组织内部不同要素之间的关系，具体体现为专业合作组织内部成员通过显性和隐性的合同对生产经营剩余索取权和控制权进行分配的机制和形式。传统的农村专业合作组织作为一个基于农户生产经营而建立的互助性经济组织，其剩余索取权主要按社员与合作组织的交易额归交易者所有，控制权由组织成员大会按一人一票的机制集体控制。随着农村专业合作组织经营规模的扩大和业务的拓展，许多专业合作组织开始探索突破按惠顾额分配剩余的新机制，尝试将部分剩余索取权赋予资本要素所有者，以激励组织内成员和组织外投资者积极参与合作组织的业务投资活动。

按照现行的农村专业合作组织的管理实践，其内部治理结构基本上设有社员大会——作为合作社的最高权力机构，理事会——作为合作社的执行机构，监事会——作为合作社的监督机构。一般而言，专业合作组织的治理结构就是民主管理体制，由成员（代表）大会选举理事会、监事会，实行民主决策，坚持一人一票。内部治理结构的核心问题是投票表决权的安排问题。为了适应合作组织发展的需要，我国的许多农村专业合作组织在投票权的安排上，多数兼顾了组织成员、交易者和投资者的权益。同时，为了防止少数成员，如持股大户、团体成员对合作组织的控制，还对其投票权重设置了上限。

农村专业合作组织的内部治理结构还涉及生产经营业务的委托代理关系的设计和安排问题。国外的一些合作社采取董事会（理事会）和经理层的经营管理模式，并通过现代信息技术等手段努力保障社员的知情权和决策参与权，以解决社员对合作社控制力减弱、合作社对社员吸引力下降等问题。我国农民专业合作组织目前多数规模较小，所办实体较少，经济实力较弱，多数还未采用公司治理结构，致使一些农村专业合作组织在实践中有理事会权力膨胀、社员大会弱化和监事会的虚设的问题①。完善合作组织的内部治理机制亟须政府部门加强外部监督，定期

①沈文萍．我国农村合作社存在的问题与对策[J]．中共郑州市委党校学报，2007(3)：82-83

和不定期地派人对合作社的运作情况进行检查,并对有关财务进行审计。

(5)财务工作和报告制度。农村专业合作组织的财务会计工作应遵循有关行政主管部门制定的财务会计制度,满足相关的审计要求。专业合作组织在其组织运行过程中,应建立规范的会计工作和报告制度,包括年度财务报告编写要求,加强内部审计能力建设。专业合作组织应组建内部审计委员会,由该委员会在年度会议期间向会员报告审计工作结果。由于许多合作组织的规模较少,社员彼此联系密切,交易额较小,不必规定所有合作组织都必须进行审计,但为确保透明度和问责性以及保护社员的权利,应保留社员要求进行独立外部审计的权利。对于小规模或资金额低于一定限额的协会或合作组织,可制定一套简化的会计规范。一些专家建议,由政府为合作组织财务人员的培训或专业咨询工作提供补贴,以保证其能够执行公认的会计规范。

总之,农村专业合作组织发展要遵循"入社自愿、退社自由、民主管理、公平分配"的组织发展原则,尊重成员意愿,真正让农户成员当家做主,行使其资产经营、发展管理的权利和责任。合作组织需要鼓励其管理者与农户成员之间的有效沟通,以使合作组织的服务更好地满足农户成员的生产经营需求,使农民专业合作经济组织真正成为"民办、民管、民受益"的法人组织。

【案例 32】浙江省箬横西瓜合作社

2001 年 7 月,经浙江省温岭市农业林业局批准,浙江省温岭市箬横镇长山村成立了以种植大户彭友达为首的浙江省温岭市箬横西瓜合作社。合作社由 29 户农民共同入股成立,社员都是种植西瓜面积 10 亩以上、种植时间 3 年以上、基本掌握西瓜生产技术操作规程的农民。为了规范管理,合作社建立了完善的组织机构,民主(一人一票)选举产生了理事会(3 人)、监事会(3 人)。2002 年 2 月,经工商行政管理局参照股份合作企业进行注册登记,注册资金 5.22 万元。为了筹集生产、经营发展资金,合作社以生产基地为单位筹集股金和生产使用股金。2003 年,合作社股金总额达 1 200 万元,股份总数 20 000 股,股份最多的社员持股 1 500 股,最少也持有 100 股。2005 年 12 月,按照《浙江省农民专业合作社条例》的规定进行了重新登记注册,注册资金 50 万元。

合作社以法人身份对外进行经济活动,其内部管理制度主要有:

(1)规范社员出资额。合作社按社员生产经营能力和贡献业绩大小的比例确定社员的经营面积和认购股份,股份每股金额为 1 000 元,一个社员占有的股份不能超过总股份的 20%。

(2)一人一票制。合作社在进行重大决定或选举时,通常采用全体股东(社员)

一人一票制形式,以保证决策的民主性,避免少数股东联合操作合作社的风险。

(3)奖励工资制。合作社每月向社员和非社员劳动力发放固定工资及相应的奖金。

(4)按股份和交易量双重返利。合作社以生产基地为单位统一进行财务核算,扣除生产经营费用后的年终盈余,提取10%作为公积公益金,主要用于生产规模的扩大和福利开支;另提取5%作为风险保障金,用于应付台风等自然灾害和其他突发性事件等,如有需要,这部分资金将会在各个基地之间相互调动使用;剩余的盈余则按照社员的股份和贡献双重返利于社员,即在按经营面积(股份)进行盈余分配的基础上,根据每个社员所负责的种植面积上收获的西瓜产量(交易额)进行再次返利,以提高社员的投资积极性和生产积极性。

(5)社员选择制(社员资格不开放)。箬横西瓜合作社吸纳社员的条件是,3年以上种植西瓜经营,能基本掌握"玉麟"牌西瓜生产技术,并具有领导农民组织生产的能力等。在成为合作社的正式社员之前,农民必须经过一个实习期和试用期的考核,考核通过后才能成为正式社员。

在经营策略上,合作社对"玉麟"西瓜制定统一的地方技术质量标准,按照该标准严格进行生产、初加工和包装,并不断积聚资源改进生产技术,集中打造"玉麟"西瓜品牌形象。同时,合作社还根据西瓜生产季节性强、不能连作、销售半径不大等特点,在稳定当地发展的基础上实施"走出去"战略,在省外建立西瓜生产基地,进行异地开发和错位发展,努力拓展发展空间、开发行业技术价值和市场,以减少经营费用,提高规模经济效益。①

为了提高产品质量,合作社以生产基地为单位,按照西瓜生产技术操作规程推行标准化生产,实现统一培育种苗、统一生产技术、统一质量管理、统一农资供应。在市场营销上,合作社统一品质标准、统一分级包装、统一商标品牌、统一市场区域和定价、统一营销各生产基地的西瓜及相关产品,并按照质量标准收购、代销非社员农户的农产品。合作社成立后,在推进西瓜标准化、无公害生产以及品牌化、规模化方面做了大量工作,成为当地西瓜产业化经营的龙头。至2005年,该合作社拥有正式社员152个,准社员130多人,固定资产296万元,西瓜生产基地14个,其中温岭市1个、海牛2个、广东3个、广西3个、江西3个、安徽1个、云南1个,面积1.3万多亩,联结农户9 200户,在国内20个省市50多个水果批发市场建立销售网点,在大中城市设立150多个专卖店,为"玉麟"西瓜流通建成了一条高速通

①黄祖辉,梁巧.小农户参与大市场的集体行动——以浙江省箬横西瓜合作社为例的分析.农业经济问题研究,2007(9)

道。2005 年,该合作社销售“玉麟”西瓜 2.6 万 t,销售额 7 820 万元,返还社员盈余 1 050 万元[①]。

【案例 33】青县鹁翔农业合作社[②]

青县大鹁鸽留村鹁翔农业合作社是由大户牵头、农户自愿加入、以从事农业生产为主的农民组建的专业经济合作组织。合作社成立于 2006 年 4 月,5 月通过工商部门登记注册并取得合法经营资格。合作社下设农机分社、生产资料服务部和技术指导服务部 3 个部门。现有入社农户 360 户,经营土地 3 000 余亩,占全村农户数的 62.1%、耕地面积的 42.9%。合作社成立以来,在中国社会科学院专家教授和上级有关部门的指导下,逐步探索出适合本地实际的运行机制,有效提高了全村的农民组织化程度,促进了农业增效、农民增收,加快了全村新农村建设的步伐。

大鹁鸽留村耕地资源较为丰富,农业以种植大田作物为主,工副业较为发达。全村现有 580 户、2 338 人、耕地面积 7 000 多亩,人均耕地近 3 亩,共有各类企业摊点 43 个,全村 1 100 余名劳动力中近 900 人在企业打工或搞个体经营。2005 年,全村农民人均纯收入达到 3 800 元,其中非农收入占到了 70%以上。随着市场经济的不断发展,村民日益感到单打独斗的小农经济路子越走越窄,已很难适应当前农村形势发展要求。困则思变,在县有关部门、镇及村“两委”班子的支持帮助下,大鹁鸽留村在农机大户牵头带动下成立了专业合作社。由于该村地处盐碱滩涂,受水土条件的制约,多年来农民只种植大田作物,产品比较单一,且入社农户的 3 000 余亩土地联合组成一个大方田,便于机械化耕作。该合作组织就从农资购买和机械化耕作入手,以满足农民的共同需求为切入点开展联合,使合作社很快起步运转。2006 年夏种购进玉米种子 7 500 kg、机械作业 3 000 亩,每千克交易价格分别低于合作前“单干”时 1.4 元、每亩 12 元,仅此两项就节约成本近 5 万元。合作社还以每亩低于平常价格 50 元的标准,对 3 000 亩土地进行耕、种、收农机作业,仅此可直接为社员节省投入近 15 万元。而且由于统一耕作,去掉了沟、埂、田间路等,共增加土地面积 160 多亩,纯收入可达 80 000 多元,户均增收 200 多元。

为规范合作社的发展,合作社选举产生了理事会、监事会,制定了切合实际的《章程》和制度,选举出 24 个社员代表。合作社下设的 3 个分支机构各负其责,协调运作:农机服务分社是以少数股东出资购买大型农具为主,吸纳部分农机户加入

---

①白立忱.发展中的农村合作社[M].北京:中国社会出版社,2006:42-43

②赵超英.建立和发展农民经济合作组织的实践与思考——以青县大鹁鸽留村鹁翔农业合作社为例[J].东南学术,2007(1):25-30

为辅，主要服务于农业合作社成员，实行统一管理，独立核算，与总社形成契约关系，通过集约化耕、种、收，降低成本，使社员受益；生产资料服务部主要通过选举产生的理事会成员以股东身份进入市场，统一购买农资，降低社员购买生产资料的成本而不以盈利为目的；技术服务部负责技术的推广与应用，提高农业生产的技术水平，完全服务于本社社员。合作社运行几个月来，未入社的农户看到了合作的好处，纷纷自发流转土地，积极要求入社。

目前，合作社已拥有拖拉机、播种机、收割机等农机8台(套)，办公区占地11亩。生产经营实行"四统两分"的经营形式，即统购、统耕、统种、统收，分户管理、分户核算。待条件成熟后，合作社将探索"两分一统"的经营模式，即农户土地量化入股，做到地权分明，收益按股核算，做到公平分配，生产与销售过程实现全程统一经营，以便延长农产品生产经营链条，将合作社的经营范围拓展到加工和流通领域。

5.2　农村专业合作组织的生产经营管理

生产经营及其服务管理是农村合作组织发展壮大的基础。农村专业合作组织要发展特色种植养殖业，实现规模经营，取得市场定价的话语权，必须首先加强生产经营及其服务管理，具体包括农村专业合作组织的生产经营决策、生产经营管理、生产技术管理和农产品营销服务等。

5.2.1　农村专业合作组织的生产经营决策

农村专业合作组织的生产经营活动面对的主要问题是生产经营品种和规模的选择，即种养什么，怎么种养？一般情况下，合作组织的生产经营不同于一家一户的小规模种养，它通常会采用规模化的种养，这就涉及很具体的生产经营决策，特别是种养产品的市场定位问题：合作组织生产的农产品将主要卖给谁？本地的散户消费者、城市的超市、某个加工企业还是从事国际农产品贸易的外贸公司？不同的市场定位决定其农产品种植养殖的规模、生产环节的规程和农产品成品标准有所不同，进而决定生产经营所需要投入的技术、化肥、农药、种子、农机具等有所不同，对生产经营者的技术能力、投资能力和营销资源的要求也不同。某些特色种植养殖业的发展还需要农户具备特定的技能和投资能力，这就要求合作组织在做生产经营决策时必须对人力资本、技术资源和金融资本可获得性进行相应的评估和分析。

考虑到目前农村专业合作组织发展的具体情况以及农业和食品产业发展的总

体状况，许多农村专业合作组织常常采取如下策略来化解生产经营的决策风险：

(1)发展订单农业。通过与农产品贸易公司或加工企业签订销售协议，根据公司或企业的订单确立农产品种植养殖的规模、制定其种植养殖过程的规程和标准，发展订单农业，实现技术、土地、劳动和市场运作的有效结合，以确保农村专业合作组织农业生产经营的可持续发展和农户成员的增产增收。

(2)建立有机农产品生产基地。利用当地的自然资源和生态环境优势与某些农产品贸易公司、加工企业、企事业单位和连锁超市合作共建有机农产品生产基地，将农户会员的农业生产和超市或终端用户的农产品需求、消费偏好紧密联系起来，形成城市、工业和农村、农业的良性活动发展机制。如甘肃省渭源县路园种羊繁育协会成立之初就牵头规划建设了占地 2.67 hm^2 的养殖基地，投入资金 90 多万元；修建标准化暖棚羊舍 12 栋，3 960 m^2；青贮池 24 座，2 020 m^3；办公服务房 4 间，80 m^2；从甘肃农大动物学院获得良种和冻改技术，先后引进波德代和无角陶塞特优质肉用种公羊 34 只，进行集中饲养、统一管理、统一销售，目前协会发展基础母羊 1 400 只，年出栏优质肉羊 1 500 多只，初步建成辐射全县和周边地区的种羊繁殖供种基地[①]。

(3)创办农产品加工业。通过延伸产业链，创办农产品加工企业、食品企业，将初级农产品制成加工食品来带动农户会员发展种植养殖业，改变农村专业合作组织仅仅为市场提供低附加值的初级农产品的传统格局，以强化农村专业合作组织的市场主体地位，拓展种植养殖业就业增收的空间，让合作组织成员获得更多生产经营利益。如山东省某黄牛养殖专业合作社通过创办黄牛屠宰场引导农户会员在当地形成"养殖－宰杀－冷藏－销售"黄牛产业集群，极大地推进了黄牛产业的发展，提高了农户会员的生产经营收益。需要注意的是，农产品生产的季节性强，合作组织举办的相关食品加工业自然会受产品季节性的影响，为了保证生产效益，一些合作组织在购买加工企业的生产设备时常常会考虑设备使用的多功能性，如使水果蔬菜包装厂可以在不同的收获季节将自己的设备用于多种产品的包装处理，以减少平均生产成本。

(4)通过建立生产基地来推进集约化种植养殖。一般而言，建一个生产基地可以使合作组织成员充分利用规模经济效应(产量增加引起效率提高)。由于农产品极易腐烂变质，包装不当可能会造成较大损失，一些合作组织还想法在距离消费者或批量加工企业的邻近区域创办生产基地。还有一些合作组织通过在不同地域创办专业合作组织来利用不同区域的气候条件差异和地理资源优势实现农产品的常

---

①张颖，卢星，仰明义. 对渭源县探索发展农村专业技术协会的思考[J]. 甘肃农业，2007(9)：9-13

年供应，进而赢得市场订单的连续性。

(5)通过与农科院所和制种企业合作建立制种基地。

【案例34】宁夏同心县利农马铃薯专业合作社[①]

同心县利农马铃薯专业合作社，是由同心县利农薯业有限公司牵头发起，联合马铃薯种植大户和运销大户，按照“民办、民管、民受益”的原则组建的新型农民专业合作经济组织。合作社成立两年多来，围绕解决农民在马铃薯生产销售过程中出现的品种退化、技术落后、信息不灵、销路不畅、效益偏低等问题，扎扎实实搞服务、拓市场，取得了良好的经济效益和社会效益。目前合作社已有会员500多人，其中种植大户和农民经纪人50多人，订单服务农户4 500多户，拥有经济实体1个，马铃薯地下式恒温保鲜贮藏库8栋。2002年，合作社外销马铃薯3万t，实现销售收入1 800多万元，实现利润150万元。

利农马铃薯合作社在2001年成立后，牢记为农服务的宗旨，重点开展了以下6个方面的工作：

(1)大力开拓市场，做好马铃薯销售工作。销售难一直是困扰同心县马铃薯产业发展的“瓶颈”，也是合作社成立后所要解决的首要问题。同心县马铃薯多是菜用薯，90%的市场在区外，为此，合作社专门组织外出进行调查，掌握外省马铃薯市场需求规律，并根据南方省市马铃薯消费市场的特殊需求调整生产经营策略，把生产经营目标定位于旺季保鲜贮藏，次年3～4月份淡季销售，打无公害品牌。基于这种考虑，2002年以来，合作社积极筹措资金建设了8栋地下恒温保险贮藏仓库，保鲜能力达到8 000 t，使马铃薯能够延时销售，实现增值50%左右。目前，合作社已与上海、广东、福建、湖北、浙江、河南等省的大型农贸市场建立了稳定的供销机制，设立了7个销售网点，成功地打造了同心“利农”牌马铃薯品牌。

(2)改良品种，提高马铃薯产量和质量。品种退化、品质下降是制约同心县马铃薯产业发展的一个重要因素。为使马铃薯生产符合市场要求，合作社专门从陕西等地引进脱毒优质薯种，对6万多亩传统马铃薯进行品种改良。从2002年开始，合作社开发建设5 000亩的脱毒良种供应基地，成功推广了“克新”一级薯种，并配以“保水剂”拌种种植，通过农技部门引进优良薯种“克新四号”和“大花白”进行示范种植。仅此一项，使马铃薯产量亩均比过去增产30%，总产增加1.8万t。

(3)实行全程服务，促进产销有效衔接。一是产前搞好生产资料统一购进，降

① 宁夏同心县利农马铃薯专业合作社. 2004-08-20，http://www.nxny.gov.cn/readnews.asp?newsid=1826

低生产成本。合作社每年从陕北、定西等地引进优质脱毒薯种，在吴忠富荣化肥厂定购专用肥，全部以赊销的形式供应给社员，社员在交售产品时再进行统一抵扣，以减轻农户成员的资金压力和风险。2002年，合作社还自筹资金15万元，对特困户合作社成员进行生产补贴。二是依托科研部门无偿提供全程产中技术服务。合作社聘请区、县农技推广总站（推广中心）和西吉马铃薯研究所的农技人员对农户种植实行全程技术指导，区农技推广总站在下马关建立了马铃薯种植技术推广基地，为种植户发放《马铃薯种植技术》，举办良种繁育、科学施肥、拌水保湿、包装贮藏保鲜等方面的科技培训班。三是产后按照订单以现金形式全量收购社员产品。通过产前、产中、产后每个环节的服务，合作社目前已经形成了良种供应—科学种植—规模经营—收贮销售为一体的服务体系。

(4)建章立制，不断加强和规范合作社内部管理。合作社从建章立制入手，按照合作社的宗旨和章程，本着公平、公开、公正的原则，加强合作社的内部管理。一是建立民主的管理制度。合作社社员实行入社自愿，退社自由的原则，每个社员权利上是平等的，都享有选举权和被选举权；在日常管理上实行“三会”制度，即社员代表大会、理事会和监事会制度。社员代表大会每年至少召开2次，会议内容包括理事会和监事会成员的选举和罢免，公开账目、重大开支、收益分配、设施建设、决定扩大合作社社员等重大事项。理事会由5名经营能力较强的社员组成，每月召开一次会议，讨论日常经营管理工作。监事会由3名办事公道、责任心强的村干部和社员组成，每季度召开一次，听取理事会经营情况汇报并实施监督。

(5)建立灵活的经营机制。合作社在经营过程中主要采取两种方式，一种是合作购销，主要针对合作社社员，由合作社与区外客商签订购销合同，按照合同要求的规格、数量以订单的形式组织农户成员生产，合作社以每千克高于市场价0.04元的保护价收购；另一种是中介代理销售，主要针对非社员，发挥合作社稳定销售渠道的优势，帮助周边农户代销马铃薯，2002年合作社通过这种形式帮助农户销售了3万多t，实现销售收入1 800万元。

(6)设置合理的利益分配机制。建设马铃薯保鲜贮藏库可使马铃薯增值50%以上，过去这部分利润主要由利农薯业公司获得。2004年合作社开始引导社员注入股份基金，参与保鲜贮藏库扩建，入股社员在向合作社交售产品获得第一次利润的同时，合作社再拿出贮藏加工增值利润的15%，按照社员股份进行分配，使社员获得“二次利润”。仅此一项，合作社社员比非社员多增加收入30%以上。

在合作社的带动和影响下，下马关及毗邻的4个乡镇70多个行政村马铃薯种植面积由2002年的10万亩扩大到20多万亩。2002年，下马关镇农民仅种植马铃薯新增收入1 500万元。其中窖坑子、白家滩等村人均收入达到1 400元，占家庭总收入的 85%以上，成为强乡富民的核心产业。群众高兴地说“金豆子，银豆子，不如我们的土豆子”。

【案例 35】浙江临安桑蚕合作社[①]

临安市河桥镇泥骆村是个蚕桑生产老区。2003 年 8 月，河桥镇泥骆蚕桑专业合作社正式成立。全村 117 户农户自愿入社，参股 188 股，交纳股金 8.4 万元。同年，在临安市农业部门、市茧丝产业协会的帮助和支持下，合作社与浙江天松集团“联姻”签订优质蚕茧的生产收购合同，实行优茧优价和最低保护价收购。2003 年，合作社争取饲养“订单”蚕种 1 196 张，使用方格蔟营茧 1 500 张，合作社共收购优质茧 55 t，平均每 50 kg 茧价比全市平均高出 366.2 元，仅此一项直接为蚕农增收 20 余万元。全村农户人均增收 190 余元。

2004 年初，经合作社董事会和监事会的讨论，决定在提取公益金和风险金后，将上年合作社 50%的经营利润用于进行“二次分配和股金分红”，其中方格蔟营茧每 50 kg 返利 20 元，普通茧每 50 kg 返利 10 元，共返利 1.09 万元，社员股金分红则根据交纳股金的时间，每股 200 元分红 20～50 元，共分红 1.97 万元。同年，合作社与湖州海源丝绸有限公司建立“订单蚕业”，对使用方格蔟营茧的优质蚕茧继续实行“保护价+优质优价”的合同收购，80%的蚕农使用方格蔟营茧生产优质茧 64.5 t，实行统一收购后蚕农直接增收 19 万余元。为确保“订单蚕业”的顺利推广，方便蚕农就地出售蚕茧，合作社于 2004 年初投资 3 万余元建造了烘茧灶。2005 年，合作社再投入资金 26 万元，扩建 2 副茧灶，兴建 1 000 m^2 的收茧用房及场地，组建蚕茧收购、加工中心。

合作社还围绕蚕农生产经营服务的需要实现 5 个统一：

(1)统一进行桑园基地建设。合作社整体规划桑园基地的建设和改造，2004 年春从外地调入优质“农桑系列”桑苗 14 万株，新发展连片桑园 14.2 hm^2，使全村桑园面积达到 70.4 hm^2，促使规模化养蚕程度有了新的提高。全村改建小蚕共育室 4 间，联户共育蚕种 200 张。2005 年，继续改建完善小蚕共育室 10 间，采取“油桶”加温，联户共育蚕种占全村饲育量的 50%。

(2)统一进行订、供蚕种。2004 年，合作社开始统一向全村蚕农订、供蚕种。2005 年全年向社员供种 2 610 张，统一供种率达 100%，从源头上杜绝了私人订、供种，保证了蚕种的质量和稳定性。2005 年春蚕期后，合作社统一挖去老桑园 17 hm^2，同时调入“农桑系列”优质桑苗 16.8 万株，无偿供社员统一种植，以提高

①程铁民，帅兆林，童盛忠，等. 搞好农民组织，增加农民效益[J]. 中国蚕业，2006(4)：65-66

桑园的蚕种饲养量来增加产业的整体效益。

(3)统一进行新品种试养。在农业部门的支持下,合作社从浙江省农科院引进雄蚕种 150 张,分 33 户试养,产茧 5.4 t,在雄蚕大面积推广饲养方面积累了丰富的经验。

(4)统一开展技术培训。在市、镇蹲点农技干部或科技特派员的帮助下,2004—2006 年上半年共举办桑树栽培、病虫害综合防治、科学养蚕、防病消毒技术培训班 6 期,培训蚕农 700 余人次,播放养蚕科教录像片 10 多场次,发放养蚕防病技术辅导资料 500 余份,使社员不出村便能接受先进的生产和技术服务。

(5)统一推广优质茧营茧技术,使用统一产品商标。合作社示范推广了方格蔟营茧技术,显著提高了蚕茧的产量和质量。合作社按照合同价和市场价全部收购了社员饲养的鲜茧,通过加工后统一出售,2005 年共收、烘、销售蚕茧 125 t,实现产值 325 万元,实现利润 19.6 万元,户均茧款收入达到 8 725 元。目前,全村拥有方格蔟 18.5 万片,全村有 60%以上的蚕户、合作社有 80%以上的社员使用方格蔟。合作社统一使用在农业部门注册的产品商标——“天目山牌蚕茧”,进一步提高了农民进入市场的组织化程度,使该组织蚕茧产品在市场上供不应求。

自 2004 年以来,除本村部分蚕户入社外,周边的蒲坑、朱下、双溪等村的 124 户蚕户按章程要求加入了临安蚕桑合作社。目前合作社社员发展至 335 户,股金达到 18.18 万元,辐射带动农户 1 500 多户。合作社因此成为临安市首个跨行政村区域的村级合作经济组织,被河桥镇党委、人民政府评为“蚕桑工作先进集体”、“蚕桑生产先进集体”;被临安市委、市人民政府评为“先进农村专业合作经济组织”;被杭州市评为“十佳农村专业合作经济组织”、“杭州市示范性农村专业合作组织”。2005 年合作社社长张建荣被授予浙江省“十佳”农民专业合作社杰出带头人光荣称号。

5.2.2 农村专业合作组织的生产经营管理

所谓生产经营管理,也称作业管理,主要指对产品和服务的生产过程管理。就农村专业合作组织的生产经营管理而言,主要涉及生产经营模式的选择、生产流程的制定、生产过程的标准化及农业生产技术的引入和推广等。生产经营模式的选择可以划分单元作业系统、批量作业系统和流水线作业系统 3 种样式。

(1)单元作业系统。主要以分散的小农户家庭自主经营为主,待种养的农产品收获时由农村专业合作组织集中按约定价格收购,统一销售到大市场。早期的各种产销协会主要采取这种生产经营模式。一些专业合作社除为社员提供优质服务外,还积极组织引导非社员农民发展生产,与农民结成经济利益共同体。根据市场的需求，与农民签订产品购销合同，合同对农作物的种植面积、上市时间、质量规格及最低保护价等做出具体规定，农民按合同要求生产。当市场价高于保护价时，随行就市；当市场价低于保护价时按保护价收购。整个产品销售活动实行现金结算，不打“白条”，以最大限度地维护农民利益，消除农民社员的思想顾虑，积极参与农村专业合作组织的生产经营活动。

(2)批量作业系统。批量作业系统则采取合作组织统一组织家庭农户根据标准化的生产流程来进行生产经营活动，实行统一品种、统一施肥、统一灌溉和统一收获，以确保生产过程的健康性和安全性，特别是那些实现农产品品牌化生产或进行有机种植的专业合作组织，多采用这种作业模式进行生产经营管理。生产经营模式涉及农业生产资源的投入、生产资料的购买、基础条件的改善和生产技术的引进、传播和农户技术能力的培训以及进度安排、产量控制和库存、保鲜和物流管理等，不同的专业合作组织会根据自身需要选择不同的模式以实现经营效益的最大化。

(3)流水作业方式。流水作业方式多为那些从事养殖业的专业合作组织采用。如蛋类生产合作社，通常会将所有母鸡都被集中在一个较大的饲养区域里，所产的蛋通过传送带被运送到其他车间，进行挑选、分级、质量检验等程序，随后被包装输送给各地的用户。

具体选择哪种模式，即究竟采取分散型管理还是集中型管理要看专业合作组织生产经营的需要。从现代农业生产的特点和许多专业合作组织生产管理的经验看，批量化、标准化种植养殖业或有机种植养殖业，必须将同种生产活动集中安排在统一区域内进行严格的规范管理和集中型管理，以保证生产环境的安全性和农产品质量。当然，分散的小农户管理成本低，且在一定条件下还可以降低生产经营风险，但这种生产经营模式无法保证产品的标准化和安全性。

就专业合作组织生产经营模式实现的机制而言，则有订单控制和流程控制两种形式。订单控制实际上是产品控制，这种实现机制成本最小，但无法保证农产品的质量和品质。流程控制更适用于标准化种植养殖或高技术含量种养业的发展。由于质量控制不仅仅是制成品的质量控制，还应贯穿于整个生产过程的每一个环节，才能确保其都能符合产品的质量安全标准。因此，多数发展有机种植养殖或高技术含量农产品生产的专业合作组织都十分重视流程控制机制的应用。

【案例36】四川省南部县先锋产业生产合作社①

四川省南部县碾垭乡佛祖沟村村民罗先锋从1983年开始承包村集体农场从事栽桑养蚕，是远近闻名的“蚕状元”。2002年初，罗先锋发起成立了“先锋蚕业生产合作社”，创造性地探索蚕业合作租赁经营制、股份合作制、技术承包制、联合营销制、双向培养制等经营模式，以保证农户成员真正得到实惠。合作社的经营模式创新主要体现在：

(1)“股份养蚕”经营制。农户以成片桑园入股，蚕业社以技术及养蚕设备入股。4 000多农户先后与蚕业社签订“以桑入社、产权不变；分户管桑、集中养蚕；按股分红、社员务工”的股份养蚕协议。蚕农每提供555 kg桑叶，蚕业社就按当地当季收购价付给社员15 kg鲜茧款，并安排农户在社里打5 d工，每天收入20元，从而使每亩桑园的收益达1 100元。

(2)技术承包制。蚕业社与蚕农双方签订技术承包合同，蚕业社负责技术培训和生产指导，保证蚕农每张纸年均产茧30 kg以上，蚕农付给蚕业社技术承包费每亩12元。目前该社已与7 000多农户签订了6 000多亩技术承包合同，使4个乡镇的养蚕量由过去不足千张猛增到1.3万张，仅此一项就为农民每年增收430万元以上。

(3)租赁经营制。入社的桑园土地仍由农户自己经营，桑树自己管理，桑叶交社集中养蚕，蚕茧收益按上交叶量比例分红，也可将桑园整体租赁给蚕业社统一承包经营；桑树行间作物种植要在社里指导下科学间种，以实现单位土地经济效益最大化。

为强化市场纽带，合作社还与南部县绿神丝绸公司签订了长期供销合同，确定了收购的质量标准和最低保护价，构建起了“龙头企业＋合作社＋农户”的高效模式，有效化解了农户的市场风险。

目前，先锋蚕业生产合作社已成立10多个分社，其推行的“大社带小社，小社联农户”模式有效延伸了科技养蚕链条。该社20多名技术骨干常年深入田间地头，在他们的精心指导下，蚕农养蚕周期由传统的每季48 d缩短到28 d，养一张纸的蚕由传统的40个工日减少到7个工日，成本更大幅降低56%。2006年，蚕业社已带动农户2万多户，养蚕数量由成立初期的300多张发展到18 750张，产茧70.5万kg，销售收入1 212.6万元，就地转移农村富余劳动力200人，社员实现年

①陈勇，等.新模式点亮“明灯”——南部县先锋蚕业生产合作社调查[N]. http://www.sichuandaily.com.cn/2004/05/12/20040512209114444.478.htm

人均增收300元以上。2005年罗先锋被评选为四川杰出创新人才奖获得者。

5.2.3 农村专业合作组织的生产技术管理

生产技术管理包括良种的引进、先进耕作技术或饲养技术的采用、化肥和农药的科学喷施或饲料和兽药的使用、农产品的包装技术等，其中涉及的具体活动有技术推介、技术培训和技术推广等。多数专业合作组织采用的生产技术管理策略主要有：

(1)引进优良品种，调整种植结构，提高农业产出效益。一些农村专业合作组织为有效帮助农户成员提高农业产出效益，派员赴全国各地考察市场，全面掌握各地市场的购销行情，分析市场走势，并联合农科院所和科技部门，结合本地资源条件及农民的种植习惯，精心筛选出适宜发展的优新品种，指导社员农民发展高价值的种植业。

(2)建立样板示范基地。在引进新品种的基础上，建立新技术样板示范基地，选择技术专业户优先采用先进栽培技术或饲养技术，在外部技术专家的技术指导下熟练掌握新品种种养环节的关键技术要领，再通过示范基地和率先使用新技术的专业户引导农户会员逐渐接受和采纳新技术和新品种，达到扩大种植规模和特色种植的目的。

(3)加强对种养户技术培训。一些专业合作组织依托农业院校和地区农科院所组建专业技术服务网络，定期和不定期组织专业技术人员分片包村包户，深入农村田头和饲养场，开设“门诊医院”，示范育苗、移栽、病虫害防治和施肥用药等技术，以及繁育、饲料使用和疫病防治等技术要点，邀请技术专家或县乡科技特派员为农民社员举办蔬菜、花卉等作物种植、畜禽饲养或特色种植养殖讲座，免费组织社员外出参观学习，为农民社员印发各种技术资料，对资金有困难的农民社员赠送或赊销肥药、种苗、饲料和兽药等。

(4)加强对农户的生产经营服务。一些农村专业合作组织通过统一生产标准、技术要求和注册商标，建立统一的农资购买渠道等方式来强化农户会员的农产品安全生产意识，促进健康种植养殖农业技术的推广应用。山东省的一些畜禽养殖专业合作社通过“统一供种、统一饲料、统一标准、统一模式、统一品牌、统一销售”的运行机制，解决畜禽养殖者组织化、畜牧业生产标准化和产业化的问题。湖北宜昌市一家柑橘合作社对农户成员实行最低保护价收购政策，并对柑橘产品全面实行分级、打蜡、包装销售，采取一条龙的生产服务体系，积极为客商提供柑橘外销手续。

(5)重视植物品种权、地理标识和农产品品牌等知识产权管理。襄樊老河口的仙仙果品协会成功地将协会与公司嫁接在一起，创生出“汉水梨”、“仙仙桃”两大绿色果品品牌。目前，仙仙果品协会辐射水果基地 8.56 万亩，带动农户 1.86 万户。仙仙果品公司自营水果基地 2 600 亩、专业批发市场 5 000 m^2、果品保鲜库 800 m^2，年销售汉水梨 3.75 万 t、大仙桃 3.8 万 t，2006 年实现销售收入 10 284 万元、利税 1 267 万元。

【案例 37】渭源县五竹良种马铃薯繁育协会[①]

渭源县五竹良种马铃薯繁育协会成立后，主要采取如下技术管理策略加强对农户服务：

(1)产前信息服务。协会主动与各地客户签订“销售合同”，与会员签订“订单合同”，为当地农户提供可靠的信息。协会每年拿出 20 多万元统一购进马铃薯良种和高效化肥赊给会员户，以全面提高农户会员的栽培技术、管理水平和营销能力，使每公顷马铃薯产量由原来的 33 t 提高到 45 t，甚至可达 60 t。

(2)产中管理服务。通过追肥、防病、去杂去劣，组织观摩选种，严把种薯质量关。

(3)产后销售服务。为增强自身服务能力，由会长苏鹤林发起，号召 7 名理事和 30 多名会员入股 100 多万元，办起龙头企业——良种马铃薯经营公司，建设贮量达 2 000 t 的贮存窖 1 处，在基层分会建立中型窖藏 17 处，贮量达 8 000 多 t。

(4)良种引进服务。协会根据市场需要，采取推广一代、储备一代、开发一代的办法，在过去引进 10 个良种的基础上，又从省农科院引进高淀粉、特早熟、加工型的费乌瑞它、底西芮、大西洋等国外良种近 10 个。

该协会先后被评定为“全国百强‘农技协’”、“全国先进民间组织”、“全国农民合作经济组织先进单位”，以及全省、全市“十佳农技协”和“全省科普工作先进集体等”。会长苏鹤林被选为中国科协六大代表、省科协五大代表、中国“农技协”理事，并参加全国“农技协”发展研讨会，受到党和国家领导人的亲切接见，获得“省劳动模范”等殊荣。

5.2.4 农村专业合作组织的农产品营销

加强营销管理创新，不断增强其市场反应能力，是市场经济条件下农村专业合作组织创新和发展的关键。农村专业合作组织生产经营的产品主要包括谷物、油籽和蔬菜、花卉等经济作物、畜禽产品及其初级加工品等，其营销管理的主要内容

---

①张颖，卢星，仰明义．对渭源县探索发展农村专业技术协会的思考[J]．甘肃农业，2007(9)：9-13

就是通过各种销售策略将农户成员和周边非农户成员手中的农产品推向市场，实现农产品的变现增值。根据市场目标和服务对象不同，农村专业合作组织的农产品营销活动可以粗略划分为批量销售、目标市场销售或订单销售3种类型。

(1)批量销售。批量销售是指农村专业合作组织通过采用新技术和大联合实现规模生产和规模经营，向市场提供单一农产品，且采用散装销售的方式进行。批量销售的主要优势是生产经营和营销管理的成本低廉。一些专业合作组织组织营销人员带着农产品样本赴全国各地，宣传推销产品，了解市场行情，与新老客户联系，诚邀客户到实地考察，与客户建立长期合作关系，并在目标城市设点直销。随着城市化进程的加快、工业经营理念的渗透，一些农村专业合作组织开始对其生产经营的农产品采取多样式的包装规格，供消费者在超市随意选择。还有一些专业合作组织已注意其经营农产品的品牌培育和宣传，以增加消费者对其品牌农产品的消费需求和依赖感、信任感。一些专业合作组织甚至利用一些优惠策略让超市和代理商将其品牌产品摆放在货架的显要位置，以增加消费者的认同和选择。总体而言，批量销售的基本策略就是一方面通过广告宣传攻势，以消费者的消费需求推动经销商和超市将其产品"拉"进市场；另一方面通过向超市和经销商提供优惠措施，激励销售商向消费者推销其品牌产品，将其产品"推"进市场。

(2)目标市场销售。目标市场销售策略指合作组织向选定的市场消费者提供有针对性的产品。这需要根据消费者的需求偏好将市场细分，具体包括福利型细分市场、人口统计型细分市场和产品用途型细分市场。福利型细分市场圈定的消费者主要是一些追求获得某种福利的消费者，如追求口感、营养、安全性、外观和便利性的农产品消费者；人口统计型市场圈定的是那些由特定人口统计学特征，如年龄、收入、教育程度、性别等决定的客户群；产品用途型细分市场圈定的是按客户在何种场合下使用产品的不同而确定的客户群。合作组织可通过发现尚未被现有产品所满足的客户需求，然后通过设计生产差异化、能满足该需求的产品而从中获利。特色种植养殖农产品生产经营的成本较高，有较高的风险，其能否成功的关键在于能否找到足够的消费者——愿意为这些专门针对其特殊要求、能够满足其特定需求的产品支付较高的价格①。

(3)订单销售。订单销售主要为特定的消费者提供定制化的产品或个性化的服务。农村专业合作组织可以将目标瞄准某些需求更为集中的客户群，他们愿意出高价来满足其对特种茶、精致咖啡或有机水果、蔬菜的特殊需求。瞄准这些市场

---

①[美]格雷戈里·A·贝克，奥兰·格朗沃德，威廉·D·高曼.食品和农业企业管理[D].北京：清华大学出版社，2005:150

能使专业合作组织更好地理解客户群的需求，获得更高的经营利润。农村专业合作组织可以通过同时追求多个瞄准机会的市场降低经营风险，既可以直接面向某些加工企业或出口贸易型企业取得订单农产品销售协议，也可以通过与一些机关、组织和社会团体建立长期供应协议来取得优质优价。

农村专业合作组织的农产品营销根据其分销的具体方式还可划分为直接分销和协议分销。

(1)直接分销。农民摆的路边摊、直接将产品出售给消费者的果园苗圃，都是采用直接分销体系的例子，其明显的好处是公司或合作组织对于产品的陈列方式、定价方式、相关的促销活动、存货水平等拥有绝对的控制权。但绝大多数农村专业合作组织发现，想要完全依靠这样的直接分销渠道销售产品是不现实的，因为这可能会限制合作组织的经营规模，而且分销成本太高。

(2)协议分销。农村专业合作组织通过与其他公司或商业组织签订分销协议，让其代销他们的农产品则可能效率更高、成本更低。特别地，当大批进入城市和外地的农产品时，当地的分销商对市场的判断和客户需求的反应更为敏锐，更有利于合作组织的市场拓展。对于规模较大的农村专业合作组织来说，有时还采用管理分销渠道的方式来销售产品。

农产品、食品类产品一般按照产品质量进行市场定位，如口味、营养价值，或是与本产品消费相联系的消费者形象。要实现农产品销售市场的成功定位，关键因素是要确保消费者了解产品的主要效用，如营养、美容、保健效用或绿色种养等，以便消费者能将其产品与其他竞争者的产品区分开来。农村专业合作组织可利用市场调查方式，发现基于客户特殊需求和偏好基础之上的细分市场，并了解每一细分市场的需求特点，制定营销战略。还可以利用市场调查判断潜在的市场机会能否给合作组织带来盈利，通过客户调查了解其是否对现有的产品或服务感到满意，或者对现有产品或服务的改进建议。可以让客户描绘理想的产品应该是怎样的，或者调查客户消费产品的整个过程，以确定是否还存在改进的空间。如近几年超市开始发现消费者不再购买成块的牛肉，调查发现其原因是消费者不愿意花费太多的准备时间。于是一些合作组织或企业抓住这个机会，开始向市场提供预煮型的炖肉产品，可以直接在微波炉里加热食用，结果取得很大成功。

一般农产品，主要包括初级农产品或经过轻微加工的农产品，如谷物、面粉、水果、蔬菜和肉类产品。近年来，很多企业或合作社已成功地将许多原本属于一般农产品的产品实现区别化，变成市场热卖的特色产品。其策略是突出产品外形特征或文化品质，让消费者相信其生产的农产品口感独特、绿色健康。包装是产品决策当中最具有视觉冲击效果的决定，且通常也是最重要的决策之一。近期产品包装创新主要是一些独立包装盒里的方便食品，可以直接出售、烹制或食用，还有一种装在特殊塑料袋里的奶酪可以直接挤出来食用。合作组织要注意包装的外观，尤其是当消费者面临多种商品选择的时候，产品包装的外观就显得更加重要。包装设计除要引人注意外，还要求包装本身能够向消费者传递有关产品最主要特征的信息，包装本身要具有功能性，且能够向消费者强化始终如一的品牌形象。

"无品牌产品广告"宣传方式是生产牛奶、肉类、水果和蔬菜的农业企业合作组织经常采用的宣传方式，因为这些农产品和食品彼此之间几乎不存在产品差异性，很难确立品牌。为了避免其他商家"搭便车"，通常通过签订市场协议的方式在受益者之间分摊宣传成本，既降低平均成本，还能聚集集体力量完成单凭个体农户难以完成的目标和任务。

合作组织在营销决策中面临的另一个挑战是是否需要建立营销品牌。品牌可以赋予产品独一无二的身份，代表着一定的质量和服务。品牌之所以对消费者有价值，就在于为消费者提供一种产品质量稳定的担保和承诺，减少其购买时的搜索成本；之所以能对生产者有价值，是因为它能提高消费者的品牌忠诚度，鼓励消费者的重复购买。许多农村专业合作组织在生产经营实践中逐渐认识到品牌经营的价值，开始对其经营的农产品实行品牌化管理。农村专业合作组织可以通过宣传产品的特殊生产环境、产品的特征等来塑造其品牌形象，如"用山泉水酿制的冰凉啤酒"。总之，农产品营销必须注意农产品的特点（包括品牌、包装、使用说明、质量、服务和保质期等）、确定产品价格（折扣、价格补贴）、决定产品分销方式（渠道、地点、存货、种类、运输）和选择适当的促销手段（广告、公关、个人销售、促销和直接销售）。

【案例38】北京市房山区张坊磨盘柿合作社①

地处北京西南的房山区张坊镇是"中华名果"优质磨盘柿的主产地。农村实行联产承包责任制后，柿子树同土地一起分到农户，每户少则十来棵，多则几十棵，采收经营的可选方式或是在路边摆摊卖，或是等待小商贩进村收购，结果市场化率很低，农户只好眼睁睁看着成堆的柿子烂掉。在计划经济年代，供销社曾是包括磨盘柿在内的农产品的主要收购部门。历经多次经济损失之后，农户找到张坊供销社，请求帮忙解决农产品销售问题。1998年7月，在当地政府和房山区农产品产销协会的协助下，张坊供销社联合24户种柿大户成立了磨盘柿合作社。供销社把闲置多年的收购站利用起来作为营业场所，由社员入股解决了开办经费问题，供销社的

①白立忱.发展中的农村合作社[M].北京：中国社会出版社，2006:45-49

资产也折成股份入股。合作社制定了章程，明确规定合作社要优先推销社员的产品、向社员优惠供应农资、按交易量给社员二次返利，按股金分红。合作社经过社员代表大会，民主选举产生了7名理事，其中有5位是农民社员。

合作社成立后，首先帮助农户成员解决磨盘柿的市场销售问题。其具体做法是：

(1)组建营销队伍。聘请4名有农副产品营销经验的供销社下岗职工为业务骨干，组成一支16人的推销队伍，走出山沟闯市场，北上辽、吉、黑，南下沪、粤等省市的10多家大型果品批发市场，建立业务联系，并在一些省市设立营销网点，加大市场开发力度。

(2)对渠道发布产品信息。通过举办采摘节、利用网络发布信息、吸引外地客商前来采购，合作社成立当年就为社员推销磨盘柿170万kg，销售额250多万元，合作社从年终盈余中拿出一部分，向每户社员分红和二次返利2 100元。

(3)品牌营销。为磨盘柿注册“御贡”牌商标，进行品牌营销，提高了张坊磨盘柿的知名度，吸引了越来越多的各地客商。该商标柿被中国果品流通协会评为“中华名果”。

(4)产品设计和包装。对柿子传统的包装方式进行改进，请人设计出精美的包装箱和礼品盒，在采摘节上推出小包装果篮，适应了客户和消费者多层次需要，促进了销售，提高了产品附加值。仅此一项，每年为农民增加收入20多万元。

(5)开拓国外市场。2002年，出口俄罗斯磨盘柿6 080箱，为柿子出口探索了经验。

(6)创办农产品加工企业。在产品深加工上也取得突破，建立了柿子脱涩、保鲜、果汁加工厂，以加工企业为龙头带动磨盘柿产业化经营。

为提高柿子的品质和产量，合作社根据农户成员需要建立了技术咨询、信息服务、生资供应服务部，定期聘请果树专家向农民传授科学管理知识，技术人员经常深入农户送去优质化肥、农药，指导农户科学施肥和防虫治病。合作社已先后在8个村建立了综合服务站，向社员提供优质物资和服务。服务站的商品由供销社统一配送，连锁经营，送货上门，供销社服务面覆盖全镇90%以上的农户。

2005年，磨盘柿合作社有入社农户650户，带动农户4 800户，占当地农户数90%以上。合作社为社员和农户推销柿子达400多万kg，占当地产量80%以上。

【案例 39】新摘农产品行业的兴起①

新摘农产品这种新型产品最早出现于20世纪80年代，主要起因于消费者对健康食品需求的持续增加。最初这个行业并不直接面向消费者提供产品，而是向食品服务机构提供产品——这些食品服务机构希望能向消费者提供更为新鲜健康的食品。如麦当劳和汉堡王公司一直想向消费者提供预先包装好的凉拌蔬菜，但一直没有找到合适的原料。20世纪80年代后期，新摘蔬菜开始被引入零售商店，并以其"方便、健康"的突出特点很快得到消费者的青睐。新摘蔬菜产品包括各种蔬菜品种，有时还包括花椰菜、小玉米或胡萝卜条等。

包装技术的进步促进了新摘农产品行业的成熟。蔬菜采摘下来包装后，一般要在商场的货架上摆放几天。这就产生了鲜活农产品的保鲜问题，相关企业通过改变包装袋内的气体成分抑制蔬菜植物的呼吸作用对此加以成功解决。这种农产品最初由于价格较高而遭到部分消费者的抵制，但由于新摘农产品在上市之前要经过清洗、挑选、摘除等多道工序，消费者购买获取后几乎不用再择菜，分量上几乎没有任何损失，因此最终为众多消费者所接受。

现在，新摘农产品给整个农产品行业带来发展动力。和传统农产品相比较，新摘农产品的边际利润较高。新摘农产品行业的兴起还使那些不符合标准规格的农产品进入相应的加工厂，既节约了成本和原料，又帮助企业建立其品牌和客户忠诚度。

【案例 40】美国农业合作组织的5种特许经营方式②

(1)谈判销售。1985年，全美国有110个左右的以谈判销售为基础的农场主协会，主要集中在奶制品、水果、蔬菜和食糖行业。成员为每单位销售产品支付一笔很小的营销费，合作组织经理代表成员与加工商就产品的价格、等级、质量差异、交货日期和交货方式进行谈判，或与加工商就肥料、农药和其他投入品的使用等问题进行谈判。

(2)代理销售。1976年，全美国有163个以代理销售为基础的合作社，其中1/3从事家畜销售，2/3从事水果、蔬菜和奶制品销售。这些合作组织在特定产品的销售期内作为唯一的销售代理人与购买商接触和谈判，但每一笔交易都要得到

---

①[美]格雷戈里·A·贝克,奥兰·格朗沃德,威廉·D·高曼.食品和农业企业管理.金马,译.北京:清华大学出版社,2005:186-187

②杜吟堂.合作社:农业中的现代企业制度[C].南昌:江西人民出版社,2002:145-147

销售者的核准同意。合作组织还帮助安排运输、交货、收款，并在扣除代理费后将销售收入支付给销售者。这种销售有时被称为饲养场直销、饲养场合同销售和电话直销。

(3)拍卖销售。专门从事拍卖业务的合作社，其拍卖品种主要包括育肥肉猪和育肥肉牛。通常是生产者把家畜送到拍卖场，在那里过磅、分选，通过拍卖会上的竞拍机制确定家畜销售价格。合作社在扣除销售费后将收入转交生产者。

(4)买断销售。这是营销合作社采用的最常见经营方式，主要销售的农产品是谷物。其优点在于销售日期由生产者决定，生产者可以得到产品当天的市场价格。

(5)统一结算销售。1976 年，美国有 281 个合作社以这种方式经营，其中 60% 是水果和蔬菜合作社，其次是奶制品合作社和棉花、家禽合作社等。所谓统一结算就是把许多生产者的产品集中在一起混合销售，并在特定销售期内统一结算费用和价格。结算方式一般包括多次支付，首先是在生产者交售产品后第一次预付，金额大致能抵消生产成本，在产品销出后再进行后续支付，结算期结束后再进行最后支付。通常情况下，合作社只对单一产品实行统一结算，但也有合作社对多样产品实行统一结算。这种情况多发生在蔬菜合作社。有些从事仓储统一结算经营的合作社通常需要对成员实行预付，成员则要按产品存放时间和数量向合作社缴纳规定的仓储、经营费用。统一结算经营虽然生产者得到的是平均价格，但却可以大大降低生产经营风险。

5.3 农村专业合作组织的财务管理

财务管理是农村专业合作组织生产经营管理的重要内容。健全的财务管理制度对于保护农村合作组织及其成员的合法利益、促进生产经营活动的持续健康发展至关重要。考虑到农村专业合作组织在设立条件、财产性质、资产结构和分配方式等方面的特殊性，《农民专业合作社法》第 32 条规定，国务院财政部门依照国家有关法律、行政法规，制定农民专业合作社财务会计制度。农村专业合作组织应当按照国务院财政部门制定的财务会计制度进行会计核算，这是对农民专业合作组织财务会计工作的基本要求。根据农民合作社法的规定，农民专业合作社的理事长或理事会应按章程规定编制年度业务报告、盈余分配方案、亏损处理方案和财务会计报告，向农户成员公开财务收支情况。

2008 年 1 月 1 日，由财政部颁布实施的《农民专业合作社财务会计制度（试行）》从总则、会计核算的基本要求、会计科目、会计报表和会计凭证、会计账簿和会计档案 5 个方面规范了农民专业合作社财务和会计工作，为各类农村专业合作组织完善其财务管理制度提供了模板。这里我们主要结合《农民专业合作社法》的相关条款和财务会计制度提出的规范要求，就农村专业合作组织财务管理制度的关键问题作些讨论。

5.3.1　农村专业合作组织财务管理的基本内容

农村专业合作组织财务管理旨在对其发生的财务活动及其与有关各方面发生的经济关系进行有效管理。农村合作组织的财务活动涉及相关投资项目资金的筹措、使用、耗费和收入分配等内容。具体表现在如下4个方面：

(1)筹资引起的财务活动。筹集资金是农村专业合作组织生产经营和扩大生产经营的前提条件。农村专业合作组织通过吸引成员投资、向银行和信用社借款等方式筹集资金，表现为合作组织的资金收入；合作组织偿还借款，支付利息、股金以及各种筹资费用等，则表现为合作组织的资金支出。这种因资金筹集而产生的资金收支，即是由合作组织筹资而引起的财务活动。

(2)投资引起的财务活动。筹资的目的在于把资金运用于生产经营活动以改善农业生产经营条件，获取更多的经济利益。农村专业合作组织的投资活动包括购买固定资产、无形资产等而进行的对内投资；也包括与其他经济组织联营而进行的对外投资，这些投资活动都需要支付资金。当农村专业合作组织变卖其对内投资的各种资产或收回其对外投资时，就会产生资金收回。这种因合作组织投资而产生的资金收支，就是由投资引起的财务活动。

(3)经营引起的财务活动。农村专业合作组织在正常的生产经营过程中发生的一系列资金收支，属于经营引起的财务活动。农村专业合作组织要组织成员进行生产经营活动，首先得采购原材料和投入品，然后再把生产的农产品或其他商品售出以取得收入，收回资金。如果生产经营中出现资金短缺，还需要采取短期借款等方式来筹措资金。

(4)分配引起的财务活动。农村专业合作组织在生产经营活动中形成的生产剩余或资金增值要依法纳税和按合约向农户成员分配，出现的经营亏损需要弥补，其长期发展需要的公积金、公益金必须从经营收益中提取等。这些因利益分配而产生的资金收支就属于利润分配而引起的财务活动。

就目前农村专业合作组织发展的具体状况而言，由生产经营和剩余分配而发生的财务活动是农村专业合作组织财务管理业务的主体内容。围绕这些财务活动，农村专业合作组织的财务管理工作必须处理好以下4个方面的财务关系：

(1)农村专业合作组织同组织成员之间的财务关系。农村专业合作组织的成员要按照组织章程履行出资义务，形成合作组织的资本金。合作组织利用资本金进行生产经营及其服务形成剩余后，应按照组织章程和大会决议，向组织成员进行红利分配和利润返还。合作组织同成员之间的这种财务关系，体现出所有者之间的一种内部利益关系。

(2)农村专业合作组织同债权人之间的财务关系。农村专业合作组织在生产经营过程中需要的资金，除组织成员提供的出资额和投资股金外，还需要通过外部借贷来解决。合作组织同债权人之间的关系就是合作组织借入资金并按照借款合同向债权人按时支付利息和归还本金所形成的经济关系。

(3)合作组织内部各单位之间的财务关系。农村专业合作组织在生产经营过程中必须在内部进行合理分工，建立供应、生产和销售部门，一些专业合作组织还可能组建其下属的分支机构或分公司，这就使合作组织内部形成了多个利益主体。合作组织内部各单位的财务关系，是它们在生产经营各环节相互提供产品或者生产经营服务关系所形成的经济关系，是一种内部的经济利益关系。

(4)合作组织与工作人员之间的财务关系。农村专业合作组织的成员具有所有者、服务者和使用者等多重身份。一些专业合作组织的工作人员除组织成员外还聘用具有特定技术或技能的专业技术人员。合作组织要用产品或服务收入向其工作人员支付薪酬等劳动报酬。合作组织向工作人员支付劳动报酬过程中形成的经济关系，就构成合作组织同其工作人员之间的财务关系，体现了合作组织和其工作人员在劳动收益上的分配关系。

合作组织在筹资、投资、经营和分配活动中引起的这些财务活动及其发生的各种财务关系，直接关系着合作组织的业务拓展和持续运行。对这些活动过程及其各类财务关系的管理就是合作组织财务管理的基本内容[①]。

5.3.2 农村专业合作组织财务管理的关键问题

目前我国农村专业合作组织经营规模较小，组织管理者多数由种植养殖和贩销大户担任，这些人通常缺乏财务核算和管理流程的基本知识，在农产品收购、销售和提供农资购买等各类服务活动中普遍存在打白条、记流水账的现象，管理漏洞多。这些情况显然不能适应农村专业合作组织作为一类独立的生产经营组织持续发展的需要。为此，农村专业合作组织必须加强财务管理制度的建设。

(1)依照《农民专业合作社法》和《农民专业合作社财务会计制度》的相关规定和要求，逐步建立规范运作的财务管理体系。首先，农村专业合作组织应根据生产经营和会计业务需要设置会计账簿，配备必要的会计人员。不具备条件的农村专

①李瑞芬.农民专业合作经济组织知识[M].北京：中国农业出版社，农村读物出版社，2006：16-18

业合作组织也应本着民主、自主的合作组织原则，委托农村经营管理机构或代理记账机构代理记账、核算。其次，农村专业合作组织应设置和使用会计科目，登记会计账簿，编制会计报表，会计核算采用权责发生制，会计记账方法采用借贷记账法。还有，农村专业合作组织的会计信息应定期、及时向合作组织的成员公开，接受成员的监督，其财务人员必须配合财政部门、农村经营管理部门依法对合作组织会计工作进行管理、指导和监督。

(2)加强会计核算，强化内部管理。农村专业合作组织必须做好财务管理的整体规划，确立明确的财务管理目标，并按照财务管理不同层次的职能划分各自的权、责、利，以确保生产经营活动整体效益的最优化。首先，农村专业合作组织必须明确组织内部岗位责任制，实行钱、账、物分管，建立健全签收、审批和内部稽核制度。农村专业合作组织是自主经营、自我服务、自负盈亏的经济实体，财务上要实行独立核算，并根据其生产经营的具体需要制定具体的核算流程，如收购环节的核算、加工环节的核算、销售环节的核算等。其次，要通过制度安排规范货币资金审批使用程序。货币资金收支实行投资人一支笔审批制度，按照规定的程序办理货币收支业务，对重要或额度较大的货币资金支付业务，应当集体决策和审批，并建立责任追究制度，防范贪污、侵占、挪用货币资金的行为。再者，实行现金管理双人监督制。现金收付必须有两人以上签字方可生效。加强现金库存限额管理，现金收入必须及时入账，严禁收款不入账，不得账外设账，不得私设“小金库”。要加强财政贴息资金管理，按照专款专用的原则，正确把握财政贴息资金用途和使用方向。要建立严格的使用审批制度，严肃财经纪律，严禁财政贴息资金的挪用和挥霍浪费，确保资金使用效益。

(3)加强对合作组织成员的入股金管理。专业合作社对成员出资额和入股金必须造册登记，按其性质不同，分为身份股和投资股管理。身份股是成员加入专业合作社的基本条件，每个入社的农户都必须缴纳，身份股的股金数额由章程加以确定，一般应不低于50元。身份股实行入股自愿，退社自由，身份股原则上不承担风险，也不参与分红。如有退还必须在会计年度结算后进行。投资股可以是现金，也可以是土地使用权、实物、技术、劳动力等折价入股，投资股的股份比例由章程确定，以技术、劳动力等入股的，其股份原则上不得大于注册资金的30%。投资股实行利益共享、风险共担。专业合作组织的股金实行专户管理、封闭式运行，只能用于专业社的生产、经营、加工和管理，任何人都不得挪作他用和放贷。

(4)实行财务公开，强化监督机制。实行财务公开实际上就是把会计监督对象和内容向社员公开，即把与社员利益相关的经济活动如财务计划、每月的经营情况、财务收支情况等以适当的方式向社员公开。各类农村专业合作组织应在其章程中明确财务公开的内容、形式、时间等，并作为一种制度确立下来，以便接受社员和股东监督，实行民主决策、民主监督、民主管理。农村专业合作组织编制财务预算和计划要充分听取会员意见，预算和计划执行情况要向组织成员公布、公开，并在年终接受上级部门或社会中介机构审计，以提高其财务管理水平。

(5)建立公平、规范的分配机制。建立公平、规范的分配机制是实现农村专业合作组织持续发展的重要制度保障。农村专业合作组织的主要功能是提升农户成员的生产经营能力，增加农户成员的生产经营收入。一般情况下，合作组织会按市场价格为农户成员提供农业生产资料，并按市场价格或保护价格收购农户成员的初级农产品，进行加工和销售。合作组织生产经营过程形成的剩余在依照组织章程提取确定数额的风险金和发展公益金的基础上，主要按照农户成员与合作组织的“惠顾额”或“交易量”进行分配。一些股份合作组织可能同时实行按成员与合作组织的“惠顾额”或“交易量”、成员持有的合作组织股份的股份额进行分配，但以“惠顾额”或“交易量”为主。合作组织必须对政府部门、其他社会组织无偿投入合作组织的资金、设施等进行等量折算，记入组织成员的个人账户，并保证农户成员能平等地分享相关投资所产生的经济效益。

(6)巧用财务管理方法，促进合作组织发展。财务管理工作方法是为了实现生产经营的目标，更好地履行生产经营服务的职责而在进行理财活动时所采取的各种技术和手段。财务管理的方法可以按多种标准进行分类。根据财务管理的具体内容，可以分为资金筹集方法、投资管理方法、运营资金管理方法和利润分配方法；根据财务管理的环节，可以分为财务预测方法、财务决策方法、财务计划方法、财务控制方法和定量财务管理方法；根据财务管理的具体工作，可以分为会计核算方法、成本核算方法、清产核资方法和审计监督方法等。农村专业合作组织或其财务服务机构必须灵活应用这些管理方法，通过对多个理财方案和因素的分析、比较和选择，选择最优方案，确定各因素之间的比例关系，力求使资金的收支在数量上和时间上达到动态平衡，实现收支相抵，略有节余。农村专业合作组织的财务管理在追求准确和节约的同时，还必须保持一定的灵活性，以便有足够的财力应对各种不确定性，抓住更好的商机。

第6章 国际农村专业合作组织发展的经验

他山之石，可以攻玉。分析借鉴世界各国农村专业合作组织发展的经验，可以为我国政府推进农村专业合作组织发展提供经验支持和政策创新思路。本章主要选择对我国农村专业合作组织发展具有示范性和现实针对性的美国、日本、印度和荷兰4个国家进行比较分析。

6.1 美国农村专业合作组织发展

美国不仅是世界上最大的工业化国家，而且也是世界上最大的农业出口国。美国政府非常重视农业在国民经济中的基础地位作用。美国农业部在成立之初就在其部徽标识中强调"农业是制造业和商业的基础"。尽管农业在美国经济中的比重逐渐下降，美国政府依然对农业采取多种支持和保护政策，以保持其在国际市场的竞争力。美国农场主合作社(Farmers Cooperatives)是美国农业和农村经济发展战略的重要组成部分。在家庭经营占绝对优势的美国，各类旨在为农场主生产经营提供服务的农场主合作社在一体化的农业生产经营服务体系中占有十分重要的地位。历届美国政府也通过多种政策机制对农村专业合作组织发展进行扶持和推进。

6.1.1 美国农业发展的总体特征

美国地处北美大陆南部，北邻加拿大，东濒大西洋，西临太平洋，南接墨西哥和墨西哥湾。国土面积937万km^2。自然资源丰富，有得天独厚的农业发展条件。全国大部分地区雨量充沛且分布比较均匀，平均年降雨量为760 mm。土地、草原和森林资源的拥有量均位于世界前列。

美国农业建立在高度商业化的家庭农场经营基础之上。1826年，美国通过《宅地法》明确了家庭农场的基础地位。美国家庭农场的农业现代化程度很高，规模一般都很大，多数为数百英亩，有些家庭农场占地达数千英亩。随着农业生产经营集中度的提升，美国出现了相当比例的"公司农场"，但由个人和家庭经营的家庭农场仍然是整个农业经营的基础。2002年，美国家庭农场占所有农场总数的89.7%。

美国农业专业化程度很高，已形成一些著名的生产带，如玉米带、小麦带、棉花带等。早在1914年，美国农业就已在实现种植专业化。这种区域分工使美国各个地区能充分发挥各自优势，有效降低成本，提高生产率。通畅的水陆运输网的建立进一步促进了区域分工和专业化生产，有力推动了邻近地区相关产业的发展。

美国农业是商业化的农业，受市场供求关系的影响很大。美国的农业体系被称作"农工综合企业(Agribusiness)"，农业产销实现了"从田间到餐桌"的一体化，具体包括农业投入物的供应，农产品的收购和加工、批发、零售以及连锁超市食品供应等。在这个体系里就业的人数占全国劳动力的17 %，大大高于农业本身所能吸收的劳动力。

6.1.2 美国农村专业合作组织发展的历程

美国最早的农业合作组织，是1810年由康涅狄格州的奶牛农场主组建的奶牛协会，其目的在于进一步搞好牛奶加工和扩大销售奶油。尽管这个奶牛协会办得不很成功，但其却开启了美国农业合作组织发展的先河，闯出了一条在不改变私有制前提下联合农场主参与市场竞争的新路径，让美国农场主认识到了专业合作组织发展的力量[①]。随后美国各地出现了各种形式的农村专业合作组织，但多数规模较小，覆盖面不大，因为内部管理问题或其他原因未能持久发展。

1867年，美国出现第一次农业危机，农产品滞销，价格下跌，农场主陷入困境。为了应对农业危机，华盛顿特区的小农场主在完全自愿的基础上组建了"格兰其(Grange)"农场主合作社，意在为农场主从事农产品生产、加工、销售提供互助合作服务，对抗大公司资本对个体农场主的欺压和盘剥。由于"格兰其"在改善农场主生产经营效益方面成效显著，美国各地农场主纷纷响应，组建各种形式的"格兰其"合作组织，形成一场"格兰其运动(Grange Movement)"。整个19世纪70年代，在"格兰其运动"的影响下，全美国出现了成百个农场主专业合作组织，包括许多活畜、羊毛、水果、棉花协会和从事烟叶接收和加工的合作社等[②]。

19世纪90年代，美国再次出现农业萧条，农场主合作运动再次兴起。活畜装运协会、柑橘销售合作社、葡萄合作社、水果和鸡蛋合作社在美国各州蓬勃兴起。与之同时，一些经营成功的合作组织开始在其章程中对组织成员的权责进行明确规范，如在衣阿华州罗克韦尔的农民谷仓公司，就在其组织章程中明确提出：任何成员如果把谷物卖给竞争对手，每一蒲式耳(英文 Bushel，缩写 BU，在美国1蒲式

①刘志扬.美国农业新经济[M].青岛：青岛出版社，2003：186

②杜吟堂.合作社：农业中的现代企业制度[C].南昌：江西人民出版社，2002：133-134

耳约合35升)罚款半个美分。

1890年,美国国会通过《谢尔曼反托拉斯法》将农场主合作社看作是“限制贸易的联合”,纳入禁止名单,各类农场主合作组织发展受到严重影响。

1922年,美国国会通过的“合作社大宪章”《卡帕－沃尔斯坦德法》对农场主合作社给予了豁免权,并对农场主合作社的性质进行了明确规定。该法案规定,凡是参与农业生产的各类农场主,都可以按照股份形式或非股份形式建立协会等专业合作组织,集体从事农产品加工、销售等生产经营活动。这些合作组织可以拥有共同的销售机构,共同签署协议或合同,但其必须符合如下条件:①合作组织的成员必须是生产者,其经营活动以成员互利为目标;②不论其成员股份多寡都只能实行一人一票;③没有实行一人一票制的合作社,按股份分红时,股东分红比重不得超过合作社股票总面值的8%;④合作社每年与非社员的交易额不得超过与社员的交易额。

1936年,为解决农村电力供应问题,美国出台的《农村电力法》赋予农村电力局(REA)为农村电力基础设施提供长期低息贷款的权力。1949年,《农村电气化法案》决定为农村电话通信系统提供长期低息贷款。受这些法案的影响,农村电力电话事业开始蓬勃发展起来。一些专家指出,农村电力局和农村电话合作社是美国农村地区电力和电话通信服务的主要提供者。农村电力和电话合作社是只为社员提供低价格服务和产品的农村专业合作组织,其服务范围一般局限在一个特定的地理区域内,且该区域内的居民只能通过它们来得到电力和电话的供应。截至2002年底,在美国有644家农村电力合作社,它们经营着全美50%以上的电力线路,向46个州的2 500多万人口供电;有超过95%的美国农场是通过220个农村电话合作社来得到电话通信服务的,农村电话合作社总共服务美国31个州的120多万人口。

20世纪80年代,北达科他州同其他以农业为基础的州的农场主开始面临许多问题,过低的农产品价格和干旱给农场和农业社区带来很大的资金压力,同时农业服务的不断集中减少了农村的就业机会,农村人口减少,农民收入减少。20世纪90年代,受一些欧洲国家(如法国、丹麦等)和亚太地区国家(如澳大利亚和中国等)农产品的冲击,美国农产品出口明显下降;由于美国国内消费结构升级,需求减少,农产品生产出现相对过剩,价格下跌。在新的市场条件下,美国农民为了自救而自发成立了新一代合作社(New Generation Cooperative)。1992年1月,北达科他州的部分小麦种植者提出把小麦加工成面食出售以增加农产品附加值的新思路。1993年,在美国农村信用合作社的发展专家指导下,北达科他州种植者面食食品公司宣告成立并投入运行。

1991 年,在明尼苏达州中部,部分从事灌溉农业的农民希望种植比玉米和大豆收益更好的农作物。虽然该地区适合种植玉米和大豆,但没有相应的加工设备。可行性研究表明,建立一个加工厂可为当地的农民提供一个较好的生产环境和市场。1994 年,明尼苏达州中部的 67 名农民抵押 3 640 hm^2 土地,筹集 200 万美元资金,创建北部精菜合作社,旨在通过开展蔬菜加工业务拓展农业产业链。

与传统的农场主合作社相比较,新一代农业合作组织不再是作为初级农产品的交换销售场地,它只向组织内社员收购预定数量的产品,且主要发展加工业,以提高产品的附加值。这与以前合作社致力于商品营销的经营服务目标有所区别。具体说来,传统合作社往往以销售初级农产品为主,而新一代合作社则谋求通过加工业务创造农产品附加值。为了在潜在的社员中分配交货权以及为生产设施的建设筹集资本,农村专业合作社首先发行合作社股份。每一股代表社员有向合作社交售一个单位农产品的权利,其售价取决于合作社期望筹集的资金总数以及根据加工设备可能消化的农产品所分成的单位数①。其次,这些新一代合作社的社员资格不开放,社员股份及农产品交货配额在得到理事会批准以后可以交易。为了避免合作社被一些社员控制,有些新一代合作社对每个社员可以拥有的股金数量进行限制。再者,合作社实行专家管理,一切重大事项都要经过可行性研究。

随着新一代合作社的发展,美国农业专业合作组织生产经营的范围越来越广泛,具体涉及水产品加工、肉牛屠宰加工、玉米加工(生产酒精等)、食用干豆加工、家禽和禽蛋生产、酱油加工、特制奶酪生产、甜菜加工、猪肉加工、野味加工等。这种合作社在美国的明尼苏达、威斯康星、加利福尼亚、南达科他等州和加拿大的南部地区也陆续出现,形成近年来少见的合作社发展热。据美国农业部年度合作社统计公报表明,2005 年受调查的 2 896 个新一代合作社为其社员实现的价值增值大约 20 亿美元②。

农业合作社已经成为美国农业经济的重要组成部分。据美国农业部的最新统计,到 2006 年,美国有各类农民合作社 2 893 家,社员总数超过 260 万人,高于美国家庭农场的总数。合作社的总资产达到 470 亿美元,销售总额超过 1 200 亿美元,合作社吸纳雇员达到 18 万人。合作社产品的市场份额达到 28%,其中奶制品超过 80%(表 6-1);农业投入供给品的市场份额为 26%,其中,化肥、石油分别超过 45%。

---

①杨丽艳. 国外农民合作社发展模式与经验借鉴[J]. 现代农业科技,2007(13):230-232

②赵玻,陈阿兴. 美国新一代合作社:组织特征、优势及绩效[J]. 农业经济问题,2007(11):102

表 6-1　美国农民专业合作社主要农产品和农业投入品的销售额和市场份额

主要农产品	销售额（亿美元）	市场份额（%）	农业投入品	销售额（亿美元）	市场份额（%）
奶制品	310	83	石油	163	46
粮食和油菜籽	230	38	化肥	64	45
棉花	35	42	杀虫剂	33	34
水果和蔬菜	76	19	种子	70	15
平均总计	—	28	平均总计	—	26

资料来源：John Dunn 2007。①

当然，随着合作社的合并及经营业务的发展，合作社规模在不断扩大，合作社发展开始面临诸多问题和挑战。首先，合作社的规模经营能力引起竞争对手即大垄断公司的抵制，规模巨大的奶制品生产者协会牵连进几宗反托拉斯案件就说明了这一点；其次，合作制如何兼顾大小农场主利益已成为一个问题，这直接关系到农业合作社的发展方向问题；再者，合作社经营范围的扩大往往使合作社偏离其主要经营宗旨，在社员与经理之间引发冲突和矛盾，并促使各类小型专业化合作社，如专门提供作物监测、机械出租等服务的合作社快速发展②。

6.1.3　美国农业专业合作组织发展的特点和主要类型

依照美国农业部确定和使用的合作社定义，“合作社是由拥有共同所有权的人们在非盈利的基础上为提供他们自己所需要的服务而自愿联合起来的组织。它通常具有法人地位，通过本社成员的共同参与来实现其经济目的。在一个合作社中，投资、经营风险、盈利与亏损，都由其成员根据他们使用合作社服务的比例来合理分担。合作社就是由作为使用者而不是在合作社的资本结构中作为投资者的社员实行民主管理的组织”。概言之，美国农业合作组织主要有如下特征③：

(1)以销售和加工为主。在农产品销售、加工、储运等产前、产中、产后各个环节的服务上，美国合作社的数量最多，且非常活跃。目前全美有 2 000 多个农业销售合作社，占合作社总数的 50%以上。在衣阿华州，有超过 200 个销售农业合作社。合作社通常负责大豆、玉米、小麦等大宗农产品的贮存、加工和销售；有的合作社还拥有自己的农产品加工厂，如位于衣阿华州 Carroll 县的 West Central 农业合

①John Dunn. 看美国合作社农业部如何为合作社提供服务[J]. 中国合作经济，2007(1)：48

②包修国. 美国农村合作社[J]. 农村工作通讯，2007(8)：58

③刘志扬. 美国农业新经济[M]. 青岛：青岛出版社，2003：187-188

作社就拥有大豆榨油厂、大豆生物柴油厂和玉米加工厂，通过贸工农一体化经营，实现了农业生产、加工、销售的有机结合，成为农民走向市场的重要依托。

(2)专业性强。在美国，从小麦、玉米、大豆、牛肉到葵花子、胡萝卜、马铃薯等，几乎每一个农产品都有一个行业协会，且其组织从产地到有关的州直至全国，形成覆盖全行业的网络。合作社经常对外发布现货基差(现货价格与期货价格之差)和收购价格，或是通过网络为农民提供现货和期货的价格信息服务。一个合作社一般只围绕一两种农产品开展合作业务，而且每当农业经营有一项新需要，围绕这项需要提供服务的农业合作组织就会出现。或许正是因为如此，美国合作组织的成员往往相互交错，如生产大豆的农场既是大豆协会的会员，也是供给合作社、销售合作社和信贷合作社的会员。为了更好地为农民服务，保障产品畅销，一些实力较强的合作社还建立了自己的科研和信息研究机构，推广新技术和新业务。如总部设在圣路易斯市的美国玉米协会，就与科研机构合作培育出蛋白质含量较高的玉米种子、磷含量较高的饲料玉米，并通过网络向会员提供芝加哥玉米期货市场行情和天气预报，以使农业合作组织成员能够利用期货市场拓宽销售渠道。此外，它还代表玉米生产者就玉米生产的有关政策与议会和总统谈判，研究中美玉米贸易的问题和对策。

(3)跨区域合作，实力雄厚。美国农业合作组织多数跨越地域或社区界限，建立起全国性，甚至跨国界的生产经营服务网络，拥有较强的经济、技术和生产经营服务能力。如总部设在伊州的格鲁玛克合作社，下辖130个当地合作社，为3个州以及加拿大安大略省的1万多个农场主提供生产资料供应、机耕、良种繁育、作物保护、运输及金融等服务。如一家奶制品合作社联社——兰德莱克食品合作社，1996年销售额达35亿美元，占美国1/3的黄油市场。该合作社设有专门的科研机构，对食品的营养、口味、细菌含量、卫生标准、包装以及市场状况进行研究和新产品开发活动；设有实习厨房(专门向经销商和消费者演示烹调其产品的方法)；根据消费品和特定客户的反馈意见改善产品形状、口味和包装。

从各类农业合作组织所履行的服务功能来划分，美国农业合作社主要有以下4种类型：

(1)农产品销售合作社。农产品销售合作社几乎占美国农业专业合作组织总数的50%以上，主要通过加工、分销、直销等方式，帮助农场主成员销售农产品，实现其收益最大化。销售合作社经营的农产品有棉花、奶产品、水果和蔬菜、谷物和油料作物、牲畜和家禽、干果、羊毛、大米、大豆、糖等，几乎覆盖所有的农产品品种。多数销售合作社的业务贯穿于从农业生产者到消费者之间的农产品流通全过程，实行垂直一体化经营，为的是更高程度实现农产品价值增值。多数销售合作社将农场主成员生产的农产品组织起来批量卖给加工商、批发商或零售商，如谷物生产者和水果、蔬菜等新鲜产品生产者组建的合作社。许多加工奶制品、水果、蔬菜、谷类、鱼、虾等产品的加工合作社将其加工农产品作为再加工产品的配料出售，或卖给名牌公司标上名牌出售；一些水果和蔬菜的生产者及奶制品生产者组建的销售合作社把业务范围限制在与买方谈判产品价格和交易条件上；还有一些合作社，将社员的产品贴上合作社的商标送到蔬菜商店的货架上，例如大湖、太阳、威尔士、树梢等合作社。多数销售合作社一般只经营一种农产品，且不仅仅从事销售，其业务范围常常拓展到农产品的收购、运输、贮藏、检验、分级、加工、包装和最终产品的销售等多个环节，实行一揽子经营。许多销售合作社有加工设备、贮藏设施、运输工具、装卸倒仓设备，甚至有港口、码头和驳船。

(2)信贷合作社。美国的农场主和其他的农村居民组织了两种不同类型的信贷合作社，即信贷联盟和信用合作社。其中信贷联盟(credit unions)是一种非盈利性的合作社组织形式，旨在为农场主成员提供较高的存款利息和较低的贷款利息，同时也对农场主成员进行金融知识的教育和培训。这种合作社是从1909年马萨诸塞州通过第一个州信贷联盟法律后开始兴办的。目前，美国拥有超过11 500个这种信用合作社，合计资产超过3 500亿美元，其中有将近700个这种合作社为农村地区450万社员提供金融服务。而信用合作社则为社员提供支票账户、自动提款机和一系列的消费贷款服务，主要利用社员的存款来提供贷款服务，与一般的盈利性银行相比较，信用合作社的存款利息要高、贷款利息要低。信用合作社的净利润在提取公积金以后一般根据社员股份的大小返还给社员。

(3)农用生产资料供给合作社。以合作形式向农场主提供农用生产资料，约占美国农村专业合作组织的36%。供应合作社创建的初衷在于帮助农场主获得低价、优质的农业生产资料，包括化肥、杀虫剂、饲料、肥料、燃油、种子、割草机、喷雾器、建筑材料和其他物资等，后来逐渐演变成有专职经理和专门库房的股份制企业，经营的生产资料和服务种类越来越多，如各种农用化学制品、牲畜医疗用品、围栏、建筑材料、建筑承包、机动车配件服务等。考虑到规模经济的潜在利益，许多基层采购合作社都加入到地区性或全国性联合合作社。联合合作社通过直接拥有炼油厂、磷肥厂、钾肥厂、氮肥厂、饲料厂、研究机构和实验室等大型设施机构，以降低社员的生产经营成本，为遍布全美的农场主提供高效周全的生产资料购买服务。供应合作社有专业型和综合型两种，并以多功能、全方位的综合型供应服务为主，业务范围的包括谈判价格、兼营批零业务、生产和加工农用品、培育和生产种子、孵育种禽、运输农产品，甚至从事石油勘探和开采，进行农业科学试验和研究。专业合作社一般只经营一种或一类商品，但覆盖面宽，供应量大。

(4)农业服务合作社等其他服务合作社。农业服务合作社主要专门针对农业生产经营的现实需要为农场主提供各类服务，如推荐使用肥料、石灰、杀虫剂，为农场进行牲畜饲料加工、畜种改良，提供农产品加工、品种繁育、运输、仓储、人工播种农作物收获和烘干等。这类合作社占美国农业专业合作组织的10%左右，具体如佛罗里达和加利福尼亚的水果农场主为使用昂贵的专业设备解决害虫问题而专门成立的“害虫防治和果园护理合作社”；美国中西部地区一些农场主为对农场进行更科学的管理而成立的“土壤测试和化肥科技合作社”；威斯康星州的奶牛农场主们成立的“牲畜体检合作社”——一个高科技的数据处理中心，通过精密的仪器和科学的检测对牛群进行定期的体检，以帮助农场主随时了解牲畜的状况等。在美国科罗拉多州、犹他州、加利福尼亚、蒙大拿、怀俄明州、爱达荷州和俄勒冈州，农场主还成立了各种类型的灌溉合作社，以对这些地区的农业发展和水资源进行高效利用和开发管理。此外，还有一些合作社为美国农场主提供如农村合作信贷系统发放贷款，农村电力合作社输送电力，农场电话合作社提供电讯服务，农业保险合作社提供火灾保险服务，农村合作医疗机构提供卫生保障等。2000年，在美国农村地区大概有1 100万人口要依靠农村电力合作社来提供电力；共有220个农村电话合作社为140万社员提供电话通信服务。

根据合作社的组织结构和运行机制的不同，美国农村企业-合作社服务局把农业合作社划分为3种类型：中央集权型、联盟型和混合型合作社①。

(1)中央集权型合作社。合作社的所有者是其个体成员，一般服务区域可能只是一个县，也可能覆盖好几个州。覆盖范围较大的中央集权型合作社一般会在所在区域使用当地的一些基本设施，其业务多是为农户提供农产品销售和农业生产资料的供应。加利福尼亚的Sun-Maid种植者合作社(一家大型的葡萄干合作社)和Sunkist种植者股份有限公司(一家大型的以加利福尼亚为基地的柑橘合作社)就是这类合作社的典型。

(2)联盟型合作社。当两个或两个以上的合作社联合起来组成一家合作社时，就形成一个联盟型合作社。联盟型合作社的成员都是其他的合作社，可能是中央集权型的，也可能是联盟型的。绝大多数联盟合作社成员都是当地的中央集权型合作社。印第安纳农业局合作社协会股份有限公司和农业产业股份有限公司，就属这类合作社的典型。通过把几家当地的协会或合作组织联合起来，联盟型合作社就可能获得更大的议价能力和购买能力，更有效率地履行职责或进行新的生产

---

①[美]格雷戈里·A·贝克，奥兰·格朗沃德，威廉·D·高曼. 食品和农业企业管理. 金马，译. 北京：清华大学出版社，2005：37

经营活动。联盟型合作社的组织结构与中央集权型合作社十分相似，一般由作为成员的合作社选举产生董事会，由董事会聘请管理人员。

(3)混合型合作社。其成员既有个体农场主，也有其他合作社。混合型合作社的数量相对较少，同时兼具中央集权型和联盟型合作社的特点。一般情况下，通常是联盟合作社的某一合作社成员因财务困难而被联盟合作社收购，进而形成混合型合作社。如美国南部合作社股份公司就是典型。混合型合作社向合作社成员提供批发性服务，而向个体农户成员提供零售性服务。

6.1.4 政府对农业专业合作组织发展的支持

在美国，合作社只是众多企业形式之一，遵循相同的会计核算准则和同样的市场法规，其发展过程中很少受到来自政府的直接干预，除非合作社的活动偏离并影响了整个经济活动或国家利益。但由于合作社作为一种市场主体方式，能够帮助纠正市场竞争的不完全性，改善农户的收益和消费者的福利。美国政府强调，发挥合作社依靠内部成员相互信任、合作的机制来改善资源配置，是避免市场的价格机制失灵、政府的强制命令失灵、完善市场机制的一种有效方式。在美国，联邦政府在支持合作组织时强调只支持那些遵循现代合作社原则的合作组织，即使用者拥有合作社，使用者控制合作社，并根据使用者利用合作社的业务量按比例向使用者社员返还盈余，并以此为基础政府给予农民专业合作组织额外的立法保护、税收优惠和信贷支持等政策。概括起来讲，美国政府支持合作组织发展的政策措施主要有：

(1)法律保护。1922年，美国国会通过卡帕—沃尔斯坦德法(Capper-Volstead Act)，承认农业生产者在自愿基础上为共同利益结成协会的权利，并为其提供有限的反托拉斯豁免，这对合作社，特别是大型合作社的发展起了很大的推动作用。1926年通过的“合作社销售法”(Cooperative Marketing Act)进一步为合作社提供反托拉斯豁免条款，允许农户和联邦农户合作社体系的不同层级之间交换价格和其他市场信息。该法还在美国农业部中设立一个部门，负责指导研究、收集统计数据、提供技术援助、开发教育资料以及帮助生产者对组织新的合作社产生兴趣，以便帮助农场主通过集体行动改善收入。1936年，美国国会在通过的罗宾森-派特曼价格歧视法(Robinson-Patman Price Discrimination Act)赋予农业专业合作组织例外条款，其中第四节规定，不应阻止合作社协会向社员返还从交易中获取的与其交易份额相一致的纯收益或盈余，从而保证了合作组织提供给农民的惠顾返还金不被看作是价格歧视的一种形式①。1937 年通过的"农业营销协定法"(Agricultural Marketing Agreements Act)允许农民通过合作社等合作组织的集体行动来实现行业自律,这为合作社建立自我销售秩序提供了法律支持。根据这一法案,奶业合作社就可以按照所有奶业生产者的使用情况来统一牛奶价格,通过管理仓储、研究、促销项目去规范产品,以更加有秩序的方式进入市场。1967 年通过"农业公平交易法"(Agricultural Fair Practices Act of 1967),承认农民自愿加入合作社组织的需要,并宣称对此权利的干预违反公共利益。除肯定多年来对于农民集体行动的政策支持以外,该法还批准生产者可以通过他们的协会商议定价②。

美国没有统一的联邦合作社法,合作社法是在州一级颁布的,合作社在州一级形成法人组织、进行注册。联邦有关合作社的法律优惠条款分散于相关的法律中。尽管如此,美国对农业合作社却有着严格的规范标准。按照有关法律,只有"以农场主、种植者、畜牧和乳品生产者、干鲜果品生产者的身份从事农产品生产的人"才有资格成为农业合作社的社员。

(2)税收优惠。美国税法规定,政府对合作社免征联邦所得税;一般享受联邦所得税的非盈利组织也享受免缴州法律规定的所得税,美国法律对主要与社员进行交易的合作社免除公司所得税,从而避免双重征税③。这些规则的基础是承认合作社经营原则是向用户——所有者以成本价提供服务,同时规定合作社有义务向少量的非社员生产者支付惠顾额。按照联邦和州有关税法规定,对于净收入超过 30 万美元的合作社,非惠顾者来源的经营活动可以达 40%。

(3)信贷支持和资金扶持。1916 年,美国国会制定了"农业信贷法",并依法成立了联邦土地银行等;1923 年,针对农场主在农业危机中急需中短期贷款维持生计,美国国会通过"中期信贷法"。20 世纪 30 年代,美国政府借鉴法国农业信贷体制的经验,颁布"农业信贷法",依法建立起全国性的合作银行系统。至此,由美国政府出资建立起世界上最完备的农业合作金融体系。该体系由政府直接参股的联邦土地银行(1916)、联邦中间信贷银行及生产信贷协会(1923)、合作社银行(1933)3 个部分组成,具体由联邦农业信贷管理局负责监管。其中联邦土地银行主要向农场主提供购买土地和建筑物修建等不动产的长期抵押贷款;联邦中间信贷银行专为生产提供信贷,再由生产信贷协会具体向农场主提供中、短期贷款;合作社银

①杜吟堂.合作社:农业中的现代企业制度[C].南昌:江西人民出版社,2002:141

②苑鹏,刘凤芹.美国政府在发展农民合作社中的作用及其启示[J].农业经济问题,2007(9):102

③财政部财政科学研究所外国财政研究室.支持新型农村合作经济组织的财税政策研究[R].经济研究参考,2008(7):51

行则专门向农场主合作社提供贷款，既提供中短期贷款，也提供用于合作社基础设施建设的长期贷款，还提供用于支持农产品出口的贷款。随着农民合作社实力的不断强大，联邦土地银行和合作银行的股金已经陆续被合作社全部认购，政府股金则相继撤出，成为合作社所有的银行。而联邦中期信用银行的政府股份也全部被合作社的农民社员购买。为体现合作社性质和原则，美国农业合作金融体系无论上层银行还是基层社都不吸收存款，而是通过发行农业信用债券募集资金。生产信贷协会和农业信贷协会都可为农业经营过程中的生产、加工、营销、农业机械等提供资金支持。截至2004年，美国的农业合作信贷体系为美国农业合作社提供了123亿美元的经营性贷款和124亿基础设施贷款。一些研究者指出，政府的"农场信贷合作社系统"提供了对农业生产和农村合作社的外部信贷服务，是促进农业和农村合作组织发展"最安全、最稳定的信贷机构"。

美国政府对合作社在资金方面的直接投入非常有限，但有3个例外：一是通过成立一个援助中心，支持新的合作社发展以吸引更多的外部资金。联邦政府每年给中心拨款25万美元。二是政府提供直接补助、贷款，补贴公共事业合作社，如农村电话合作社、农村电力供应合作社，以促进其发展。美国农业部的农村电气化管理局专门设立了电气化贷款和保证贷款，美国的电气化农场中大约有一半是由农村电力合作社供电，农村电力合作社覆盖了美国的46个州。三是提供贷款担保，通过政府基金对合作社进行贷款担保，最高担保额占合作社贷款的80%，其运作方式是政府与商业银行签合同，再由商业银行与农户签合同。该贷款的适用范围广泛，只要用于合作社成员业务发展即可①。

(4)促进合作社的建立。美国政府明确各级政府有责任帮助那些对合作社感兴趣的农场主群体组建合作组织，其首要任务是让农场主了解合作社是农产品营销和流通的一种可行方式，并推动其对这种经营方式的理解和使用。美国联邦政府设有全国办公室，并通过农村合作社发展赠款计划(RCDG)资助建立了农村合作社发展中心，向农民提供合作社培训服务，帮助筹建指导委员会、开展农民需求调查、进行市场分析、帮助建立合作社的章程和营销协议等法律文件、指导合作社选举理事会成员和培训新会员、帮助合作社制定经营计划、申请贷款、聘请经理，直到合作社正式运营。美国有直接参与对合作社管理活动的政府机构，如农业合作社管理局和联邦农业信贷管理局。农业合作社管理局隶属于农业部，其主要职能是通过调查研究，为农业专业合作组织提供管理咨询，帮助其提高服务质量和经营效率；提供市场信息，帮助合作组织获得较廉价的物资、劳务供应和较好的农产品

①苑鹏，刘凤芹．美国政府在发展农民合作社中的作用及其启示[J]．农业经济问题，2007(9)：103

销售价格；开展教育和培训活动，提高农场主的文化、技术和道德水平；为合作组织提供资金援助，帮助其改善技术和装备水平；向世界广泛介绍美国的合作社情况，促进合作社事业的国际交流与合作。

(5)技术援助。为了促进合作组织的持续发展，政府主要根据合作社的发展需求向合作社免费提供范围广泛的各类技术服务和技术援助，具体包括帮助合作社制定发展战略计划、分析合并或联营的方式、进行投资农产品加工增加业务领域的可行性分析，对合作社运营状况或财务状况分析、编制合作社预算和帮助合作社改进内部治理结构等。此外，政府还与大学、研究机构、私人部门积极开展合作进行合作社研究，目的在于发现合作社解决问题的新方法，并将其应用到对农民面临的其他问题的解决方案中，帮助农场主改善合作社的财务、经营状况，提高合作社的市场营销地位，增加合作社的收入。美国政府在为合作社提供服务中十分强调对农场主的需要、意愿和预期目标的了解和认知。一般而言，政府主要通过对如下7个关键问题的调研和咨询来帮助农场主创建合作组织。这些问题主要是："生产者想做什么"、"生产者想怎样去做"、"生产者想得到什么"、"什么利益最重要"、"生产者如何平衡利益"、"生产者取得成功需要什么"、"什么是'最佳'的组织形式"。

(6)教育和信息。美国政府认为合作教育对于合作社的成功至关重要，强调如果没有长久持续的培训，各类合作社就很难持续发展。政府在合作社培训中的主要工作是编制各种培训资料，并与其他教育机构进行合作，直接为合作社提供培训项目。其培训重点除增强农场主对于合作社原则和实践的理解外，还特别注重提升合作社领导人、雇员以及成员制定商业决策的能力，提高合作社财务、运营能力和市场营销地位。

(7)统计分析。开展合作社统计也是美国政府支持合作社的一项重要内容。美国政府开展合作社统计的目的是通过获取合作社的信息资料、统计分析并向社会发布信息，为合作社公共政策制定提供支持，帮助公众更好地理解合作社的社会经济作用，并为各个合作社提供经营状况的深度分析。合作社可以通过政府的统计分析发现自身的经营状况、优势与劣势，并及时调整发展战略。目前，大约60%的合作社参与了政府的统计，它们都是规模合作社，约占合作社总产出的80%以上①。

---

①苑鹏，刘凤芹．美国政府在发展农民合作社中的作用及其启示[J]．农业经济问题，2007(9)：103-104

【案例41】美国大豆产业协会

总部设在密苏里州圣路易斯市的美国大豆协会(American soybean Association,ASA),1920年在印第安纳州召开的第一届"农业州大豆会议"上宣布成立。协会的主要职能是代表会员农业公司和农场主进行促销、研究和教育活动,以推动美国大豆产业发展。其经营服务活动主要包括:①在全球范围内推广使用大豆和大豆制品;②代表国内外大豆种植业主的利益同美国政府和其他国家进行沟通;③赞助研发活动,开发大豆及其制品的新用途、培育新品种。迄今为止,该协会有会员3.2万名,遍及美国29个州,在海外设立办事处14个,大力推动美国大豆的出口。

自协会成立以来,美国大豆协会就积极为以大学为主体的各类科研机构开展大豆品种改良筹集经费,以便针对不同市场需要生产销售优质大豆品种。同时,协会利用杂志、互联网等方式向农民传递生产、技术、市场行情及产品销售信息,为组织会员提供生产经营信息服务。为影响美国政府的大豆和农业产业政策,美国大豆协会还在华盛顿设有办公室,负责游说国会议员,为农民说话。自1982年在北京设立办事处以来,美国大豆协会先后在中国大陆就开展了各种形式的大豆营销活动。如同中国农业界合作,致力于提高家畜饲养效率和生产能力;举办数以百计的技术研讨会(包括饲养猪、家禽、鱼以及饲料的生产和科学使用)和饲养试验,出版数百种技术资料;专门为中国饲料加工厂举办质量控制、工厂管理和营养学研讨会,与遍布全国的农场和饲料公司合作进行饲料试验,帮助解决牲畜营养学、生产技术和动物健康等问题①。

美国大豆协会对会员收取相当有限的会费,其经费主要由联合大豆基金会(United Soybean Board)提供。联合大豆基金会目前有62名理事均为农民,由农民选举,美国农业部正式任命,代表所有大豆生产州。在州一级,大豆协会理事会和大豆基金会理事会是两块牌子、一套人马。

【案例42】美国West Central合作社②

成立于1993年的West Central合作社,是一个由农民参股设立的开放式农业合作社。目前拥有228个雇员,3 500个农户,主要业务是销售大豆、玉米等农作

①刘志扬. 美国农业新经济[M]. 青岛:青岛出版社,2003:196-197

②韩天富,王彩虹. 美国的大豆产业协会和农业合作社. http://www.farmers.org.cn/ShowContent.asp? ArticleID=965,2008-6-19

物。该合作社由农户选举产生董事会成员，董事会由 11 人组成，其中 9 人由农民选举产生，另外 2 人为任命的独立董事，其中一位是衣阿华州立大学的教授。董事会每月召开一次会议，每年另外召开 3～4 次临时特别会议。该合作社拥有 3 074 名 A 类股东和 84 名 B 类股东：A 类股东主要是农户，每户一股，每一股东需要支付 100 美元的费用，有投票权；B 类股东是非农户，是与合作社有业务往来的贸易公司，不需要支付相关费用，也没有投票权。无论是 A 类股东还是 B 类股东，其回报都是依靠合作社的利润分红。股东能否获得回报取决于两个因素：一是股东在合作社是否有交易量，二是合作社是否有经营剩余，两个条件必须同时具备股东才能获得分红，且分红的比例与股东在合作社的交易量成正比。2004 年，West Central 合作社盈利 480 万美元，其中 150 万美元分给股东（农户）。公司的业务包括销售粮食（大豆和玉米，占盈利额的 56%）、农资销售（7%）、饲料加工（5%）、大豆加工（32%）。

合作社按照市场价格来收购大豆，每天关注芝加哥商品交易所大豆价格信息以及基差（现货价格与期货价格之差）的变化，并在交易所为所销售大豆作套期保值操作，以获取稳定的收益。合作社 60%～70% 的营运资金来自于银行的信贷支持，其中短期贷款通常为 12 个月，长期贷款期限为 7 年；银行每月定期对合作社进行管理检查，并重新核定信贷额度。政府给合作社一定的税收优惠，如对于股东的交易额部分合作社不需交税，而是由股东承担，对于非股东的交易部分则由合作社缴纳收入税和所得税。据 West Central 销售负责人介绍，其大豆销售主要是通过嘉吉、邦吉等大公司间接出口，其中 60% 的交易量来自于股东，40% 的交易量来自于非股东。

【案例 43】北达科他种植者面食食品公司[①]

北达科他种植者面食食品公司是在农村和合作社的发展专家帮助下建立起来的，旨在帮助小麦生产者实现农产品生产价值增值的农业合作社。为了建设合作社生产经营所需要的加工设施，合作社计划向成员筹集 1 200 万美元的产权资本。合作社管理者将每股的原始值定为 0.11 美元/升，每股保证社员可以向加工厂交售 35 升小麦，为此，合作社将购买至少 1 500 股的股份（每股值 3.85 美元）作为小麦生产者加入该合作社的基本条件；作为回报，合作社成员可获得向建成的加工厂凭每一股交售一蒲式耳（约合 35 升）小麦的权利。合作社不要求每个社员购买相

①中国农经信息网. 美国农业合作社的概况、原则和实践[N]. http://www.caein.com/index.asp?xAction=xReadNews&NewsID=10699

同数量的股份，但对所持股份的数量有最高和最低的限制，且规定无论社员所持股份的多少，合作社在选举理事会和决定重大事务都坚持“一人一票”。在这一项目中，总共有1 040名小麦生产者入股1 200万美元，占建设食品加工厂所需投资的30%，平均每位社员投资11 538万美元，合2 297股。

1993年11月，北达科他种植者面食食品公司开始投产使用。该加工厂实际的生产能力为5.43万t，能生产50多种高品质的面食食品，且这些产品都注册了商标，按指定的渠道销售，因而生产经营成效显著。在北达科他种植者面食食品公司，社员预先以市场价的60%向工厂交售小麦，到年底，合作社再将经营收益按产品年销售额减去合作社的经营支出后的剩余返还给社员。其收益剩余主要按社员交售的小麦份额进行分配。按照合同规定，社员必须向合作社交售自己的产品或从其他地方购买相应的产品来交售以履行合同义务。如果社员不能或不愿完成合同中规定的数量，合作社自行购买所缺数量并将此花费记入该社员的账户中，在年底的分红中就可以体现出来。1995年，食品产量达到4.53万t，为仅有2 267人口的卡瑞顿创造了180个就业机会。

6.2 日本农业专业合作组织发展

日本农村专业合作组织是以农业协同组合的形式出现的。农业协同组合是在日本农村市场的商品和资金流通中占有绝对垄断地位的“商社”、“银行”和“保险公司”，它同时还为农民提供各种服务，包括从农民的生产、生活指导到以整个农村地区为对象的各种非盈利服务业务。日本农业协同组合既是代表农民、农村直接利益的社会组织，也是政府农业、农村政策实施和推进的准公共机构[①]。

6.2.1 日本的农业概况

日本位于亚洲东北部，是西太平洋的一个岛国，其领土由北海道、本州、四国、九州4个大岛和许多小岛组成。日本大部分地方为丘陵和山地，全国耕地面积约为487万hm^2，约占国土面积的12.9%，且农村耕地大多比较分散。日本四面临海，海洋渔业相对发达，常年捕鱼量在1 000万t以上，位居世界前列。北海道的函馆和本州的下关是最大的渔业基地。

日本农业基本上是以家庭为单位的小规模经营，主要农作物有水稻、小麦、豆类、薯类等，经济作物有蔬菜、水果、花卉等。日本的农产品自给率很低，大豆、小

①岡部守，章政. 日本农业概论[M]. 北京：中国农业出版社，2004：113

麦、大麦及其他杂粮的自给率不足10%,仅有大米、牛奶和奶制品等少数品种的自给率在70%以上。

在日本农业现代化进程中,农业协同组合发挥了很大的作用。日本农业协同组合是农民联合互助,以发展农业、提高收入为宗旨的合作经济组织,其作用是指导农户有计划地进行生产、为农户提供各种服务并引导农户进入市场。农业协同组合的工作涉及农产品生产、加工、销售等各个环节。根据相关的宣传资料,农业协同组合的主要作用可以概括为:农户自己能办到的事,农业协同组合能为农民办得更好;农户办不到的事,农业协同组合也能为农民办到。农户若是单独靠自己的力量去卖农产品,顶多把农产品卖到小卖店、农贸市场,而农业协同组合则可以帮助农民把产品卖到大城市中的超市,同时农业协同组合还能为农民加工农产品,帮助农民赚到更多的钱。

日本农业协同组合已经深入到日本农民的生产生活,至今仍是在日本农村广泛存在,且影响力巨大的专业合作组织。

6.2.2 日本农业合作组织的发展

早在19世纪70年代,为了改变小规模农副产品出口贸易的不利地位,日本一些地方就自发建立了以销售本地单一农产品,如丝绸、茶叶等为主的专业合作组织,如群马县的养蚕农户自发成立的销售生丝的"碓冰社"(1878)和"甘乐社"(1880)等。1900年,日本政府为解决工农业发展的不平衡性,颁布了《产业组合法》,第一次从法律上承认了农业产业组合,规定农业产业组合的组织目的是提高社员的生产能力、改善家庭经济水平;组织业务是从事社员资金储蓄与生产资金信贷、产品加工销售、购买社员生活所需用品的业务,组织社员共同使用的生产资料①。1906年和1909年,日本政府先后修改《产业组合法》,允许农业产业组合建立地方联合会和中央会,增加对合作组织的低息贷款和财政投资。1910年,农业专业合作组织——农业协同组合中央会和地方联合会成立,具体负责对全国和地方合作组织的组建和指导工作。

1921年,日本政府通过并实行粮食统购统销的米谷法,由农业协同组合担当米谷法的执行机构。为了适应统购统销粮食政策和化肥批量销售的需要,农业协同组合对其流通组织进行了重组,并先后成立了"全国购买组合联合会"(1923)、"农业协同组合中央金融公库"(1924)、"全国销售组合联合会"(1931)以及全国范围内的按各种主要农产品分别建立的全国农业协同组合联合会。

---

①杜吟堂.合作社:农业中的现代企业制度[C].南昌:江西人民出版社,2002:220-221

1925年前后，日本已基本形成包括基层（市、町、村）——县级（都、道、府、县）——全国的三级合作组织体系。

1933年，日本政府制定旨在推动各专业合作组织实现兼营信用、采购供应和销售业务等目标的“产业组合发展五年计划”，以吸引全体农户加入，消灭合作组合空白村。1937年日本发动侵华战争后，农业协同组合之间演变成为国家的统治机构“农业会”，承担战时农产品供给、生产和省会资料配给、吸收农村资金、限制农业劳动力流动等政治控制业务，已完全丧失最初自主经营的性质。

1945年，日本政府直面战争给农村带来的严重灾荒，提出土地改革、土壤改良和组建农业协同组合的3项振兴措施。1947年，日本政府颁布《农业协同组合法》，再次通过法律的形式明确农业协同组合的地位。《农业协同组合法》的宗旨是“促进农民合作组织发展，提高农业生产力和农民在社会经济中的地位，并促进国民经济的发展”。该法强调指出：“农业协同组合是农户自己的组织，非农户只能参加农业协同组合的活动和利用农业协同组合的事业，而不具有表决权、选举权和被选举权”；“农业协同组合的一切活动都应自主进行，不受人和外界的干扰”；农业协同组合是法制化的农户自主合作组织，其“从事的各项经营活动应最大限度地为农户做贡献，不以盈利为目的”等[①]。受其影响，日本农民积极参与并组建农业协同组合，期望能带来经济上的利益和社会地位的提高。从1947年法律颁布到1950年，短短3年之间，日本各地涌现出4 000多个基层农业协同组合。

1956年，日本政府制定《农业整备措施法》，从法律上加强对农业协同组合的保护和援助，使各级农业协同组合在业务经营上逐步趋于稳定。1961年，日本政府公布《农业基本法》和《农业协同组合合并助成法》，规定基层农业协同组合与市、町、村一级的政府机关联合成立农政协议会，从而确立了农业协同组合在农村经济中的领导地位。截至1961年底，日本农业协同组合已由1950年初的4 000多个扩大到12 050个，90%的农户都加入了农业协同组合。由于农业协同组合给农民带来了很多好处，如集中提供购买生产资料（种子、化肥、农药等）服务、降低生产成本、增加农民收入等，农业协同组合一直以很快的速度发展，数量越来越多，规模越来越大。在众多农业协同组合中，不仅有大量直接与农民打交道的基层农业协同组合，同时还涌现出县级农业协同组合和全国性农业协同组合等跨区域农业协同组合。

20世纪70年代，日本农村在整体工业化的带动下也得到了快速发展，农业生

①范三国．国外的农业合作组织——以日本为例[M]．北京：中国社会出版社，2006：4

产的专业化、机械化程度得到显著提高。为了适应农村经济发展的现实需要，大部分农业协同组合增加了保险、信用和指导业务。截至70年代末，农业协同组合已经形成全国范围内一个巨大的网络，覆盖了农村各个角落，几乎所有的农户都参加了农业协同组合。

从20世纪80年代开始，一些农村劳动力开始从农村转移到城市，农村青年劳力逐步减少，农业协同组合面临的经营环境渐趋复杂。为了提高农协的效益，更好地为增加农民收入服务，原来存在的众多基层农业协同组合开始合并重组。1990年，全国基层综合农业协同组合已经由1961年的12 050个减少到3 547个。在农业协同组合数量减少的同时，单个农业协同组合的规模在不断扩大。

近年来，一系列因素致使日本农业面临巨大挑战和危机，如农产品贸易自由度逐步提高，老年人在日本农业就业人口中占的比例较高等，要求日本政府和农业协同组合系统进行改革和创新。农业协同组合积极通过合并重组和经营创新寻找摆脱困境的办法。2003年，日本综合农业协同组合已从1990年的3 547个减少到952个。尽管如此，日本农业协同组织依然在扮演着农民利益代表、政府职能代理和农户经营代理人的三重角色，为日本农村经济的繁荣和现代农业的发展发挥着重要影响①。

6.2.3 日本农业协同组合的服务功能

日本农业协同组合旨在“筹划增进农业生产力和提高农民的经济和社会地位，努力发展国民经济”，为合作农户创造最好的经营条件和舒适的生活环境。日本农业协同组合的服务功能是多方面的，主要可概括为如下6个方面。

(1)为农户成员提供生产、生活资料购买服务。包括为农户统一购买种植业生产所需的种子、农药、肥料等；畜牧业生产所需的饲料、幼畜、兽药等；农机设备、燃料、包装材料等。农业协同组合对大宗生产、生活资料的购买，是从基层到全国的逐级提报订货计划，统一向工厂订货，货到付款。购买的具体过程是：基层农业协同组合首先把农户所需生产资料的品种、规格、数量等信息报给农业协同组合；农业协同组合将统计的信息进行汇总整理，与销售商进行联系协调，统一为有需求的农民购买生产资料，购买发生的费用(运费、保管费等)由农民按照购买量进行分担。这种统一的合作购买活动可以大大降低购买价格，减少中介环节和各项费用，有助于农户增收。不仅如此，农业协同组合还通过有组织地购买生产资料活动来

①范三国. 国外的农业合作组织——以日本为例[M]. 北京：中国社会出版社，2006：1-9

有效地指导农户进行农业生产，如帮助养殖农户确定合理的饲料品种和数量、种植农户正确选择所需的农药等。

(2)为农户成员提供农产品销售服务。农业协同组合的销售服务活动主要集中在大米、蔬菜、水果以及牛肉、猪肉、乳制品等农产品上。其销售服务的活动程序主要是：先将农户生产的农产品集中收购，对其进行品质检查和规格分类，再以共同的品牌或商标统一销售到各种批发市场、超级市场等。农业协同组合组织的合作销售活动通过基层、县级、全国机构的综合协调，可获取更大的范围内农产品流通和市场谈判优势，控制农产品销售的定价权，从而减少农户分散销售的费用和成本，增加农户农业生产经营的收益。随着批发市场的建立，与之有关的农产品挑选、分解、整理、包装、贮存、运输等行业应运而生，农业协同组合为了促进农产品的市场销售修建了不同规模的冷藏库、加工贮存设施。2003年，日本全国农业协同组合中央会决定，在2006年底之前对通过全国农业协同组合上市的肉类和蔬菜等所有农产品编排识别号码，实施"身份"管理制度，即要求各基层农业协同组合对其生产销售的农产品编号，并提供相应产品的名称、产地、生产者、使用过的农药名、使用农药的浓度、使用农药的次数、使用农药的日期以及收获日期、上市日期等具体数据。农业协同组合中央把这些具体数据在网上公布，消费者可以通过上网，清楚地了解和确认农产品的相关信息。这一举措将有助于建立农产品销售品牌，保障农产品质量、品质和生产的安全性。

(3)技术推广和生产服务职能。日本农业协同组合设有专门的培训教育部门，其功能是培养农业技术人员、管理人员和进行科学研究，培育种苗、种畜禽，向农户提供优良品种的种苗和畜禽良种。农业协同组合中有专门的技术指导人员为农民提供技术推广和生产指导服务，帮助农民解决生产经营中遇到的各种问题。这些技术指导人员一般具备良好的理论知识和实践技能，能胜任所负责的指导事业。其服务程序主要是：在农业生产活动进行前，农业协同组合指导人员会调查市场信息，包括种子、生产技术、市场行情、资金等多方面信息，以帮助农民合理编排生产计划，避免农民生产的盲目性；在实际生产活动中，指导人员主要针对农民进行生产技术指导，如介绍有关农作物栽培管理、农作物施肥、家畜饲养等方面的科学技术，向农民传授其他地区的先进经验。农业协同组合的生产指导活动，涉及农业生产活动的产前、产中、产后各个环节，从选择品种、育苗、农田管理、养殖牲畜直至收获产品、加工产品、销售产品的整个过程中，农民都可得到农业协同组合提供的指导。

(4)农产品的加工服务功能。农产品加工可提高初级农产品的附加值。由于各种大型农业机械、农产品加工设施、运输工具、农产品分选设施、贮藏设施、育苗育秧设施、收割机械等农业设施价格较贵，单个农户无力购买，也没有能力进行管理和维修，农业协同组合就采取统一购买大型农业设施作为农业协同组合的共同设施，供成员农户共同使用。农业协同组合向农户提供共同使用的农业设施时不以盈利为目的，实行低收费原则。日本的市场对大米非常挑剔，不同质量等级的大米差价非常大。江别市农业协同组合于 1998 年投资 10 亿日元创立北海道江别市瑞穗馆，并利用其稻米烘干车间和自动识别设备，帮助农户会员解决稻米的风干、筛选和精加工问题，实现了农户会员的稻米生产价值增值。日本消费者对蔬菜和水果的质量也比较重视，如果蔬菜有疤痕或硬伤，一般都不愿意购买，加工厂也往往将其视为不合格产品淘汰。为此，日本许多农业协同组合都建有蔬菜和水果自动筛选车间，如日本的龟田农业协同组合投资建有蔬菜水果自动筛选车间，可对各种蔬菜进行筛选和分类。它们把大葱、马铃薯等都按品质分为几个等级，经过脱水处理、装箱包装后，再用冷藏保鲜车把产品运到各地的市场进行销售。这种加工服务可以大大提高产品的附加值，让农户会员更好地在市场上获利。

(5)信用、保险服务职能。农业协同组合的合作金融机构是日本农村最重要的金融机构，在农民的生产生活中居于重要地位。它以接受会员的存款和提供农业生产、生活贷款为主要业务，也进行转账结算、贴现票据、债务担保等业务。日本农业协同组合合作金融面向农民提供的金融服务主要可分为存款服务、贷款服务、结算服务 3 类。其中存款服务主要包括普通存款、定期存款、结算存款、专项存款、综合存款。结算存款用于农户生产活动方面的账务结算和处理，一般不计利息，结算方式可用异地汇兑、支票转账等；专项存款是用于应付各种特殊需要的农户资金储备，如子女教育存款、医疗专项存款、购置住宅存款等，可引导农民有计划地进行资金运用；综合存款则集各账户的功能于一体，是一种多功能综合账户。贷款服务的种类主要有用支票、期票、汇票等进行信贷的票证性贷款、以一定的财产或土地作为担保条件的抵押性贷款以及结算性贷款。结算性贷款在农业贷款中占有很大的比重。日本农业协同组合的金融机构通过各类金融服务活动把农户的生产、生活活动全面纳入到农业协同组合的合作体系中，成功地解决了农户因生产周期而出现的资金需求，加快了资金周转速度，满足了农户的生产经营需要。农业协同组合还开展各种保险业务，如火灾保险、汽车事故保险、定期生产保险等短期保险及养老、生命、健康、建筑等长期保险。

(6)为农户提供生活和社会服务职能。农业协同组合不仅全面支持农民的生产活动，还深入到农民的生活领域，为农民开展生活方面的服务，包括购买生活用品服务，如食品、日用品、电器等；为农民提供造价较高，不适宜农民单独购买的、合作使用的各类生活设施服务，如发电设施、食品加工设施、体育活动设施、文化娱乐设施等；为农民开展生活咨询服务，如指导农民进行财产管理、给予消费指导、接受农民各方面的咨询，给农民开展各类业务活动等；为农户提供合作医疗服务，主要包括治疗活动和预防活动。治疗活动是指农业协同组合对其成员所患疾病进行的治疗工作，而预防活动是对农业协同组合成员在生病前进行的预防工作，如定期体检、健康教育、事前预防等。农业协同组合合作医疗活动的主体是县级合作医院，其经营不以盈利为目的，主要宗旨是为农民服务。合作医院是农村卫生保健活动的中心，为农民提供基本的医疗卫生服务，传播医药常识，增进农民身心健康。农业协同组合还设有文化中心和生活中心，组织传统节日的庆祝活动，经常举办读书、文艺创作、旅游、体育等活动，并为老人、妇女设立专门的俱乐部。

农业协同组合是连接政府和农民的纽带桥梁。协助政府推行农村基本经济政策是日本农业协同组合的责任和义务。日本政府限制大米的生产，鼓励水田旱作的计划，就是由农协最终落实到每个农户的；政府对农业生产的保护措施，如价格补贴等也是通过农协进行的；先进农业生产技术的推广普及，低息贷款发放，都是通过农协的工作完成的。一些专家指出，日本农协把分散的农户组织起来，置于国家的影响之下，没有农协组织，日本政府的农业政策很难得以在农村实现。

6.2.4　农村合作组织发展的主要类型和组织构架

日本农业协同组合“实际上是日本农村的生产和生活的组织者，是农村社会的支柱。”日本农业协同组合的形式是多种多样的。

从经营业务种类的多少来看，日本农业协同组合分为综合农业协同组合和专业农业协同组合。综合农业协同组合的业务范围包括为农业的产前、产中、产后多个环节开展服务，其服务内容通常包括农业生产指导、供应生产资料、农村借贷、农产品销售、农村卫生事业等方面。而专业农业协同组合则是专门从事一种业务活动的农业协同组合，业务范围一般集中在畜牧业、养殖业、加工业等领域，常见的专业农业协同组合有养鸡专业农业协同组合、养牛专业农业协同组合、加工专业农业协同组合等。专业农业协同组合往往也为农民的某种生产经营活动提供全程服务，如进行生产技术指导、统一购买生产资料、销售产品等。如大分县酪农业协同组合是日本的一个基层农业协同组合，主要以养牛为主，平均每户饲养66.3头牛。它也是综合性农业协同组合，综合从事生产指导业务、购买业务、信用业务、销售业务等，为会员提供全面的服务。

从农民参加农业协同组合时是否交纳股金来看，日本农业协同组合分为出资农业协同组合和非出资农业协同组合。出资农业协同组合要求农民必须向农业协同组合缴纳一定数量的入股资金才可成为农业协同组合的成员；而非出资农业协同组合在农民加入时则不以缴纳入股资金为条件。日本农业协同组合中的大部分都是出资农业协同组合，这些农业协同组合一般实力雄厚，规模较大，从事的业务范围较广。非出资农业协同组合由于没有股金，往往资金实力差、规模较小、业务范围也受到限制，如《农业协同组合法》不允许非出资农业协同组合开展信贷和保险方面的业务。

根据相关法律，日本农民参加农业协同组合必须具备3个条件：在农民辖区范围内居住；在本辖区内有土地；每年参加劳动不少于90 d。具备这3个条件，才可以成为农业协同组合的正式成员，才有代表权和选举权；如果只具备前两个条件，则只能取得准成员资格，没有表决权和选举权。日本法律还规定，非农民成员不能担任农业协同组合的领导职务。

日本农业协同组合的宗旨是"农民需要什么就经营什么，农民需要什么服务就提供什么服务"。日本农业协同组合的口号是"一人为万人，万人为一人"。日本农业协同组合的基层机构深入农村内部，和农民生产、生活紧密联系在一起。农民参加农业协同组合可以享受到农业协同组合为其农业生产提供的产前、产中、产后一条龙的系列服务，如农业协同组合统一为农民购买生产资料、进行生产技术指导、提供信贷资金、销售农产品等，这些活动可降低农民的生产经营成本，并引导农民更好地进入市场，参与农业产业化经营。农民加入农业协同组合后，还可以享受到社会保障、文化、医疗等多方面的生活服务。

就组织构架而言，日本农业协同组合包括3个层次，即市(町、村)级，都(道、府、县)级和全国级。其中市(町、村)级的农业协同组合称为基层农业协同组合，它们面向基层农民的生产和生活直接开展服务，广泛深入底层农村，主要面向农民开展销售、购买、信用、卫生等业务。县级的农业协同组合包括县中央会和各种县联合会，县中央会负责对下属的所有基层农业协同组合进行管理、监督和行政指导，相当于基层农业协同组合的上级领导；而县联合会则是按照业务种类设立的组织，如县信用联合会、县供销联合会、县养殖联合会等，这些组织对基层农业协同组合不具备领导和监督作用，主要是对基层农业协同组合进行业务上的支持和协调。全国级的农业协同组合与县级农业协同组合基本上是对应的，包括以行政指导为中心的农业协同组合全国中央会和以特定业务为中心的各种全国联合会(图6-1)，如从事合作金融事业的农林中央金库、从事供销事业的全国供销联合会等。全国级农业协同组合与县级农业协同组合的区别在于，全国级农业协同组合可以跨越县别之间的界限，从整体上协调各县级农业协同组合之间的关系，同时还可以代表广大农民参与农业政策的制定，它是农业协同组合的最高机构。

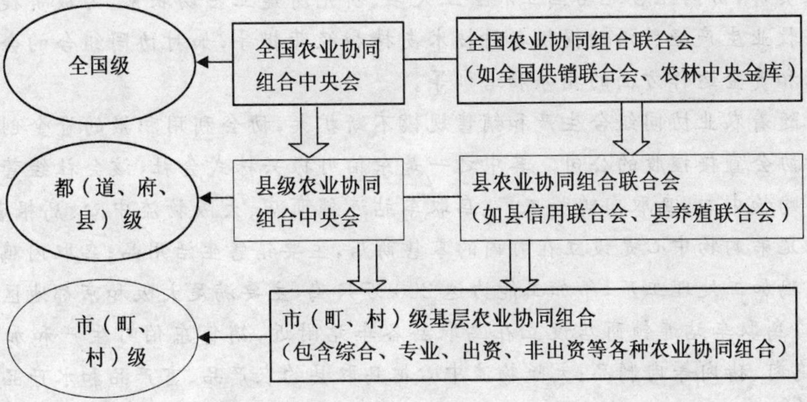

图6-1 日本农业协同组合的组织构架

【案例44】日本鸟取县东伯町农业协同组合①

1947年11月日本颁布《农业协同组织法》后，东伯町农业协同组合就开始创建成立。当时，日本农业协同组合组织规模还非常小，如东伯町的小鸭农业协同组合只有41家农户参加。1965年，日本公布《农业协同组合合并助成法》，鼓励和促进农业协同组合的合并。当时东伯町有八桥、浦安、下乡、上乡和古布庄5个小规模的农业协同组合，受资金和实力的制约，其在组织销售、购买等方面遇到的困难很大。1965年12月，这5个协会通过协商合并成为现在的东伯町农业协会。

东伯町农业协同组合的生产部门包括农业振兴部和畜产部。其中农业振兴部主要为成员农户提供种植业的产前和产后服务，如农业协同组合的育秧中心为农户提供培育出的秧苗和机械化插秧等服务；大米中心为会员提供收割、烘干、脱粒、进库和销售等全程服务；农产品加工部为农户加工农产品，提高农产品价值，如酱菜加工厂收购协会成员的萝卜，制成酱菜，然后直接销往市场；水果部用公司化模式组织农户种植梨，为农户提供技术指导、贮藏、销售等一条龙服务，培育出"二十一世纪梨"等水果品牌。畜产部为农户提供肉鸡、牛肉和猪肉生产，堆肥加工、屠宰、加工、流通、销售等全程服务，如农业协同组合设立的购买部通过对会员提供数据的统计，掌握町内生产资料，包括饲料、化肥、农药等需求数量制定购买计划，并按成员的需要及时提供送货服务。

东伯町农业协同组合的指导部门包括技术指导和经营指导两部分。除自身技

①范三国.国外的农业合作组织——以日本为例[M].北京：中国社会出版社，2006：105-111

术人员外，协同组合还与国立和县立大学、研究所建立密切联系，为成员提供农业和畜牧业生产经营活动提供各种技术支持和经营指导，如对协同组合的会员进行记账和资金运作方面的指导和培训等。

随着农业协同组合生产和销售规模不断扩大，协会利用积累的资金创建了两个由协会直接控股的公司。其中之一是东伯町振兴株式会社，该会社经营项目有兄弟购物中心、鸟取肉鸡加工厂、鸟取车站连锁商店、大阪物流中心、岛根营业所。其中兄弟购物中心是设立在町内的零售商店，主要销售生活用品；鸟取肉鸡加工厂是肉鸡加工处理工厂，年加工能力达 200 万只鸡，主要满足大阪和京都地区的市场需求；鸟取车站连锁商店设立在鸟取县各车站附近，销售东伯町生产和加工的牛肉、鸡肉、猪肉等肉制品；大阪物流中心把鸟取县的农产品、畜产品和水产品配送到日本关西地区的各大超市；岛根营业所为协会成员提供综合服务，包括销售农畜产品、食品、衣服、日用品，买卖房地产以及贷款和保险业务。

东伯町农业协同组合已经实现了肉牛产业的一体化经营，其具体运营方式是：由农业协同组合成员分户养殖肉牛，其余工作由农业协同组合通过一体化经营方式来完成，具体包括种牛的繁育、小牛的生产、架子牛的育肥、屠宰、加工和销售活动。协同组合拥有的与这些活动配套的公共设施和设备包括小牛繁殖中心、小牛哺乳中心、奶牛中心、育肥牛试验场、草场、屠宰加工厂和牛肉销售点等。其中，繁育中心的主要任务是采用人工授精或者胚胎移植等方式快速繁殖优良的黑毛和牛，为农户提供优质的种牛；哺育中心主要是哺育繁殖中心送过来的未断奶的小牛，同时还向牛奶生产农户购买小公牛或杂交牛，把小牛饲养到 9 个月以后，作为架子牛卖给育肥农户或者是育肥试验场；东伯町育肥牛试验场是农业协同组合自营的育肥牛场，共有 6 栋育肥牛舍，这些牛舍都装备了带有电脑控制的自动喂饲机设备；东伯町农业协同组合下属的东伯町食品贩卖株式会社，则负责把牛肉销售到大超市以及该农业协同组合在各地的牛肉直销商店。东伯町农业协同组合在鸟取县内设有 3 家牛肉直销商店，在大阪建有两座畜产品的贮存和转运站，通过转运站向在京都、大阪和神户的牛肉直销商店转运东伯町的牛肉和肉制品。

东伯町农业协同组合的管理机构有总代会、理事会、监事会。其中，最高权力机构是总代会，由各村民小组选举产生的代表组成，具体工作包括讨论和通过协会的年度报告和年度决算；认可新的年度计划和预算；讨论当年的议案；选举和任命协会的行政管理人员。理事会是农业协同组合总代会的常设机构，具体工作是决定协会经营的基本方针，并把具体工作交给农业协同组合长去执行。协会组合长由总代会任命，他的职责是对协会进行具体管理，如同村委会中的村长。监事会的作用是对理事会和协会组合长的工作进行监督。

6.3　印度农村专业合作组织发展

印度的农业合作组织被认为是目前世界上最大的农业合作组织网络。据统计，全印度共有 52.8 万个各种类型的农业合作组织，入社成员 2.29 亿个，总运营资本 285 643 亿卢比（100 印度卢比约合 19.20 元人民币），覆盖全国 100%的村庄、67%的农户①。印度农业合作社主要包括信贷合作社、生产合作社、销售和消费合作社、加工和仓储合作社、供应合作社等多种类型。

6.3.1　印度农村专业合作组织发展简史

20 世纪初期，由于印度农村资金供给持续短缺，各种高利贷活动猖獗，农民生活严重贫困，致使农村地区多次发生社会骚乱。1904 年，印度政府颁布《信贷合作社法》(Cooperative Credit Societies Act)，规定城乡可以组建各类信贷合作社，旨在通过组建信贷合作社的办法以平息民怨，缓解农村地区的局势紧张和资金短缺。1912 年，印度颁布《合作社法》(Cooperative Societies Act)，规定城乡不仅可以建立信贷合作社，还可以建立生产、消费、销售、保险和住宅建设等领域的合作社。1914 年，殖民地政府指派麦克莱根(Maclagan)组织了一个专门委员会，负责对合作社的评估和规划。根据该委员会的建议，政府规定非官方人士和机构可以参与合作社的发展事宜。1919 年，印度制定法令，将合作社发展等事宜移交给各邦政府办理②。

1929—1933 年的世界经济危机，给印度合作社发展带来很大影响。许多合作社不能归还政府的贷款，停止了生产经营活动或者倒闭解散。第二次世界大战期间，伴随着农产品价格抬升、生活必需品匮乏和黑市猖獗，印度消费合作社和销售合作社获得长足发展，农村合作社也得以进入初级农产品加工和小型工业领域，并占据一定的市场份额。印度政府也顺势通过各种政策促进村级合作社经营内容和组织形式多样化。各类村级合作社纷纷将其生产经营业务拓展到果树栽培、荒地开发、畜牧、养鱼、销售、加工和小型工业等领域。

印度独立后，政府采取了一系列措施，使印度农村合作社继续保持较快发展势头。1954 年，全印度农村债务委员会针对信贷合作社的发展，强调国家要加强合

①曹建如. 印度农业合作社的运作模式和支持措施[N]. http://www.shac.gov.cn/fwzx/hwzc/scyhy/200903/t20090306_1205733.htm

②冯开文. 印度农村合作社的发展[J]. 中国农村经济，2007(4)：75-76

作社在农业信贷中的基础地位，引导合作社将信贷与销售、加工相结合，以增加农村基础设施建设的信贷投资，扩大农村合作社的仓储设备；建议政府设立印度国家银行并使其分支机构延伸到广大农村，同合作社的信贷机构建立有机联系；建立为各级合作社培养人才的机构；建立全国农业信贷基金、全国合作社发展基金、全国仓储设备发展基金、农业救济和保障基金等国家基金，为合作社提供各种优惠贷款，从资金上支持合作社的发展。在这些建议的推动下，政府不断增加对农村合作社发展的财政支持，印度合作社的发展规模和经营能力也因此呈现出同步增长的势头。经过多年的发展，印度农村合作社也逐渐形成功能较为齐全、结构比较完整的组织体系。这个体系包括信贷合作社系统、生产合作社系统、销售合作社系统、供应合作社系统、加工合作社系统和支持农业的工业合作社系统，形成了明显的专业化分工。同时，各类合作社的层级结构也基本形成，一般由初级合作社、县合作社和邦合作联社构成，有的合作社还建立其全国性组织。

20 世纪 80 年代以来，印度开始逐渐向市场经济体制转变。随着政府政策的调整，印度合作社在原有基础上出现了一些变化和调整，主要表现在各类合作社开始积极从事农产品生产、加工、销售一体化经营，有的合作社甚至还将产业链条向产前延伸到了供应环节，向农户提供信贷、生产资料等，向产后则延伸到贮藏、加工、运输、销售等领域。如合作糖厂、牛奶合作社、纺织合作社、水果和蔬菜合作社等努力实施一体化经营，不断延伸其产业链、营销链、供应链，逐渐向综合性服务和生产经营转型。

印度农村合作社按照专业分工可分为信贷合作社、销售合作社加工和仓储合作社、牛奶合作社、渔业合作社以及耕种合作社等；从组织结构上可分为基层社、地区合作社、邦合作社和中心合作社 4 个层次。印度合作社的最高机构是印度全国合作社联合会，其成员包括 21 个全国性的专业合作社联合社和 360 个邦级联合社。例如，20 世纪 60 年代，在印度亚兰德（Anand）建立了以一家一户为基础的牛奶合作社（被称为亚兰德模式）。亚兰德模式成功推广后，政府成立了牛奶合作社联合会（Dairy Cooperative Society Union）、牛奶合作中心（District Dairy Cooperative Society Center）和全印度奶业发展局（National Dairy Development Bureau，即全国牛奶合作社的联合机构），形成了比较完整的生产、加工和销售的组织网络①。

2004 年，Verma 在纪念印度合作社百年的文章中写道：“合作社已经遍布整个国家，估计目前全国有 2.3 亿（户）成员。合作社信贷系统已是全世界最大的网

①任大鹏. 印度的农业和农村发展政策［J］. 世界农业，2002(11)：30-32

络，合作社为印度农业领域提供的贷款比商业银行还多。在化肥生产和供销中，印度农民化肥合作社(IFFCO)控制了35%的市场；在糖的生产方面，合作社的市场份额超过了58%；在棉花的购销中，合作社已经拥有了约60%的份额；在手工纺织方面，合作社占有了55%的织布机；合作社加工、购销了50%的食用油；在全印度奶业发展局(NDDB)的领导下，通过15个邦的合作社的牛奶联合购销，牛奶合作社现已成为世界上最大的牛奶生产者，这依赖于一系列的牛奶加工厂、收集站和一个全国牛奶运输网。"①

6.3.2　印度农村合作组织的主要类型

(1)信贷合作社。信贷合作社分为初级农贷社、县合作银行(合作中心银行)和邦合作银行三级。初级农贷社主要分布于农村，服务于农民，最多时占印度农村合作社总数的60%。县合作银行是全县初级农贷社的联合机构，主要业务是向初级农贷社发放贷款，同时作为一般银行开展各种业务。邦合作银行是各级农村信贷合作社的邦级联合社，它从印度储备银行获得贷款，并向县合作银行提供资金。

(2)生产合作社。生产合作社主要有两类，即联合合作社和改良合作社。其中联合合作社(Cooperative Joint Farming)将农户的土地集中起来在形成的统一农业区域中集体耕种，农户社员仍然拥有各自土地的所有权，按照自己的土地和劳动分配经营剩余；改良合作社(Cooperative Better Farming)旨在推广和推介先进的耕作方法和技术，农户社员对其土地具有所有权和支配权，加入合作社时土地并入合作社，退出时土地也可带出，进退自由。生产合作社一般是基层合作社，很少建立县级联合社。

(3)销售和消费合作社。消费合作社则主要为农村居民消费提供服务，它由初级消费合作社、县级合作社、邦消费协会、全国消费协会等层级构成。20世纪80年代初期，印度拥有4 000多个初级销售合作社，380个县级合作销售中心，31个邦合作销售协会和1个全国农业合作销售联合会。兼营消费和销售的合作社则由初级和县级的批发合作社、邦销售与消费协会等不同层级的合作社构成。

(4)加工和仓储合作社。加工合作社通过从事农产品加工提高农产品生产的附加值以增加农户收入。以合作糖厂(Cooperative Sugar Factory)为例，1950年，印度合作糖厂只有一家，1970年发展到73家，1984年增加到165家，占全国糖厂的一半。这些合作糖厂总共由1.6万个甘蔗合作社联合建成，产量318.8万t，占全国糖厂产量的53.9%。合作糖厂有其邦合作糖厂联合会和全国合作糖厂联合

① Verma, S. K. Cooperative Centenary in India, New Sector Magazine, No. 61, April/May, 2004

会，负责协调各方面的关系、提供技术和生产设备、取得许可证、组建新厂并与政府对话。

(5)供应合作社。主要向农民成员提供种子、化肥、农药等生产资料，也向农民成员提供贷款。其中，印度合作农民肥料公司和印度合作农民有限公司是两个巨型合作企业，在印度化肥的生产和供应、销售中举足轻重。前者由26 000个合作社于1975年联合兴办，1984年，其化肥产量达到了183万t，占印度氮肥总产量的13.3%，磷肥总产量的26.4%；后者1980年由683个合作社联合创办，每年生产和供应尿素150万t。

【案例45】印度牛奶合作社①

牛奶合作社为农户提供牛奶的收购、初加工和销售等服务，尤其致力于解决农户销售环节的难题。1983年，印度全国有36 566个牛奶合作社，社员322.1万户，销售牛奶和乳制品38.3亿卢比。合作社建有牛奶加工厂，对牛奶进行消毒和包装，延长牛奶保质期限，既增加了牛奶的附加值，又减少了鲜奶直销给城乡居民造成的损失。

印度县和邦的牛奶供应合作协会以及全国的牛奶合作联合会相继建立，已形成全国性的销售网络和组织能力。以县级牛奶合作社联合会为成员，或覆盖全邦，或跨越数县的地区牛奶合作中心(District Dairy Cooperative Society Center)的数量也在不断增加。这些中心不仅通过牛奶合作社网络从农户手中收集牛奶，进行牛奶和乳制品加工，还积极向市民出售鲜奶，向合作社社员提供技术培训和兽医等技术服务。

2000年，全国奶业生产者已经有900万户。在牛奶合作社的带动下，印度的牛奶生产有了较快的发展，产量从1951年的1 700万t增加到1970年的2 000万t，1985年高达4 230万t。20世纪90年代末，印度已经成为世界第二大牛奶生产国，仅次于美国；21世纪初，印度已成为世界第一大牛奶生产国，每年的牛奶产量达到了8 500万t。印度奶业对国际市场也开始产生重要影响。

6.3.3 印度政府在合作社发展中的作用

在印度农村合作社发展过程中，政府发挥了积极的作用。其作用主要是：

(1)注重法律规范和引导。印度政府先后制定了《信贷合作社法》、《合作社法》等来对农村专业合作社进行规范和引导。法律不仅规范和激励合作社事业参与者

①冯开文.印度农村合作社的发展[J].中国农村经济，2007(4)：77-78

的行为,还为更多的人支持合作社发展提供了途径和保障。

(2)探索政府支持农村合作社发展的良性模式。为推动农村合作社健康持续发展,印度政府成立了包括全印度奶业发展局(National Dairy Development Bureau,NDDB)等一系列的管理机构,提供了各种各样的发展基金,并通过半官方机构以项目实施形式切实帮助合作社发展,以建立相对完整的农村合作社体系。在第一至第六个五年计划期间,政府对农村合作社持续增加资金投入。第一个五年计划投资额为3.4亿卢比,第四个五年计划增至37.6亿卢比,第六个五年计划高达58.4亿卢比。从1962—1963年度到1986—1987年度,印度政府用于合作社的补贴达111.3亿卢比。此外,政府还通过参股的方式,向合作社提供原始资金积累。1954年各邦政府开始参股,到2003年,政府在合作社股金总额中仍占有7.5%的比重。

(3)规范和支持信贷合作社健康发展。印度农村合作社组织体系中的信贷合作社系统始终发挥着非常重要的融资作用。早在20世纪初,印度政府就颁布《信贷合作社法》以扶持信贷合作社的发展。2003年,全国信贷合作社数为13.9万个,占农村合作社总数的27.8%,最多时曾占总数的60%。20世纪50年代,初级农业信贷社为农户提供短期和中期贷款2.3亿卢比,20世纪80年代增加到267.3亿卢比,20世纪90年代达到479亿卢比,占农村信贷的33%。信贷合作社不仅拓宽了农户的融资渠道,而且向农户提供农业技术保证等服务。

(4)重视对农民的合作理念教育。农民的合作意识与参与程度是合作社生存发展的基础。印度合作社非常重视农民合作意识的教育和宣传,通过游说、演讲、刊物和书籍等形式,让农民全面了解合作社的宗旨、原则、目标和服务,使农民认识到合作社可以实现个体农民难以达到的目的,并为全体社员的利益服务,提高了农民对合作社的信赖感,增强了加入合作社的热情。同时,合作社也重视对社员的教育和培训,提倡成人教育和终身学习。建立了比较完整的合作社教育培训网络,有全国合作学院和培训中心、邦级合作学校和培训中心以及区合作学校和培训中心。1985—1987年,合作学院培训了2 946名高级合作社人员。自1997年以来,每年接受教育和培训的社员有120万名左右①。

6.4 荷兰农业专业合作组织

荷兰位于西欧北部,是一个比较典型的人多地少、农业资源贫乏的欧洲小国。

①李亚利,陈自强.印度农村合作社及其对中国的启示[J].安徽农学通报,2008(14):5

荷兰国土面积为4.15万km^2，人口1 550多万，是世界人口密度最大的国家之一。据有关资料统计，荷兰有58%的土地用于农业，其中草场占31%，耕地占23.6%。全国有耕地和牧场199万km^2，人均耕地(1.3亩)与我国基本相当(1.2亩)。荷兰年均降雨750 mm，全年光照时间只有1 600 h(我国平均2 600 h)，光热条件不够理想。但荷兰农业却取得了举世瞩目的成绩，尤其在畜牧业、花卉市场和农产品加工等领域，荷兰的农产品竞争力都位居世界前列。农业专业合作组织对荷兰农业和农村发展发挥了相当重要的作用。荷兰农民收入的60%来自合作社，而主要分享来自于合作社的农产品加工、仓储、运输和销售等环节。

6.4.1　荷兰农业发展的主要特点

荷兰农业发展具有强烈的国际导向。荷兰农业产业经营者看准欧洲和国际市场，充分发挥优越的地理位置，利用阿姆斯特丹、鹿特丹港的海运优势及发达的道路系统和公共运输网络，使荷兰成为欧洲大陆农产品的集散和分销中心。便捷的航运使荷兰生产的鲜切花和蔬菜在两天之内运到欧洲、亚洲及北美等国家和城市。

荷兰盛产鲜花，有“欧洲花园”之称，是全世界最大的花卉供应、交易中心，荷兰园艺业占本国农业总产值的42%，每年出口额达60亿美元。荷兰花卉业之所以能发展到如此高的水平，其中一个主要因素是有一个独特的花卉流通体系。在这个体系中，具有合作社性质的拍卖市场发挥了重要作用。荷兰花卉出口额的80%是由拍卖市场进行的。

荷兰国土面积虽小，却创造了堪称奇迹的农业经济成就，是世界第三大农产品出口国。荷兰的农业经济成就最突出地表现在如下4个方面。

(1)农田作物及园艺生产。荷兰农田作物生产以马铃薯、小麦、甜菜为主。荷兰是世界上最大的马铃薯出口国，其良种输出占国际良种市场的60%以上，销往世界80多个国家。荷兰的园艺产品世界驰名，主要包括蔬菜、水果、花卉、鳞茎和苗木等，其中蔬菜出口居世界第一。荷兰是世界上最大的花卉出口国，花卉出口占国际市场的70%以上，素有“欧洲菜园”、“欧洲花匠”之称。荷兰有近3/4的土地种植鲜切花，尤其是玫瑰和菊花，其一年四季供应不同的鲜切花达5 500多种，不同的盆栽植物2 000多种，庭院植物2 200多种。荷兰每天向世界出口1 700万枝鲜切花和170万盆花，其花卉种球出口到100多个国家和地区，其中球茎贸易占全球贸易额的80%，盆花占50%，鲜切花占60%。据统计，荷兰花卉园艺业占本国农业总产值的40%以上，每年出口鲜切花、球茎和观赏植物平均达60亿美元，其中鲜切花约35亿美元。

(2)畜牧业及渔业。荷兰乳品和肉类生产占农业总产值的6%，是世界上最大的乳品、猪肉出口国。荷兰的牲畜设施、兽医兽药、种畜育种、牲畜饲料和饲喂技术都十分先进。渔业早就实现了机械化，主要运用高效和现代化的拖网捕鱼船队和近海捕鱼船队从事生产。

(3)农产品加工。荷兰农产品加工业处于世界领先地位，其干酪、肉类制品、巧克力、糖果、马铃薯制品和饮料等食品在国际市场上占有很大份额。先进的食品加工技术使得荷兰国内生产的农产品和蔬菜的60%以上经食品和饮料制造业加工成高质量、高附加值的最终产品。目前，食品和饮料加工业的营业额约占荷兰工业总额的30%。

(4)设施农业。为了使有限的土地得到高效的利用，荷兰政府采取了一系列符合国家气候特点和国情的农业发展战略及政策，在7%的耕地上建立起上万公顷的、由计算机自动控制的现代化温室，大力开发适宜温室生产的高产值作物品种，使园艺作物基本上摆脱了自然气候的影响，也使有限的土地产生了可观的经济效益。

荷兰现代农业发展的特点主要是：

(1)农业生产高度集约化。具体表现在高效益的产业结构、高生产力水平及高附加值的农副产品生产上。荷兰地势平坦，降水充足，水淤沙土适宜牧草生长，发展畜牧条件较好。为此，荷兰人减少了大田作物生产而大力发展畜牧业、蔬菜花卉和园艺业，大搞农副产品的加工增值，农业结构中种植业、畜牧业和园艺业分别占40%、54%和6%，其创造的农产品产值比例分别为10%、55%和35%。荷兰得天独厚的自然环境很适宜于牧草生长，同时由于采用了现代化科学和技术，广泛应用机械化、人工授精育种，其畜牧业集约化程度和生产效率高。荷兰乳牛奶产量逐年上升，奶牛的平均产奶量从1970年的4 332 kg上升到1998年的6 890 kg；荷兰奶牛场的平均规模不断扩大，1996年，饲养量大于100头的大型奶牛场有1 612个。荷兰黄油和奶酪的产量分别为国内消费量的3倍和5倍。

(2)农业生产市场化、外向型。荷兰农业的出口率高居世界第一，其人均创汇率也很高。自20世纪90年代以来，荷兰每年农产品净出口值约占世界农产品贸易市场份额的10%，在美、法之后居世界第三位。在1989—1998年的10年里，荷兰每年平均农业的净出口值达到138.07亿美元，按农牧渔业以及涉农部门的就业人数平均，每人创汇超过48 691美元，遥遥领先于世界各国。荷兰既是世界农产品的重要进口国，又是重要的出口国。从进口来看，荷兰是美国农产品在欧盟的最大市场，同时，还是德国、法国、比利时、卢森堡、英国等国农产品的重要进口国，荷兰也是北美、南美不少国家的大市场。从出口来看，荷兰是世界上农产品第二大出口国，欧盟其他各国是其农产品的主要市场。荷兰农业外向型以农产品加工出口创汇增值为其突出特点，围绕农产品加工增值进行大进大出，即大量进口用于食品加工的初级农产品，而大量出口高附加值的加工食品。荷兰农产品的大进大出，除了用以补充国内生产不足部分外，其主要目的在于充分利用世界第一大港——鹿特丹港所占据的“欧洲门户”的转口贸易地位，高度发达的航空、铁路、公路等运输业以及畜牧业发达、加工技术先进等优势，进口价值较低的初级农产品进行加工，使其大大增值，然后将这些高附加值的加工食品出口，从而大幅度提高创汇能力。

(3)农业生产科技含量高。荷兰高度重视先进科学技术在农业产业链中的应用，其完整齐备的科研推广系统、多层次多形式的农牧业教育为荷兰农业现代化提供了先进科学技术和专业人才。为了节省耕地，荷兰大力推行温室农业，利用温室进行农业工厂化生产，该国的蔬菜、花卉、水果等大部分农产品采用温室栽培。温室采用无土栽培方法，室内温度、湿度、光照、施肥、用水、病虫害防治等都用计算机监控，作物产量很高。荷兰还用温室养鱼，不仅产量高，而且节省了大量水面。此外，荷兰农业部门特别注重遗传工程的投资，采取优选本国或适合于本国环境的世界各地的家畜家禽、农作物良种，依靠遗传工程进行改良，生物防病和遗传防病并举，替代对人体有害的各种化学药剂的使用，这不仅取得了显著的经济效益，而且有效地保护了自然生态环境。荷兰由于制定了正确的农业发展战略和政策，重视发展农业教育及农业科技的研究和应用，通过几十年持续向农业的大量投入和大规模的农业基础设施建设，在国际上形成了巨大的农业产业竞争优势。对世界农业生产与农业科技发展做出了举世瞩目的重大贡献①。

6.4.2 荷兰农业合作社发展

荷兰第一个农村专业合作组织出现在林堡省，叫做“卡西诺”(casino)。这个地区性的农民合作组织在1870年建立，目的是共同购买肥料和其他工业投入品，组织互助性的保险，提供推广服务和进行实用性研究。在这个合作组织出现的过程中，当地的牧师、教师等发挥了重要作用。1872年，北荷兰省维灵厄瓦德的农民联合办起第一个乳品厂。

19世纪70年代和80年代发生的农业危机，促使政府支持农业的政策发生了变化。当时的农业政策有两个特点：其一是建立大学、研究所和推广服务体系；其二是推动有共同利益的农户组建专业合作组织。1876年合作社法的实施为各类合作社快速发展创造了条件。1877年，第一个具有法人地位的合作社在泽兰省的阿登布吕赫诞生，取名“威尔伯特赫莱盆·艾亨伯朗”(Welbefrepen Eigenbelang)，

①倪景涛，李建军．荷兰现代农业发展的成功经验及其对我国的启示[J]．学术论坛，2005(10)：74-75

意思是“有福同享”，目的是一起购买肥料、饲料和种子，其创建动因是私人商业出售的工业投入品质次、价高。1886年，第一个合作社性质的黄油厂在弗里斯兰省的瓦尔哈成立；1887年，第一个蔬菜拍卖合作社在北荷兰省的布鲁克建立；1896年，第一个信贷合作银行建立。同年，第一个合作社糖厂在泽兰省的萨斯范亨诞生。J.白伊曼分析说，这些合作社创建虽主要出于经济动机，但不可低估其一起劳动的社会意义和团结精神。许多合作社起名“和谐”、“希望”、“我们的利益”和“美好期望”等就表达出某种强烈的社会诉求。一家名为“美好期望”的乳品合作社的发展理念是：团结增添力量，目光注视未来，工作现在做起。

1890—1930年期间，世界经济迅速发展。荷兰充分利用难得的历史机遇进行农业结构调整，适应商品化农业需要的各类购买和销售合作社相继做大做强，并在这次农业结构调整中发挥了巨大作用。许多基层合作社联手购买肥料、种子和饲料，并逐渐联结成地区性合作社或全国性合作社，在提供工业投入品、销售农产品的同时，开始搞其他辅助性的服务，如质量控制、生产混合饲料等。在20世纪的大多数年份，荷兰各种各样的农产品中，有很大一部分是通过合作社加工和销售的。如黄油在国外的销售就是由荷兰的乳品合作社进行的，该合作社为此专门建立了乳品进出口委员会，同时创办了合作社乳酪厂、合作社炼乳厂和乳品合作银行。1998年，合作社拍卖的花卉和盆栽植物销售额占95%的市场份额；生产的黄油、奶酪分别占市场份额的97%、93%；马铃薯淀粉加工占到100%。

到1990年，各类采购和零售合作社合并为3个协会：Cebeco商业公会（50个成员合作社）、Cehave（22个成员合作社）和Landbowbelang（50个成员合作社）。后两个在2000年融合改组为一个初级合作社。2000年之后，Cebeco商业公会改称Cebeco集团，还有23个成员合作社，并在寻找与其他两个“合作联社”融合重组的可能性①。

6.4.3 荷兰农业合作社的主要类型

荷兰农业合作社组织是为其成员提供服务的企业，其遍及农业的各个环节和领域，无论是种子的培育、饲料肥料的供应、农机具的采购维护，还是农产品的加工、销售，农民都可以通过加入合作社得到解决。各类合作社在农业产前、产中、产后环节对农场主进行全程化服务，并在同类市场的占有率超过50%以上。

荷兰农业合作社的主要业务包括：购买和销售工业投入品；加工和销售农产品

①L.道欧，J.鲍雅朴.荷兰农业的勃兴——农业发展的背景和前景[M].厉为民，檀学文，等，译.北京：中国农业科学技术出版社，2003：125-127

和园艺产品；提供贷款；进行拍卖；其他服务，如保险、签订劳动合同、会计和必要时的帮工。与之相应，可以将荷兰合作社划分为如下5类：

(1)供应合作社。农民通过这类合作社订购种子、肥料、饲料等，全国共有110个这类合作社，分别属于3个中央采购合作社，占有饲料供应的55%和肥料供应的60%。

(2)销售与加工合作社。包括牛奶合作社、甜菜合作社、马铃薯合作社、牲畜和肉类合作社、蛋禽合作社、羊毛合作社等，主要为农户提供农产品的加工和销售服务。如饲养奶牛的农民加入牛奶合作社，把自己生产的牛奶交售给牛奶合作社，合作社把牛奶加工成盒装鲜奶、奶酪、奶粉、奶油等高附加值的奶制品再出售。这类合作社的市场占有率一般都在50%以上，有的达到100%，并且多数在欧、美、亚洲都有自己的销售机构。

(3)拍卖合作社。旨在把易腐的农产品(如水果、蔬菜、鲜花等)的供与需连在一起，用拍卖的方式在最短的时间里交易。拍卖合作社在成交额中扣除一定比例的服务费作为自己的费用。荷兰80%的蔬菜、水果是通过18个水果蔬菜拍卖市场成交的，95%的鲜花是通过7个花卉拍卖市场成交的。在荷兰，农产品的销售是一个完整的体系，拍卖市场在这个体系中扮演了提供商品生产信息、调节市场供需、控制市场进程的重要角色。荷兰温室产品市场分类较明确，比较集中的有花卉拍卖市场、蔬菜拍卖市场、温室作业机具和专用产品市场等。在这些市场中，最有名的是阿尔斯梅尔花卉拍卖市场。

(4)服务合作社。这类合作社各自提供不同的服务，如互助保险公司、联合农机合作社、农产品仓储、救济服务、农业管理辅导等。

(5)信贷合作社。这类合作社由农户出资建立，农户之间提供担保，为农业生产提供信贷服务。最早的农业信贷合作社成立于1896年。荷兰的兰伯合作银行(Robobank)就是由500多家独立的合作信贷组织组成的。

J.白伊曼分析说，荷兰合作社的实质在于诸多农业生产经营者为了同一个经济目标而在一起工作，合作包括成员之间的横向合作和成员与合作组织之间的纵向合作，其经济目标是以尽可能低的价格供应工业投入品、以尽可能高的价格出售产品(包括加工过的)以增加成员们的收入。他分析说，农民建立合作社最重要的经济动机是获得市场权力和达到规模经济。做小生意的农户在同供应商或大客户进行交易时常常存在受剥削的风险，如19世纪的肥料供应商不给农民提供已承诺的优质肥料或要价过高。这一方面是因为市场不透明，农户与供应商和大客户之间存在着信息的不对称；另一方面是因为农民进行农产品生产必须进行专门的投资，且农产品有易于变质的特性。小农户只有通过合作行动才可能改变其不利的市场地位，争取到农资产品购买和农产品销售的定价权，从而把小规模家庭农场的生产经营优势和大规模的加工和零售能力相结合，真正达到所有参与者之间的“共赢”，实现合作社的宗旨——“有福共享”①。

6.4.4 荷兰农业合作社发展面临的挑战

荷兰的农业合作社仅仅是单一目的的合作社，而不像其他许多国家是以多种目的的合作社而闻名。主要原因是，荷兰农民最早开始建立合作社是带有一种直接的经济目标，面向特殊的市场功能。合作社的建立总是针对某一特定的市场，被作为“抵抗力量”的手段和方法。因此，荷兰的农业合作社是高度专业化的单一目的的合作社，荷兰的农民和园艺种植户至少是 3～4 个合作社的成员。

随着竞争的加剧，合作社开始相互兼并，出现了一些大型合作社，有些合作社成为荷兰最大的农业和园艺产品出口商。它们从组织和管理形式上已经和大型企业相差不多。这种现象因此被称为“合作社的企业化”。概括起来讲，荷兰合作社的发展呈现以下趋势。

(1)合作社数量逐渐减少，实力和规模大幅度增强。伴随生产规模化、专业化的发展，荷兰合作社总的趋势是合并、扩大，数量逐渐减少，但合作社的规模实力大幅度增强，市场占有率大幅度上升。荷兰花卉拍卖市场合作社由 1949 年的 18 个减少到 1992 年的 7 个，而市场占有率却由 60％增至 95％；奶类合作社原来有 30 多个，现已大大减少，其中 3 个最大的合作社占有近 80％的市场份额；淀粉用和制种用的马铃薯合作社各 1 个，分别占有 100％和 70％的市场；肉类屠宰和甜菜合作社各 1 个，都占有 40％以上的市场。

(2)开发整合乡村资源，进一步拓展生产经营领域。如利用农户家庭农场场地宽敞、环境优美的特点，对城市居民开展乡村休闲旅游服务，800 户农场组成荷兰乡村旅游合作组织(SVR)，实行会员制，提供收费低廉的乡村休闲旅游服务，城市居民每年交纳 10 欧元成为 SVR 的会员后，便有资格通过网络查询到散落在全国的 800 家农场的具体信息，安排旅游野营计划。目前 SVR 已拥有 14 万会员，仅会费收入每年可达 140 万元，而其运营成本非常低廉，办公场所为一幢普通的乡间别墅，旺季 7 名工作人员，淡季仅 3 名工作人员。

(3)国家农业合作社理事会(NCR)作用日益凸现。在荷兰，合作社全部参加国家农业合作社理事会，理事会作为一个国家级的伞状组织的顶尖，以其拥有众多

---

①L. 道欧，J. 鲍雅朴. 荷兰农业的勃兴——农业发展的背景和前景[M]. 厉为民，檀学文，等，译. 北京：中国农业科学技术出版社，2003：124-125

会员，在政治方面对国家以及欧盟农业政策的制定和实施施加影响，在国家一级和国际上代表合作社社员的利益。由于受欧洲联盟政策特别是共同农业政策的影响，为了在这一层次维护农业合作社的利益，欧盟国家中心合作社组织于1959年成立欧共体农业合作社总会(COGECA)，NCR是该总会的成员，并积极参与该总会的各项活动。NCR有两个组织，即贸易合作社中央协会和工业合作社中央协会。贸易合作社中央协会的合作社从事农业贸易，而工业合作社中央协会的合作社从事农产品的加工。

(4)政府、教会和农业组织依然对农村合作组织发展有重要影响。在荷兰农业专业合作组织发展过程中，政府、教会和农业组织都发挥了重要的作用。首先，自由党政府制定合作社法，规定税收优惠，以鼓励建立农业组织，推动合作社发展。其次，教会，特别是荷兰南部的天主教教会认为合作社是帮助农村居民改变命运的极好途径，因而通过各种形式成为合作社发展的强劲推动力。再者，由基层、地区和全国性的农民协会构成金字塔式的农业组织，通过各种机会和平台总结和传播建立合作社的经济、社会和法律知识，为农业专业合作组织发展提供了知识支持和社会文化氛围。此外，合作组织的内部管理和制度安排也有利于合作社持续健康地发展。成员们经济利益的和谐一致是长期合作的根本基础；合作社的民主决策和依据交易量分配剩余的管理机制是实现成员间公平合作的制度保障。

近年来，超市连锁店的兴起迫使销售合作社实行合作和兼并。比如在乳品业，当乳品零售从街边市场和小店铺转向超级市场，鲜奶工业就必须扩大基地；超市连锁业愿意同为数不多、能够额外提供其他多种商品的供应商做生意，不仅有牛奶，还有甜点、奶酪、冰激凌和早餐食品等。受此影响，荷兰农业合作社的每一个部门都经历了规模扩大和联合兼并的过程。面向未来，各类专业合作社都在不断调整自己的经营战略和组织结构。增加股本、国际化、企业治理结构、成员之间的利益冲突，如成员围绕普通奶和“有机奶”产生的利益冲突等，都给荷兰合作社持续发展带来严峻的挑战，要求其不仅要建立高度灵活、高效率的合作社治理结构，而且要通过社会资本、人力资本和金融资本的集聚来不断强化其市场经营能力。

【案例46】荷兰阿尔斯梅尔花卉拍卖市场[①]

荷兰北荷兰省阿尔斯梅尔(Aalsmeer)自治市，有着“世界花卉之都”的美称。阿尔斯梅尔花卉拍卖市场已有近100年历史，经多次扩建，建筑面积达70多万m^2，约

①千社千品.荷兰阿尔斯梅尔花卉拍卖市场.http://qsqp.chinacoop.gov.cn/web/shouye/news/news_detail.jsp?infoid=104&classid=75

120万个足球场那么大，是世界上最大的花卉拍卖市场之一。1911年，北阿姆斯特丹的花农第一次在阿尔斯梅尔花卉拍卖市场进行了拍卖。当时，大批发商垄断着花卉市场，经常挑起独立的鲜花小种植者之间相互竞争，压价销售。为了改变这种市场交易被动的局面，小种植者逐渐联合起来，提出“一起强大”的口号，利用拍卖方式来保护自己的利益。大批发商要买最好的花，只能通过拍卖市场，并在公开的竞争下提出最好的价格。这一小小的创举开设了一个种植户实现价值增值的新机制。现在，这个拍卖市场平均每天卖出1 500万枝切花和150万盆植物，每年销售35亿枝切花和3.7亿盆植物，年交易额达16亿欧元。荷兰花卉市场不仅是其会员鲜花产品的销售中心，也成为了世界花卉的中介机构，拍卖市场售出的大部分花卉由国内批发商或出口商购买，并通过荷兰高效的拍卖营销体系，在24 h内将拍卖完后的花卉产品运抵全世界80多个国家。

阿尔斯梅尔花卉拍卖市场是由花农建立并经营的，是花农合作社，约有5 000名会员，他们共同拥有这个拍卖市场。花农既是合作社的所有人，也是花卉拍卖市场的供应人，还投资合作社，所以花农有3种身份：所有人、投资人和供应人。作为会员，他们的花卉、植物、苗圃产品必须通过本拍卖市场出售，并提取一定比例的盈利（一般为5%～6%，由全体会员一年一定）交付拍卖中心，用于拍卖市场的维护和拍卖工作人员开支。当天未能卖出的鲜花必须销毁，同时反馈给花农；被销毁的鲜花按最低价格的80%～90%给予补偿。拍卖市场的资金来源主要是从鲜花销售额中提成的佣金，董事们均通过会员选举产生，再由选举产生的董事聘请专业经理管理拍卖市场。

阿尔斯梅尔花卉拍卖市场分为两大部分：拍卖部和购货部。拍卖部设有5个交易拍卖大厅（共计2 000个交易席位、13口电子拍卖大钟）、发货厅和一条约200 m长的空中参观长廊；购货部设有冷藏库、存货库、包装厅和产品质量检验处。所有上市的花卉必须在拍卖的前一天运到拍卖市场，然后通过传送带进入冷藏库里待拍卖。冷藏库和存货库里设有产品质量检验处。拍卖市场的质检师对每一批花卉和植物进行质量检验，并将结果写在发货单上。拍卖市场每周开市5 d，每天清晨6:30开始拍卖，9:30基本收市。在每个交易拍卖大厅设有2、3或4个电子拍卖大钟，每一种产品每天都在同一口拍卖钟下售出，拍卖产品的价格按单株计算，即每一枝花或每一盆植物的单价，由载花推车运至拍卖钟下。商人根据拍卖钟上显示的种植商的姓名、产品名称、数量等信息及电子拍卖钟从高到低显示的价格竞买，只需一揌按钮即可完成交易。拍卖成交后，一切信息立即被输入中心电脑处理，载花推车便退出拍卖厅，在包装厅清点并根据客户的要求包装，然后运到拍卖市场的发货中心装入集装冷藏货车。发货中心设立有海关和植物检疫站。集装冷藏货车以最快的速度运至谢尔伯机场上等待升空的飞机，当天晚上或第二天售出的鲜花或植物就出现在世界各地的花店里。所有的花卉产品中，以玫瑰的交易量最大，其次是郁金香和菊花。电子拍卖钟效率十分高，各拍卖大钟每小时可达成1 500宗交易，即约215 s可成交一宗交易，全部的交易在几个小时之内就可完成。所拍卖的产品并非都要运到拍卖市场交易，拍卖的大宗花卉，只有部分样品在拍卖市场展示，主要是为了避免将大量产品存放在拍卖场，以保证花卉的新鲜。

荷兰拍卖市场为买卖双方提供了良好的服务条件，除拍卖大厅外，还设有临时贮藏室、冷库、包装、运输、检疫、海关、银行、进出口代办处、宾馆等一系列设施，对花卉保鲜、包装、检疫、海关、运输、结算等服务环节实现了一体化和一条龙服务。此外，它还具有市场研究、销售管理、海内外促销等职能，并提供购销信息服务。高效营销体系的形成离不开良好的市场组织，荷兰花卉业批发理事会(半官方)和荷兰花卉产品批发商协会是荷兰花卉批发商的两个重要组织，对市场活动发挥着积极调节作用，有效地保证批发商的利益和市场的有序竞争，及时提供各种商品交易的信息，协助批发商与拍卖场做好有关确定价格、拍卖方式、供应条件、附加费和标准、质量控制等方面的工作。

拍卖市场所形成的规模市场和高效配送系统，为花卉种植者生产的专业化提供了重要的基础支撑。每天的拍卖市场行情就是最好的生产指南，促使花农根据拍卖市场行情及时调整花卉生产。在荷兰，不少种植者只专门生产一种花卉，甚至仅生产一种花卉的一个品种，因此及时准确的市场信息服务是种植者实现生产经营收益的关键所在。进入拍卖市场交易的花卉必须是标准化产品，事先要在实验室经过3个月包括保鲜度、气味、外形等多项质量指标的苛刻测验，一旦发现有质量问题的花卉，立即在现场粉碎销毁，送到垃圾场，不许流出市场。由于拍卖市场实行的是买卖双方直接见面，拍卖过程公开、公平，有利于形成公平合理的价格。拍卖市场作为确定价格的理想场所，成为交换市场行情变化和发布信息的中介机构。世界主要城市的花卉售价都要受这个拍卖市场价格的影响。

荷兰农业实行的是家庭经营，通过合作方式同市场建立稳定的供求关系，可消除农产品卖难的后顾之忧，而且拍卖市场采取的是成交后立即付款的办法，这就保证农民有足够的资金用于再投入。通过成熟的拍卖营销体系，荷兰的鲜花以最快的速度空运到世界各大城市的消费者手中，这不仅使荷兰赢得了“鲜花之国”的美誉，而且也使荷兰花农获得了可观的经济收益。为了保证花卉产业的持续性和花农种植经营的积极性，拍卖合作社每年还根据实际情况确定产品销售最低价，如销售不出去，由拍卖公司按保护价收购，收购费用由风险基金支付，降低了花卉种植者农民的生产经营风险。

第7章　推进农村专业合作组织发展的政策思路

政府是农村专业合作组织发展的重要推进力量。中国目前农村专业合作组织发展总体处于初级阶段，亟须政府制定明确的推进战略，从资金、政策、技术与知识和人力资本培育等多层面给予扶持。政府推进农村专业合作组织发展的根本是提高农村专业合作组织成员自主管理、自主经营的能力。

7.1　政府在农村专业合作组织发展中的作用

中国农村专业合作组织发展虽然是市场经济的产物，却自始至终受到政府的支持和影响。一些有影响的专业合作组织甚至直接由基层政府操办和掌控。政府的支持可能在早期能促进农村专业合作组织的快速成长，但未必有益于专业合作组织的可持续发展。政府推进农村专业合作组织做大做强的根本在于提高其成员自主管理、自主经营的能力。

7.1.1　农村专业合作组织和政府的关系

农村专业合作组织发展和政府的作用一直是合作经济理论关注的焦点之一。从理论的视角来看，农村专业合作组织、政府和涉农企业是中国新农村建设的3种可以相互补充、互动发展的建设性力量。在农村专业合作组织发展过程中，农村专业合作组织和政府、涉农企业之间为了实现各自利益目标而相互促动和依存发展。地方政府通常将农村专业合作组织视为实现区域经济发展的有效组织载体和政策工具，开始利用农村专业合作组织来实现农村产业结构调整、提高农民收入等经济政策目标。农村专业合作社则尽可能地利用政府的特殊组织资源和涉农企业的产业链优势改善其外部经营环境、实现各类服务资源的整合集成和业务能力拓展。

关于政府和专业合作组织关系，研究者和决策者关注的问题主要集中在3个方面，其一是政府是否需要对专业合作组织进行资助和支持；其二是政府应该在哪些方面给予专业合作组织以资助和支持；其三是政府应该采取何种机制来高效地资助和支持农村专业合作持续健康地发展。

关于政府是否需要对农村专业合作组织发展给予资助和支持，苑鹏等一些专家分析说，专业合作组织的反市场性决定了其对国家扶持具有天然的倾向性。政府应加强针对专业合作组织的立法建设、经济扶持政策、公共物品供给等，为农村专业合作组织健康成长营造良好的外部环境，而不是过多地介入农民合作组织的日常经营决策中。在现代市场经济条件下，政府对农村合作经济组织的支持不仅体现在必要的财政资金投入和金融优惠上，更要体现在对合作经济的法律地位的确认和保护，对合作组织发展的理论研究和宣传引导，对合作经济所需人才的培养和造就等诸多方面上[①]。一些专家分析说，中国当前农村专业合作组织发展滞后的重要原因之一是创建成本高。首先，合作组织的申办、注册，机构建立和制度设计都需要成本。其次，合作组织的生产经营和组织运行需要成本，且其提供的服务越多，内部管理的费用就越大。再者，合作组织的生产经营决策和合作行动还需要支付一定的协调成本。集体决策和民主管理是合作组织基本的制度规定，集体决策需要进行充分的沟通和讨论，参与决策的人数越多，耗费的时间和成本就越高。还有，经济合作组织的成员难免有“搭便车”、偷懒，甚至舞弊的动机，这也要求花费一定的成本来建立有效的监督机制。总之，当前中国农村专业合作组织发展多数尚处在低水平运营阶段，资源整合、规模经营能力十分有限，既无法支付必要的运行成本开展合规范的生产经营和民主管理活动，更无法有效履行引领小农户开拓大市场、抗衡企业强势，实现农户增收的责任。中国农村专业合作组织发展迫切需要政府发挥“第一推动力”的作用。

从国际农村专业合作组织发展的经验来看，政府支持对合作社的创建和发展是必不可少的。许多国家的政府都对农村专业合作组织发展的初始运营成本、必要的生产经营基础设施投资和技术培训等给予一定的扶持和资助。但一些专家指出，这种支持也存在潜在的危险。如果(地方)政府将补贴作为控制农村专业合作组织运行的手段，就可能出现合作组织发展目标扭曲的风险。尽管政策的出发点是促成农民专业合作组织与其他经济实体平等竞争，但补贴可能使农村专业合作经济组织比其他经济组织更具有竞争优势，这会造成市场扭曲和不公平竞争。因为政府的资助常常伴随着各种花样的干预和介入，且可能造成逆向激励，使一些专业合作组织成立的动力仅仅只是为了获得赠款或补贴，而不是致力于创立真正的服务于农户的、商业导向性的农户互助组织。一些专家甚至将政府的资助看作是对专业合作组织发展的“死亡之吻”，因为它可能导致这些组织独立性的丧失和商业服务的低效率[②]。为此，他们建议政府应该改进和规范农村专业经济合作组织

①宋茂华.农村专业合作组织理论探索综述.江苏农村经济，2006，11：54-55

②世界银行.中国农民专业协会回顾与政策建议[R].北京：中国农业出版社，2006：63

发展补贴的类型和方法，注意政府支持资金使用的策略性，以避免补贴削弱农村专业合作组织成员筹集资源的动力，影响合作组织持续发展能力的建设。事实上，世界上许多国家虽然采用不同形式的政府补贴支持农村专业合作经济组织，但总体做法是将政府资金支持主要用于扶持农村专业合作组织发展的环境条件建设而不是其商业经营活动，如欧洲各国对筹建专业合作经济组织阶段发生的费用，如信息宣传、培训、市场和可行性研究或会议费用给予补贴，因为农户在专业合作组织成立之前不愿或无力承担相关的费用，或者因为相关的市场费用，如有机食品认证或商标注册费用具有显著的外部性而难以避免他人“搭便车”。

至于政府对专业合作组织的资助和支持方式，许多专家强调应该充分尊重农民的意愿，即使在政府投资项目的实施过程中也要同农村专业合作组织和相关农户进行充分协商和沟通，而不能简单粗暴地采取自上而下的强制模式。目前，中国农村一些地方政府在推进当地合作组织发展过程中，出现了“唯合作社”、“为合作社而合作社”的苗头，个别地方干部甚至为了追求政绩而采取了“走捷径”的做法：不考虑农民意愿，直接由政府出资、出领导创办合作社，使许多农民在不知情或者在强制的情况下成为合作社会员，造成了不良的社会影响，致使农村专业合作经济组织在服务农户和生产经营方面的效率差强人意。为此，世界银行专家分析说，发展专业合作组织是改善农户市场竞争条件的有效手段而非目的，制定发展农村专业合作组织的数量目标，特别是以此作为政绩考核指标会造成基层政府的“非理性冲动”，诱发农村专业合作组织发展的高风险，结果可能是许多合作组织创建的动机不是服务农户而是为了实现政府的考核指标。各级政府应该端正对农村专业合作组织发展的认识，避免对组建合作组织设定数量目标和时间或要求一定比例的农民成为会员，并对政府部门直接帮助创立的专业合作组织尽快制定退出策略和时间表，包括组织领导人（应为专业合作组织会员）培训与培养计划，从民营部门寻找可用资源，以便逐渐把组织的经营和管理权完全交还给农民，保证农村专业合作组织持续健康地运行和发展①。

【案例 47】台湾农村合作组织发展的政策环境

20 世纪 50 年代，台湾就颁布农会暂行办法，规定农村中有关农业性业务统由各乡镇农会经营。台湾地区曾出台“辅导农业合作社、农场改善经营计划”、“辅导合作农场推行合作经营计划”、“辅导合作社、农场加强经营管理计划”等有关方略，以辅导设立各种专业经营性的农业合作组织，提高农民的生产技能和合作水平。

①世界银行．中国农民专业协会回顾与政策建议[R]．北京：中国农业出版社，2006：66-69

1995年以来,台湾"农委会"以专案计划资助"省合作事业管理处"办理训练合作社初选人员,协助改进与扩大业务经营,扩大产销规模,充实运销设施等扶持项目,使台湾农业合作组织得以快速健康发展①。

现如今,台湾的农会、合作社和产销办组织网络发达,功能健全,可在农业生产经营的每个环节、针对农户需要广泛开展农业推广,包括优质品种、生产资料和先进适用技术,组织开展农民教育培训和供销经营等。

7.1.2 政府支持合作组织发展的原则:"少管多促"

关于政府支持农村专业合作组织发展的原则,国务院研究室农村司郭玮司长强调政府要"少管多促",即政府要完善政策,采取各种服务手段,切实帮助农民解决好实际问题,为农村专业合作经济组织发展营造良好的外部环境;同时要遵循市场经济规律,不过多干预,真正让农村专业合作组织成为"民办、民管、民受益"经济合作组织。这就需要政府更新观念,创新思路,转变职能,由传统的自上而下的单向线性的政府管理方式向多元互动的社会治理模式转变,加强政府与农民、农村专业合作经济组织之间的对话和协作,而不能仅仅单向度要求农民和农村专业合作组织做什么,还要听听农民和农村专业合作组织的诉求和期望,与农民和农村专业合作组织携手解决影响农村专业合作组织发展的各类问题,共同促进现代农业发展和新农村建设。

从国外的做法来看,大部分国家和地区对合作社的发展采取不主导、不领导、不干预和给予扶持的管理策略,主要在财政、信贷、税收等方面对合作社采取优惠政策。如德国巴伐利亚州每年拿出约2亿马克用于支持各类农民经济组织。美国19世纪末豁免了合作社的全部赋税,并在其后的半个世纪里,一直给予合作社免税待遇。目前,许多国家的政府对于农民合作组织持支持和鼓励的态度,并且从不同方面给予支持和帮助,具体体现在税收的减免、信贷提供的优惠政策、成立农民合作组织空间的扩大以及立法对农民合作组织的保护等②。

中国农村专业合作组织的发展也离不开政府的积极引导和切实支持。推进农村专业合作组织的发展,关键是政府要提供资金、技术等方面的支持,使农村合作组织不断发展壮大,但政府不能越俎代庖,搞行政性的制度约束③。来自基层的经

①刘艳,王晓光,田东升.借鉴台湾农民合作组织建设,推动合作组织健康有序发展[J].合作经济组织,2007(1):6-7

②高晓巍,左停.国外农民合作组织发展及启示[J].世界农业,200(8):7-9

③代金章.中国农村合作社建立的必然性及其模式构建[J].北方经贸,2007(12):35-38

验表明，农村专业合作组织发展需要政府在关键的时候扶一把、送一程，从根本上解决农民在市场经济发展中的弱势地位问题[①]。问题是这种扶持和支持要适度，否则可能会使一些专业合作组织对政府产生依赖性，严重影响合作组织的发展壮大，如一些农村专业合作组织挂靠在政府的农委、科协农机站、经管站、供销社等职能部门和实体上，致使其陷入生产经营内容由政府规定、困难由政府解决等不良循环，组织自身运作的动力机制难以建立，内在激励机制被弱化，同时也加剧党政部门的事务负担，农民的生产经营权益受到某种程度的侵害。必须弄清楚的是，政府部门具有信息和资源优势，可能擅长于发展规划、政策设计、人才培养和宏观管理，但对各专业合作组织的内部治理机构和发展资源等缺乏了解，因而来自政府部门的具体干涉和直接指导可能产生诸多消极后果，不利于农村专业合作组织规范管理和自主发展机制的建立。中国农村专业合作组织发展中存在的最大问题是各级政府对农村专业合作组织的创建介入过深，致使这些组织的运行过分依赖政府的扶持和政策，一旦政府的机构有所调整、政策导向发生变化，多数农村专业合作组织的发展可能就会受到严重影响，甚至难以为继。因此，中国农村专业合作组织发展面临的最大挑战是政府执政理念的改变和职能转换，使基层政府真正做到"多促少管"，将农村专业合作组织改造成"民办、民管、民受益"农民互助性的生产经营组织。

《农民专业合作社法》明确规定："县级以上各级人民政府应当组织农业行政主管部门和其他有关部门及有关组织，依照本法规定，依据各自职责，对农民专业合作社的建设和发展给予指导、扶持和服务。"这里的指导、扶持和服务必须以不影响农村专业合作组织的自主发展为前提，做到对规范运行的农村专业经济组织不进行具体干涉与直接指导，而是放手让其去自主经营、规范治理和独立发展。这就是说，政府的"指导、扶持和服务"绝不是随意地支配和干预农民专业合作组织的经营和管理，而是要依据法律规定支持和帮助农民专业合作组织的发展，保证农民专业合作组织沿着既符合国家整体利益，也符合农民利益的方向发展，以提高政府服务的效率，保障和维护农民专业合作组织的合法权益。

"支持但不干涉、指导但不代替"可以作为各级政府处理政府和农村专业合作组织之间关系的重要原则。对此，山东、浙江的经验是"政府搭台、能人牵头、农民唱戏"，北京的做法是"导演不自演、扶持不干预、参与不包办、献策不决策、服务不增负"。各地的解读可以有所不同，但其原则底线却是共同的，那就是"多促少管"。

---

①李锦，杨明伟，樊宪雷，等．专业合作经济的有益探索——山东平邑县九间棚村金银花协会调查[J]．中华魂，2006：24

农村合作组织是农民的自我服务性组织，政府应给予一定的优惠政策、资金和技术支持，但只能作为辅助手段，不可将政府的支持当作合作组织生存的根本，否则合作组织虽可以在表面上“发展壮大”，实质上却造成社会财富的浪费，也不可能使组织真正成长[①]。各级政府在具体的推进计划中必须注意赋予农村合作组织充分的自主权，注重其独立运行能力的培养，同时要严禁任何行政领导插手或包办农村专业合作经济组织的事务性工作[②]。当然，各级政府还必须认识到，农村专业合作组织只是解决分散的农业生产经营主体对接大市场问题的重要手段之一，而不能期待农村专业合作组织一下子解决所有的农产品市场和销售问题。政府只能示范和引导农民自行建立合作组织，而不宜通过行政命令强行推广，特别是在中国，最好是将合作组织看成是带有福利和中介性质的、旨在提供公共产品的服务性非盈利组织，政府要给予支持但不要期待过快的回报[③]。

7.1.3 国外政府促进农村专业合作组织发展的主要政策工具

中国农业大学冯开文教授认为，农村专业合作组织首先是农业一体化经营中的一种组织形式，是特殊的企业，它在和其他的企业竞争中处于明显的劣势。按照国际惯例，国家应给予农村专业合作经济组织各种优惠政策，包括财政、税收、金融等，扶持其发展壮大，在此基础上把各类农民专业合作经济组织联合发展成一个“托拉斯”、一个垄断组织，提高其市场竞争能力。事实上，世界上许多国家的政策都重视采用各种政策工具促进农村专业合作组织发展和做大做强。概括起来讲，这些政策工具主要有以下 5 种。

(1)明确相关法律法规，保障农民专业合作组织的权益。通过立法形式确立农村专业合作组织的法律地位，保护并促进合作社的发展，这是各国政府促进农村专业合作组织发展的一个共同策略。1852 年，英国议会通过“工业和节俭协会法”，使合作社作为合法组织最早步入国家的法治轨道。美国虽然于英、法之后兴办合作社，但全美各州却较早就制定了合作社法。1857 年，美国纽约州制定“火险互助合作社法”；1865 年，密歇根州通过“工匠和劳动者合作社法”。1947 年，日本制定“农业协同组合法”，旨在为日本农协的稳定发展提供法律保障。目前，全世界已有 150 多个国家和地区颁布了有关农村专业合作组织的相关法律，其立法形式主要有两种：其一是设立专门的农村合作组织法，包括对所有合作组织都有效的总合作

①冉璐. 农民专业经济合作组织存在的问题及政府介入方式[J]. 农村建设，2007：22-23

②陈彬文. 农村专业合作组织是提升农业科技水平的重要载体[J]. 农村经营管理，2007(9)：119-121

③胡宗山. 农村合作社：理论、现状与问题[J]. 江汉论坛，2007(4)：16-19

组织法和适用于特定合作组织的特殊法规，如美国1926年制定的《合作社销售法》、日本1947年颁布的《农业协同组合法》和德国1898年颁布的《合作社法》。后者经过多次修改、补充和完善，已在德国成为与公司法同等重要的主体法。其二是在其他同类企业法规中制定关于合作组织的专门条款和章节，将合作组织作为同类企业的特殊形式给予特殊规定。尽管立法形式不同，但各国法律都明确将农村专业合作组织定位为一种法人或特定法人，规定其可享受类似于法人的权利和义务，像公司一样拥有可独立支配的法人财产和经营自主权，并应到工商、税务等部门登记注册。一些国家的立法还对合作社法人财产的经营范围和使用方向做出一些限制性规定，明确农业合作社享有"反垄断豁免"。随着经济全球化进程的不断推进，一些国家还针对合作经济组织外部环境的变化及时修订了合作社法。如澳大利亚新南威尔士洲最新修订的合作社法提供了全澳合作法中范围最大的筹集资金途径，包括社员股本、社员入社费、社员贷款、社员的分期付款以及外部借款等。2007年7月1日，《农民专业合作社法》正式颁布实施，该法明确了农村合作社的法律地位，规范了政府和自治组织与合作社的关系，为构建合作社内部组织体系，保护合作社特别是农民社员的合法权益提供的法律保障，必将有力地促进中国农村专业合作组织的蓬勃发展。

(2)创新财税政策，增强农村专业合作组织的竞争。由于农村专业合作组织是一种农户自发结成互助性质的经济组织，能够替代政府为农村地区的社会经济发展提供部分"准公共产品"服务，优化农业生产组织体系，全面提高农业综合生产能力和国际竞争，因此，各国政府大都采用积极的财税政策支持其发展。首先，各国政府都制定了针对农村专业合作组织的减税、低税或免税的优惠税收政策。如美国对农村合作社的纯收入采取单一税原则征税，意大利对农业合作社免缴登记注册税，日本则对农业合作组织征收较低法人税。其次，各国政府都对农民合作社等专业合作组织给予必要的财政资助。如日本政府对"农业协同组合中央会"的事业费给予补贴，德国政府对农业合作社的管理费用进行补贴，法国政府对各种农业合作社创办给予投资津贴，并免除其应缴的工商利润税、营业税和地产税，给予其低息贷款。德国对合作社的管理费用实施补贴，第一年补贴费用总额的60%，第二年为40%，第三年为20%。意大利国有能源部门向合作社提供的农业用油价格比城市低50%，农业用电价格比非农业用电低1/3。此外，发达国家的政府还通过政策财政资金对本国的农民专业合作组织信息服务等基础设施建设提供资助，以期通过先进信息技术手段帮助各类专业合作组织进行更快速准确的决策，有效地参与国际农产品竞争。日本农协进行的获得政府同意的农产品加工项目的厂房、设备所需的投资的50%由政府提供；法国政府对合作社购买的农产品加工和农业机械设备给予一定比例的资金扶持，如布里葡萄酒生产合作社安装酿酒生产线所需380万欧元中的20%由政府无偿资助资助。一些国家的政府还由财政全部或部分垫付农村合作组织发展的初始股本金，对农村专业合作组织组织农民进行的兴修水利、平整土地和农村经济结构调整等符合国家政策导向的集体活动给予资金支持①。

(3)加强技术推广和教育培训，提高农民合作社的人力资本存量和竞争力。为了推进农业现代化，很多国家都把帮助进行技术推广和教育培训视为支持农村合作经济组织发展的一个重要政策工具。法国政府为各类农业合作社提供上千名技术人员进行技术推广和指导，美国政府设立农业合作社处和推广处专门负责农业技术的推广和教育，同时还鼓励职业经理人参与农业合作经济组织的管理和经营。近年来，加拿大政府为了促进本国欠发达农村地区的发展，出台了一系列政策，包括提倡跨部门支持农村发展的《加拿大农村协作伙伴计划》。该计划从1998年开始实施，旨在帮助农民获得政府项目和服务、金融资源和医疗保健，加强基础设施建设以及增加农村青年就业和教育机会。此外，政府还组织专家加强对农村社会经济发展形势的调研，及时提出可行性应对措施，并对协作发展计划的实施情况进行评估和调整。

(4)适时创新经营方式和拓展业务范围，提高农村专业合作组织的盈利能力或自立能力。各国政府促进农村专业合作组织发展壮大的一种重要机制就是鼓励合作组织之间进行跨区域、跨行业的联合和合作。法国政府允许和鼓励农业合作社组织联合建立跨行业机构，美国政府对农村专业合作组织的经营活动给予"反垄断"豁免权，允许农村专业合作组织进行跨区域的组织拓展和跨行业的生产经营，以延长农业产业链，为农民会员获取更多利润。日本的农业协同组合法也鼓励协同组合之间的纵向联合，并通过政策创新不断推动从基层到中央的三级农业协同组合体系和各类供销、保险、金融联合会等的建立。正是通过联合的优势，使日本农业协同组合的经济实力非常雄厚，对日本农业发展起着举足轻重的作用。我国农民专业合作经济组织发展的市场环境已经发生了根本性变化，经济全球化导致跨国公司、国内外工商资本大举进军农业领域、抢占农产品市场，这必然使新兴的农村专业合作组织的发展面临严峻挑战。中国农村专业合作只有不断依据变化的生产经营环境来创新其生产经营方式、拓展其业务范围、提高自身的盈利能力和自立能力才可能发展壮大，而这需要各级不断地为专业合作组织的发展壮大释放更

①财政部财政科学研究所外国财政研究室.支持新型农村合作经济组织的财税政策研究[R].经济研究参考,2008(7):49-50

大的制度空间，让其根据市场情况、协会的能力和会员的发展目标来持续不断地拓展业务范围，通过组织兼并和生产经营规模扩展来发展壮大。

(5)整合政府各部门资源，建立合作社公共服务平台。美国政府扶持农村专业合作组织的核心工作是提供各种服务，以强化合作组织的市场竞争力，具体包括提高农场主和农户对合作社原则的认识、增强社员的合作意识、改善合作社的财务管理和市场营销能力、提升合作组织人力资源价值、缓解资金供给不足，以及协助制定合作社发展战略等。其推进农村专业合作组织发展的政策思路是，加强合作组织成员自我管理其组织的技能，并将其视为农村专业合作经济组织取得成功的关键。他们认为，即使具备良好的政策环境，合作组织要成功发展还需得到诸如商业计划、市场分析和管理技能等方面的培训和技术支持。农民最大的需求之一是提高他们对专业合作组织和市场的理解和适应能力。因此，政府有责任加大对合作组织成员的培训力度，具体包括对专业合作组织的治理和管理、合作组织运营的经济理论(生产和价格决策)以及商业和领导能力等，以及提供战略性商业计划和发展计划制定方面的培训和支持，以帮助其获得在快速变化的市场环境中成功运行合作组织所需的知识与技能。当然，政府不一定是提供这些服务的最合格机构，它还应尽可能从政府以外的渠道寻找提供专业咨询和技术援助的机构。研究机构、大学、非政府组织和民营机构以及个人比政府雇员更擅长提供这类服务，而且能取得更高的成本效益①。

【案例48】上海市农商行建立农民专业合作社“贷款风险补偿资金”②

为解决农民专业合作社的融资难题，上海农商行积极开“渠”引“水”，与市农委于2006年5月签订“融资合作备忘录”，合作建立“贷款风险补偿资金”机制：由市财政对农商行发放的部分农民专业合作社贷款安排专项资金500万元予以贴息，以降低农商行对各区县农委推荐的农民专业合作社贷款的风险。

2007年，上海农商行与上海市农委、上海市财政局及中国投资担保有限公司上海分公司共同磋商，制订出中投保项下农民专业合作社的贷款模式，即由上海市农委推荐、上海农商行操作、市财政指定中投保上海分公司提供担保的便捷融资模式。具体规定由农民专业合作社先向所在区(县)农委提出申请，区(县)农委汇总后会同区(县)财政局初审后将符合条件的农民专业合作社上报市农委和市财政局，经审核确认后推荐给上海农商行；上海农商行安排各支行的经办信贷员逐户摸

①世界银行.中国农民专业协会回顾与政策建议[R].北京：中国农业出版社，2006：66-69

②徐欣伟.开“渠”引“水”架金桥[J].中国农村信用合作，2007(12)：41

底调查，对有融资需求的农民专业合作社发放贷款申请资料；农民专业合作社按要求填写贷款申请，提交上海农商行当地支行；经办行按贷款审查要求审核贷款；上海农商行完成审核后按规定在10个工作日内向中投保上海分公司提供贷款企业名单、基本状况及其他审查资料，并提交企业委托担保承诺书和保证合同；中投保上海分公司对上海农商行推荐的借款专业合作社按规定程序审核，并在10个工作日内将意见返回上海农商行；上海农商行向获得中投保上海分公司担保审批的农民专业合作社发放贷款。由中投保上海分公司以市财政2 000万元担保资金的5倍为限，对上海农商行发放的农民专业合作社贷款提供95%担保，并承担相应风险责任；上海农商行承担5%信用贷款风险责任。农商行对单户农民专业合作社的贷款金额以不超过申请单位的注册资金为限，原则上单笔不超过50万元，期限一般不超过1年，最长不超过2年。

农民专业合作社已成为上海农商行贷款扶持的重点，截至2007年9月末，他们已批准农民专业合作社贷款103户，累计批准金额11 773万元，发放金额11 443万元，日均贷款余额近6 000万元。其中，中投保项下农民专业合作社贷款共9户，金额440万元。另有13户已提交中投保审批，预期总发放金额将达到1 510万元。

【案例49】江苏昆山发展农村专业合作组织的政策举措①

财政奖励。对农村富民合作社和社区股份合作社，凡缴纳的房产契税、租赁资产房产税、营业税、城建税、印花税、集体所得税和个人所得税等税种及市场调节基金、粮食风险基金、人民教育基金等基金，属地方实得部分全额返回奖励给富民合作社。奖励返回年限从合作社投资见效起3年期限(新政策再延长5年)。

规费减免。富民合作社在工商登记时，工商局只收取工商企业查询费和注册费。项目报建时属建设局、规划局、国土局和人防办向建设单位收取的规费实行零收费。图审费按70%标准收取，墙改费按50%标准收取，其他部门在行使管理职能中涉及收费的，只收取工本费。

土地使用政策。富民合作社所占用的集体土地，原则上由市农办、国土、规划等部门按昆办发(2003)38号文件确定的村级预留地，优先供应，但必须实行有偿使用。根据土地用途不同，上缴集体租金每年每平方米4～8元。国土局对富民合作社所占用的集体土地不再收取土地管理费。

---

①时红秀，张青.昆山的三种农民合作社——新农村建设的一个案例研究[J].国家行政学院院报，2007(1):78-81

分红奖励。富民合作社实行一年一次红利分配、年终结算兑付。凡满50户以上的富民合作社，财政部门可按实际分配红利额给予20％奖励，其中市财政奖励10％，镇财政奖励10％，经审核后与税收奖励政策一并兑现。2005年，昆山上述3种合作社入社农户平均增收1 700元，人均增收570元。其中：全市80家富民合作社实现收入9 755万元，上缴各种税金986万元，财政奖励710万元，社员分红2 500万元，分红奖励460万元；24家社区股份合作社分配红利562万元，平均每股104元；10家土地股份合作社实际分红207万元，平均每亩428元。

【案例50】山东宁津县规范管理农村专业合作组织“一二三四五六”①

山东省宁津县为了加强农民合作组织规范化管理，总结出一套简便易懂、容易记、好操作的“一二三四五六”的要求，即：“一章”、“二证”、“三册”、“四制”、“五项原则”、“六个到位”。“一章”，是合作组织要有自己的章程；“二证”，是社员有社员证、股权证；“三册”，是建立社员登记册、股金登记册和交易记录册；“四制”，是建立民主管理制度、财务管理制度、岗位责任制度和收益分配制度；“五项原则”，是坚持合作制原则、自愿自主原则、民主管理原则、服务为宗旨原则和按交易量分配原则；“六个到位”，是要求做到人员、场所、必要的设备、股份基金、经营实体和服务内容到位。

合作社所募集的股金，主要用于维持合作社日常运转，为入社社员提供服务以及合作社的生产经营；年底根据生产经营情况，将盈利的15％作为合作社公积金存入公共账户；15％作为公益金；其余40％按社员与合作社发生的业务交易量进行返还分配，30％按股份分红。将公积金主体人格化，确立归属感。这种财产权利不能出售或转让，只有社员退社时，合作社在一定期限内偿还，体现完整的产权。股金分红实行“一社两制”。按股分红的比例一般应掌握在高于银行同期利率、低于按交易量返还之间。身份股分红率应低一些，以同期银行存款利率进行分配。投资股分红率应高于身份股，使投资者感到物有所值，有利于合作社的资本筹措。合作社按惠顾额返还，再提取，并记在社员个人名下，这样形成的积累就可以完全分割，更有利于提高社员的热情，增强合作社的凝聚力，更能吸引新成员入社。产权要明晰化，特别是剩余控制权和剩余享益权要落实到农户手中，在农户看来，实际的财产支配权比名义的财产所有权更能激发他们入社的热情。

---

①何安华．我国农村合作社的产权和利益分配问题探讨[J]．安徽农学通报，2007，13(18)：5-6

7.2 农村专业合作组织发展中存在的主要问题

中国农村专业合作组织产生于20世纪80年代，起步于90年代，规范发展的时间很短。目前虽然发展速度较快，但从总体上看，依然表现为“小、散、弱”。“小”就是规模小，会员少；“散”，就是起步晚，准备不充分，管理制度不健全，利益机制不完善，组织结构还不够严密，会员的责、权、利不够明确，内部管理比较松散，联接农户的形式缺乏多样性；“弱”，就是行业联合度低，经济实力不强，服务水平不高，缺乏自身经济实力，缺少严格意义上的经济纽带①，其对农业、农村经济发展起到的带动作用尚未充分发挥出来。

7.2.1 农村专业合作组织发展的总体状况

(1)覆盖面小，组织层级低。据农业部门提供的统计数据，我国目前有专业合作组织的村仅占同期村民委员会总数的22%左右，参加合作组织的农户仅占乡村农户总数的9.8%。从组织数量看，全国平均每4个村不到1个，有的县尚处于空白状态。与之相比较，美国每个农户平均参加2.6个合作社；法国、荷兰90%的农民参加农业合作社；丹麦98%的农民都是农业合作社社员，每个农户平均参加3.6个合作社；日本、韩国、澳大利亚、新西兰参加农业合作社的农民也达到90%以上；巴西、智利80%左右的农户加入了合作社；印度、孟加拉、斯里兰卡、泰国等亚洲国家入社农民占30%～60%；非洲一些国家，如肯尼亚、坦桑尼亚、乌干达等入社农民也占10%～30%②。据中国农业科学院农业经济与发展研究所吕新业、卢向虎课题组的调查，目前中国的专业合作组织一般都局限于一个村或一个乡范围内的几十户农户，而跨村、乡、县乃至跨省的合作组织还不多见③。不论从全球农业经济竞争角度还是国际农村专业合作组织的规模和资源整合能力来看，这种小覆盖、低层级的农村专业合作组织发展的状况远远不能满足农户适应现代农业发展、大规模开展农业生产经营的现实需要。

(2)服务水平低，实力不强。目前中国不少农村专业合作组织尚处于发展初期，资本、技术、人才相当缺乏，其对农户的服务主要是提供一般性的信息、技术咨询和农资购买、初级农产品销售服务，其组织农民抵御市场风险的能力较弱，能够

---

①杨丕春. 元谋县农村专业技术协会发展浅析[J]. 中国果菜，2007(2)：47-49

②韩俊. 中国农民专业合作社调查[M]. 上海：上海远东出版社，2007：10-11

③吕新业，卢向虎. 新形势下农民专业合作组织研究[M]. 北京：中国农业出版社，2008：66-68

提供资金、信用、担保、研发、大规模销售网络、全方位信息等高端服务的合作组织非常少，远不能满足乡村经济发展和农民增收致富的现实需要。就技术服务而言，多数农村专业合作组织依然依靠当地政府农业推广部门来获取技术和信息资源，自有技术和信息缺乏，其所拥有的社会资本还无法从科研院所和涉农企业获取高科技含量的技术资源。农村专业合作组织的领导集体多数缺乏懂技术、会管理、市场开拓能力强的企业家，这在很大程度上制约了专业合作组织的创新和发展，也制约了农村专业合作组织服务水平的提升和优化①。多数农村专业合作组织无力向农户推广新品种、新技术，农户对其接受程度不高，而且缺乏具有专业水准的营销人员和成熟的、较稳固的销售网络。与之相比较，发达国家从市场经济竞争服务中发展起来的众多农村专业合作组织，不仅有能力为农民的生产经营活动提供投入品、营销、技术、信息和资金等方面的服务和支持，而且有实力从整体上在提高农业竞争力、延长产业链和提升增加农产品附加值，促进农业的品牌化经营方面为农户提供价值创造的高端增值服务。

农村专业合作组织服务水平低、能力弱还表现在其资本积累和资金运营方面。根据国务院农村发展中心对财政部门支持的农村专业合作组织进行调查所取得的数据分析：农村专业合作组织注册资本在1万～5万元的最多，占有统计数据的44.02%；实有资产规模在10万～50万元占有统计数据的33.9%；有1/4的合作组织的总资产在10万～50万元，占24.72%；50万～100万元和100万～150万元的各占12.74%。单个组织的净资产50万～100万元和100万～150万元的，分别占15.73%和11.24%。这些被调查的合作组织在2004年度营运资金情况是，单个组织资金额度较多集中在10万～50万元，占有统计数据组织数的37.74%；10万元以下的和50万～100万元的分别占31.13%和12.26%；100万元以上的不多，1 000万元以上的仅有3家。约一半的组织有公共积累，每家组织平均为23.49万元，大部分组织的公共积累在5万元以下②。某项针对万州区8家农民专业经济合作组织的调查显示，注册资金最高为80 000元，最低的只有3 000元。资本积累和运营的情况决定着农村专业经济合作组织的综合实力和生产经营服务能力。中国农村专业合作组织资本积累不足，且多数很难从银行或信用合作社贷到款，这不仅使多数专业合作组织难以扩大经营和服务范围，甚至连基本的生产经营活动也难以维持。

(3)内部治理结构不合理，运作不够规范。绝大多数成员与组织之间的利益关

①王玉玲.发展农村专业合作经济组织存在的问题及建议[J].科教市场，179

②韩俊.中国农民专业合作社调查[R].上海：上海远东出版社，2007：192

系不紧密，成员归属感不强，没有建立完善的成员参与机制。多数农村专业合作组织门槛低，几乎不缴纳会费和年费；几乎有半数的农村专业合作组织不会经常性召开会员大会，除核心成员外，多数组织的一般成员较少参加组织的管理和经营活动，也很少有机会享受合作组织提供的各种生产经营服务，甚至一些组织早已是名存实亡，不能履行合作组织的基本职能；多数合作组织管理制度不健全，财务账目缺乏公开性或根本就没有财务账目，运作和管理随意性较大。一些合作组织的章程制定不规范，有的虽有章程但不按章程办事。大多数农村专业合作组织虽设有相互制衡的会员(社员)代表大会、理事会、监事会等形式机构，但这些制度缺乏可操作性，尤其是由于缺乏明确的利益分配和责任追究制度，加上合作组织成员民主管理意识淡薄，参与生产经营决策的积极性不高，结果在实际运行中往往是由会长(社长)执掌组织管理大权，农村专业合作组织的生产经营决策权、剩余分配权容易为个别大户所操控，合作组织的理事会、监事会长期处于虚置状态①。由于民主监督机制不健全和决策机制的不平衡，一些合作组织未能将合作社的盈余按照社员与合作社的交易额比例进行返还，即使能够返还也只占利润的一小部分；还有不少专业合作社都将绝大部分盈余用于股金分红，结果使专业合作组织的农户成员的利益得不到有效保护。

(4)带动力不强。中国农村专业合作组织多数组织规模很小，实力弱，合作组织覆盖的地域范围较小，其成员基本上是本村本乡农民，其组织化、规模化、产业化程度远远不够，且其合作内容局限于技术、信息、生产资料采购、初级农产品销售等服务方面，真正能提高农产品附加值、提高农业经济效益的农产品精深加工、销售等合作内容很少，这就决定其对农村社会经济发展的带动能力相当有限。一些农村专业合作组织甚至是有组织而无活动，农户成员几乎没有从合作组织得到任何的生产经营服务或盈利返还和股金分红。就农业部统计的15万个农民专业合作社来看，平均每个组织的成员为157个左右。据农业部经管司统计，2004年，全国农民专业合作社为成员和周边的农户代销农产品总量为2亿t以上，代购化肥、农药、饲料、农膜等生产资料近1亿t，如果平摊到成员头上，数量非常少。调查表明，合作社经营服务盈余187亿元，其中19%的盈余约36亿元返还成员，26%的盈余近50亿用于股金分红，平均每个成员获得盈余返还和股金分红收入364元，数量也不多②。

(5)区域和行业发展不平衡。我国农民合作经济组织的发展既表现出区域间

①冉璐.农民专业经济合作组织存在的问题及政府介入方式[J].农村建设，2007:22-23

②韩俊.中国农民专业合作社调查[R].上海:上海远东出版社，2007:193-194

的不平衡性，也表现出产业间的不平衡性。据农业部统计，到 2005 年底，我国农民合作经济组织已发展到 15 个，参加农户 2 363 万户，占农户总户数的 9.8%。从发展规模看，不到农户总数的 10%，覆盖率不高。从区域分布看，发达地区快于欠发达地区。从产业分布看，主要分布在种植业、养殖业、加工业、运输业和其他，其中从事种植业生产经营的占 47.6%，畜牧业占 24.7%，渔业占 5.1%，农业服务业占 4.1%，其他行业占 18.5%。种植业内部又可分为粮食、蔬菜、水果和特产，其中粮食为 30%，蔬菜为 60%，其他为 10%；在养殖业内部又可分为奶牛业、肉牛业、养禽业和养猪业。从专业合作组织服务的性质来看，从事产加销综合服务的专业合作社为 34.3%，而以加工服务为主的仅占 5.5%，仓储运销服务的占 11.4%。中国农村专业合作组织多数仍停留在初级农产品的生产上，其业务拓展和增值的空间很大，农户在流通中建立的合作组织覆盖面总体偏小。按照农业部估算，全国农村流通专业合作组织不到 20 万个，带动农户 4 000 多万，不到全国农户的 30%[①]。

【案例 51】五通桥区花卉和林木种植协会及其有限责任公司[②]

四川五通桥区花卉和林木种植协会经过 4 年努力，为社员带来经济利益。该协会与花卉批发商建立了稳定的合作关系，协会近 3/4 的产品直接销售给批发商，交易便捷、付款及时。然而，单笔交易额低导致单位交易成本过高和利润相对较低。协会看到地方政府和房地产商的大型绿化项目招标是一个前景看好的商业机会，可能提供大宗交易和赚取更高商业利润。但花卉协会是一个在当地科委注册的民间团体，没有同绿化项目签订商业合同的法人资格。因此，2002 年 11 月，协会成立五通桥区花卉和林木有限责任公司，注册资金 30 万元。2003 年，公司签订超过 2 000 万元的绿化合同。

五通桥公司的宣传资料称花卉和林木种植协会拥有该公司，但协会不能签订商业合同的法律限制同样意味着协会不能合法地拥有该公司。公司由协会的理事长和两名副理事长以及两名外部投资商创办，同协会之间没有正式的法律或财务关系。协会理事长同时也是公司的理事长表示，成立公司的目的是为了代表协会并为会员服务，公司本质上是属于协会的。

7.2.2　影响农村专业合作组织发展的深层原因

(1)政府支持不当或错位，运作模式单一。在过去的 10 多年，政府农业、农村

①周祥，徐万彬. 农村流通现代化的路径：大力发展农村合作组织商场现代化，2007(8)：3-4

②世界银行. 中国农民专业协会回顾与政策建议[R]. 北京：中国农业出版社，2006：33-34

发展的重点是"龙头企业"的培育和扶持，而对代表农民经济利益诉求的农村专业合作经济组织的作用认识不足，结果使政府在推进农技站、供销社等七站八所一社的体制改革时，也没有将其与农村专业合作组织建设性作用联系起来，致使许多投资建设项目和政策措施对农村经济发展和农民增收影响有限。近些年，政府对农村专业合作组织的支持不断增加。2005 年，为支持农村专业合作组织，国家财政部和农业部分别拨款 8 000 万元和 2 000 万元。省一级的财政局总共拨款 1.4 亿元用于在 2005 年支持成立 600 个示范性农民组织，而 2004 年仅拨款 6 700 万元[①]。政府支持的确促进了农村专业合作组织的快速发展，但也对农村专业合作组织发展壮大产生了负面影响，致使一些专业合作组织行政色彩较浓，内部运行机制不健全，组织发展的内在动力和自主能力弱。调查表明，许多农村专业合作组织成立的动因来自于政府和地方企业；相当部分农村专业合作组织的发展具有明显的政府推动和控制的特征。如四川井研县乡党委和政府为促进当地农村专业合作组织发展，直接派干部到农村合作组织任职，要求农业、畜牧、林业、水利、工商、质监、科技等部门落实专人到猪业、兔业、水产等行业合作社担任监事，对合作社进行全程指导和监管。该县 16 个桑蚕协会负责人中都由政府官员，水利局局长、水产局副局长分别担任慧群水产协会的名誉监事长和监事长；县乡党委和政府主管领导也直接参与，并在部分合作社担任名誉理事长、副理事长、监事长等职务[②]。政府的过度介入不仅影响了合作组织内部管理制度的完善和运行机制的建立，而且可能扭曲合作组织发展的价值理念和目标使命，无法实现农村专业合作组织又好又快、做大做强的预期目标。

需要特别指出的是，国家的许多兴农、惠农，包括推进合作组织发展的政策未能产生预期效应的根本原因在于政策的运作单纯采取自上而下的拨款、项目和工程供给模式，很少考虑农民的生产经营需要和组织发展诉求[③]。虽然自 2006 年《农民专业合作社法》出台之后，各级政府鼓励农村专业合作组织发展的政策文件越来越多，但迄今为止还没有一个明确的、关于合作组织或协会运作的制度框架，结果是包括农业部、民政部、国家工商总局、科协、供销总社、妇联和扶贫基金会等在内的许多政府部门或事业单位都加入到对农村专业合作组织的推进和支持工作中，但由于各部门之间缺乏沟通和协调，无法做到资源整合和服务统筹，整体推进效率低。特别是农村专业合作组织发展迫切需要解决的许多瓶颈问题还未能进入

①世界银行. 中国农民专业协会回顾与政策建议[R]. 北京：中国农业出版社，2006：36

②韩俊. 中国农民专业合作社调查[R]. 上海：上海远东出版社，2007：194-195

③杨丽艳. 国外农民合作社发展模式与经验借鉴[J]. 现代农业科技，2007(13)：230-232

政府的政策议程之中，如农村合作金融服务的问题、合作组织管理人才或企业家培养的问题、对农村专业合作组织的能力建设提供知识培训和咨询支持的责任机制的建设等。

(2)专业合作组织发展的内生力量不足。由于社会经济历史原因，目前中国专业合作组织发展普遍面临人力资本、金融资本、技术和商业资源稀缺等问题，结果导致农村专业合作组织发展内生力量严重不足，生产经营服务或过度依赖政府部门、龙头企业和少数的乡村精英，其发展的持续性面临许多不确定性。政府部门、龙头企业和乡村精英牵头创建农村专业合作组织，虽在发展的起步阶段有助于合作组织获得比较稳定的产品销售渠道，并使其发展的初期成本降低，以高起点快速发展，但多数农村专业合作组织由于缺乏长期的战略规划和必要的运营管理指导，仅仅满足于对农户成员开展低层次的生产经营服务，而不注意发展资源的整合和社会资本的积累，不注意自我发展机制的构建和自我发展能力的培养，致使合作组织的生产经营服务和决策活动过分依赖政府部门、龙头企业和少数的乡村精英，从而引发农村专业合作组织健康持续发展的危机，导致大量侵害多数农户成员利益、扭曲合作组织发展目标的行为发生。许多农村专业合作组织之所以昙花一现，未能做大做强，形成较强的生产经营服务能力，其原因就在于此。

(3)产权不清影响合作社的持续发展。清晰的产权结构和产权归属是明确产权主体权利责任，建立规范的治理机制和内部管理制度的基础，也是激发成员主人翁精神和积极性的前提条件。明确产权是确保专业合作组织健康运行的前提。哈乐镇种薯协会2004年3月由哈乐镇科技站发起成立，科技站工作人员共同入股9万元经营一个400多亩的马铃薯原种基地，基地和会员农户之间实行“借一还二”(春播时向公司借1 kg原种，秋收后还2 kg种薯)以及超额回收制(以高于市场价0.1元/kg回收)。当年营业额200万元，盈余13万元，农户收入也有所提高。但由于产权不清，盈利无法分配。首先，协会是社团法人，不应该进行盈利分配。其次，在哪些主体间分配，国家提供10万元专项推广资金，基地科技站人员作为股东集资9万元，会员农户交售了种薯，都对盈余有贡献。目前，由于这些问题没有得到有效解决，种薯协会的经营剩余无法分配，致使股东和会员的积极性受到很大影响。在一些地方，类似的情形时有发生，甚至还发生专业合作组织经营失利，相关经营责任和债务无法追究的情况[①]。

①韩俊.中国农民专业合作社调查[R].上海:上海远东出版社,2007:197-198

7.3 中国推进农村专业合作组织发展的行动框架和可选策略

随着《农民专业合作社法》的颁布实施，中国农村专业合作组织发展进入快速成长期，中央政府支持农村专业合作组织发展的战略意图和政策思路越来越明确。中国可选择循序渐进、逐步规范的行动框架来促进农村专业合作组织发展。

7.3.1 近期中央支持农村专业合作组织发展的政策意图

近年来，中央政府就引导和支持农民专业合作组织做出了一系列战略部署和政策调整，这为农村专业合作组织的健康发展创造了积极的社会环境和制度空间。

2003年，中央在颁布实施的《中华人民共和国农业法》明确规定："国家鼓励农民在家庭承包经营的基础上自愿组成各类专业合作经济组织"（第十一条）。"农民和农业生产经营组织可以按照法律、行政法规成立各种农产品行业协会，为成员提供生产、营销、信息、技术、培训等服务，提出农产品贸易救济措施的申请，维护成员和行业的利益"（第十四条）。"国家鼓励供销合作社、农村集体经济组织、农村专业合作组织、其他组织和个人发展多种形式的农业生产产前、产中、产后的社会化服务事业。县级以上人民政府及其各有关部门应当采取措施对农业社会化服务事业给予支持"（第四十四条）。同年，中央第3号文件中强调，要加快制定有关法律法规，引导农民专业合作组织发展。

2004年，中央1号文件《中共中央、国务院关于促进农民增加收入若干政策的意见》第十二条指出，要"培育农产品营销主体。鼓励发展各类农产品专业合作组织、购销大户和农民经纪人。积极推进有关农民专业合作组织的立法工作。"为此，中央要求各级政府安排专门资金，支持农民专业合作组织开展信息、技术、培训、质量标准与认证、市场营销等服务，并要求有关金融机构支持农民专业合作组织建设标准化生产基地、兴办仓储设施和加工企业、购置农产品运销设备，财政可适当给予贴息。

2005年，中央1号文件《中共中央、国务院关于进一步加强农村工作提高农业综合生产能力若干政策的意见》第二十条提出，要"发展农业产业化经营，积极探索龙头企业和专业合作组织为农户承贷承还、提供贷款担保等有效办法。支持农民专业合作组织发展，对专业合作组织及其所办加工、流通实体适当减免有关税费。"强调要积极培育和支持农民专业技术协会和农业科技型企业，探索农业技术推广的新机制和新办法，重视发挥供销合作社在农产品流通和生产资料供应等方面的作用，加强农业社会化服务组织与管理体系建设。

2006年,中央1号文件《关于推进社会主义新农村建设的若干意见》明确提出,要"积极引导和支持农民发展各类专业合作经济组织",加快立法进程,加大扶持力度,建立有利于农民合作经济组织发展的信贷、财税和登记等制度。同年10月全国人大通过、2007年1月实施执行的《农民专业合作社法》以促进农民专业合作社的发展为宗旨,以家庭承包经营基础上成立的各类农民互助合作性经济组织为服务对象,从产权关系、责任方式、设立和登记,成员资格及成员的权利和义务,组织机构与相应职权,财务管理和可分配盈余的返还比例,合并、分立、解散和清算,扶持政策以及法律责任等方面对农民专业合作社的组织方式和行为方式进行了规范。《农民专业合作社法》的颁布,对农民合作社的法人地位、内部结构和组织行为做了明确界定,将对促进农村专业合作组织又好又快地发展提供重要的法律保障。首先,该法的颁布使农民在合作组织中的主体地位得以明确,使农村合作经济组织存在和发展有法可依,并使农民专业合作社的法人财产权和农户利益得到认可和保护。其次,该法对合作组织内部经营制度和相关章程做了规定,可保障其在法律的监督下规范化运作。再者,该法还对促进专业合作组织发展的相关政策做了规范,明确国家支持发展农业和农村经济的建设项目可委托和安排有条件的农村专业合作社实施;中央和地方财政将安排资金支持农户专业合作社开展信息、培训、农产品质量标准与认证、农业生产基础设施建设、市场营销和技术推广等服务;国家金融机构将采取多种形式为农户专业合作社提供多渠道的金融服务;农民专业合作社将享受国家规定的对农业生产、加工、流通、服务和其他涉农经济活动相应的税收优惠等。

2007年,中央1号文件《关于积极发展现代农业扎实推进社会主义新农村建设的若干意见》明确提出,要"认真贯彻《农民专业合作社法》,支持农民专业合作组织加快发展。各地要加快制定推动农民专业合作社发展的实施细则,有关部门要抓紧出台具体登记办法、财务会计制度和配套支持措施。要采取有利于农民专业合作组织发展的税收和金融政策,增大农民专业合作社建设示范项目资金规模,着力支持农民专业合作组织开展市场营销、信息服务、技术培训、农产品加工贮藏和农资采购经营。"

2008年,中央1号文件《中共中央国务院关于切实加强农业基础建设进一步促进农业发展农民增收的若干意见》强调,要"积极发展农民专业合作社和农村服务组织。全面贯彻落实《农民专业合作社法》,抓紧出台配套法规政策,尽快制定税收优惠办法,清理取消不合理收费。各级财政要继续加大对农民专业合作社的扶持,农民专业合作社可以申请承担国家的有关涉农项目。支持发展农业生产经营服务组织,为农民提供代耕代种、用水管理和仓储运输等服务。鼓励发展农村综合服务组织，具备条件的地方可建立便民利民的农村社区服务中心和公益服务站。”

2009年，中央1号文件《中共中央国务院关于2009年促进农业稳定发展农民持续增收的若干意见》指出，要“扶持农民专业合作社和龙头企业发展。加快发展农民专业合作社，开展示范社建设行动。加强合作社人员培训，各级财政给予经费支持。将合作社纳入税务登记系统，免收税务登记工本费。尽快制定金融支持合作社、有条件的合作社承担国家涉农项目的具体办法。扶持农业产业化经营，鼓励发展农产品加工，让农民更多分享加工流通增值收益。中央和地方财政增加农业产业化专项资金规模，重点支持对农户带动力强的龙头企业开展技术研发、基地建设、质量检测。鼓励龙头企业在财政支持下参与担保体系建设。采取有效措施帮助龙头企业解决贷款难问题。”

此外，国家还在许多立法和政策规划中对农村专业合作组织的发展政策做了强调和规范。如在《农村土地承包法》第四十二条规定：“承包方之间为发展农业生产，可以自愿联合将土地承包经营权入股，从事农业合作生产”，从法律上肯定农村“专业合作经济组织”、“农产品行业协会”、“社会化服务事业”和“土地承包经营权入股”的合法性。《全国农业和农村经济发展第十一个五年规划》指出，要“推进农业服务组织和机制创新，鼓励和引导农民发展各类专业合作经济组织，提高农业的组织化程度”，并提出到“十一五”期末，要使各类专业合作经济组织吸纳农户数量力争达到30%，农业组织化程度明显提高。

7.3.2 行动框架和阶段性目标

根据中央解决“三农”问题和发展农村专业合作组织的战略思想，依照合作组织发展规律和我国农村专业合作组织发展的现实状况，农村专业合作组织发展可采取“三步走”的行动框架和具体路径。与之相应的阶段性目标主要是以下3个方面。

(1)引导各地农业生产经营者、农业生产经营服务的提供者、利用者根据现实需要自愿联合，组织创建各种类型的农村专业合作组织，推动各类基层专业合作组织的稳步发展。通过合作理念传播、典型示范、立法宣传、知识支持、政策支持和各种援助计划引导，帮助农业生产经营者、农业生产经营服务的提供者、利用者发现合作需求，鼓励他们结合农业生产经营的现实需要和当地生产条件自愿组建各种形式的农村专业合作组织形式，鼓励各类农村专业合作组织依据自身的生产经营需要进行多种形式的发展模式创新，以专业技术协会、专业合作社、股份合作社或其他合作组织形式为农户成员提供农业生产经营所需要的技术、信息、生产资料购买、农产品销售和金融服务，开展产加销一体化的生产经营服务创新。其主要策略是通过多种形式培养农民的互助精神和民主管理意识，激发他们的互助合作意愿。可供选择的具体策略主要有：

①从易实现的小目标做起。从易实现的小目标做起，从引导农民合作解决农业生产资料购买、农产品销售等目标做起，自觉自愿地尝试和发展各种形式的农村专业合作经济组织，认识参与农村专业合作组织的意义，理解农村专业合作组织运行的基本理念和规则，逐步积累农村专业合作组织生产经营服务和管理运营的经验，建立其成员之间的相互信任，进而引导合作组织成员逐步采取更为复杂的联合行动，奠定农村专业合作组织做大做强的经验基础和组织保障。

②通过项目参与引导规范。政府可以通过让农村专业合作组织参与乡村公共服务设施的建设与管理来引导各类农村专业合作组织规范化发展，如参与农田灌溉系统等农村基础设施和农业综合开发项目的建设和运营。这些项目的持续维护和运行涉及多个农户的利益，可能有助于农户成员认识到集体力量和合作行动的重要性，引导和推进农户资源建立各类有助于其生产经营效益改善的专业合作服务组织。

③典型示范。本着"先发展，后规范"的原则，根据不同产业种类、服务领域选择合作的切入点，精心组织试点，通过典型个案的示范作用，帮助农民认识农村专业合作组织发展对其生产经营效益改善的积极作用，理解农村专业合作组织发展的运营机制、商业模式和管理策略，以促进农民专业合作经济组织又好又快地发展。

(2)引导各基层农村专业合作组织逐步发展成为具有能够适应市场经济环境的可持续发展的、规范化的自助性专业组织。在确保农村合作组织发展规模的基础上，通过树立典型，分类辅导，重点宣传合作组织发展的先进理念和农村专业合作组织的成功经验，制定标准和提供认证服务，适当组织评估和咨询服务活动，以及对乡村企业家、技术能手等精英人才和组织骨干的培训、相应公共物品的投入和鼓励城市智力资本、商业资本与乡村传统资源的整合等新政策机制，重点培育各基层农业专业合作组织的自主经营、自我服务和技术创新能力，逐步引导一些起步早、发育好、规模大、实力强的专业合作组织发展为管理规范、运行高效的实体型专业合作社；逐步规范、引导以服务型为主的专业合作组织向生产经营型转化，吸引多种资源建立具有可持续发展能力的农民专业合作社或股份合作社。

(3)在确保发展规模和能力建设的基础上，引导各种不同形式的农村专业合作组织联结、合作或联合发展形成多功能、多层次、跨地域和开放性的农村专业合作经济组织网络，以最大限度地满足广大农户在农业生产资料购买、农产品销售、农业技术创新、农产品加工和农村金融服务等多方面的合作需求，促进现代农业的快速发展和农村社会经济的持续繁荣。成立农民专业合作经济组织的关键目标是改变供应链中各个实体力量的不均衡，提高农民与为数极少的加工商和零售商谈判时讨价还价的能力，因此，政府应鼓励和支持农民组织间的沟通和合作，使它们从其他组织的经验中获益。政府可以通过财务和机构援助来支持不同地方业务相同的合作组织或同一地区业务不同的合作组织间的合作和经验交流，应该允许利益相似或相关的专业经济合作组织成立联盟，以形成规模经济，更好地为会员提供技术、管理和营销方面的服务，应该通过法律法规制度的健全、商业环境的改善和政策创新引导、鼓励和支持合作社之间的横向和纵向合作，形成跨区域、跨行业的大型专业合作组织和各类合作社联社组织。

7.3.3 可供选择的政策创新思路

政策创新是促进农村专业合作组织持续健康发展的重要动力，也是《农民专业合作社法》有效实施的重要工具。当前在推进农村专业合作发展方面，可供选择的政策思路主要有以下 5 个方面。

(1)以《农民专业合作社法》为依据，以促进农村专业合作组织自主发展为根本，从推进新农村建设、确保粮食安全、发展现代农业和提高农业综合生产能力的战略高度做好相关政策整合统筹的顶层设计工作。具体包括确立以农业行政部门为主的管理体制，设置旨在为农民专业合作经济组织提供信息、技术服务和协调管理的组织机构，整合与合作组织发展相关的各部门资源，监管用于合作组织发展的专项扶持资金的使用，以解决多头管理可能产生的推诿扯皮、资源浪费等问题；调查研究农村专业合作发展中的重大问题，明确帮扶原则和促进政策，制定农村专业合作组织发展推进的中长期规划；将农村专业合作组织发展作为各项惠农政策贯彻实施的重要载体，支持鼓励农村专业合作组织积极参与实施国家农业综合开发项目、扶贫项目、技术推广项目、农产品优势区域和产业带建设项目、农产品重点加工项目、环境和生态保护项目等；修订其他相关配套的法规措施，降低在工商行政部门登记的门槛，放宽注册资金标准，减免登记费、验资费和工商管理费，以及合作组织进入成本。在当前农民家庭经济普遍困难、合作意识脆弱的情况下，政府可考虑从财政支农资金和农业产业化专项资金中安排一定比例，为创办农村专业合作经济组织提供必要的启动资金。

(2)将教育培训、专业辅导和管理咨询作为当前推进农村专业合作组织发展的重要抓手。农村专业合作组织的持续健康发展有赖于农民、基层政府官员和其他社会公众对合作组织理念、运行规则、农民合作社法和合作组织发展的意义等的认知和理解，取决于农村专业合作组织领导人和组织成员的生产经营和自我管理能力。目前基层政府和负责专业合作组织发展工作的官员对合作组织原则了解还不够深入，他们中的一些人依然根据传统的行政模式，即采取“让农民做什么”的工作模式开展农村专业合作组织推进工作，而且对允许农民建立互助合作组织的做法表示不解。正如世界银行的专家所说的那样，由于地方官员缺乏专业合作组织发展的相关知识，地方政府的一些意见和做法可能偏离国家政策规定，对农村专业组织的健康发展产生许多消极影响①。为此，政府可考虑设立主要用于专业合作组织知识普及、能力建设和领导能力培养的专项资金，实施推进农村专业合作组织发展的教育与培训计划。这些计划至少包括如下3个层次：首先，为最直接参与管理专业合作组织的部门，包括负责监督和管理工作、直接为合作组织提供培训和技术援助的部门设计具体的培训和能力建设计划。针对基层政府官员编写农村合作社培训材料，组织培训教育和发展经验交流，以增加他们对合作社原则、特点和基本功能、政府作用和政策环境的理解，更好地利用农村专业合作组织推进现代农业发展、农民增收致富和现代新农村建设。这应该作为各级政府支持农村专业合作组织发展的工作重点加以考核。其次，要采取参观取经、案例解析和引导讨论等多种形式对专业合作组织的领导者、骨干成员和农民进行教育培训，让他们了解国家和地方促进农村专业合作组织发展的立法规定和政策，学习合作组织的发展理念、管理方法和合作组织运营的经济理论，掌握农业生产经营的市场分析、产品营销、技术推广和成员自我管理其组织的技能，认识不同情况和挑战下农村专业合作组织发展面临的挑战和问题等。国际经验表明，农村专业合作组织发展最有效的促进策略包括提高组织成员的认识和理解力，对其提供市场分析、可行性研究、商业计划和战略规划等方面的帮助，并在其创建运行后提供必要的指导和咨询支持②。再者，向各类职业技校和高等院校的学生进行相关农村专业合作组织发展的知识教育和培训，传授农业技术推广和合作社管理的方法和策略，为中国农业专业合作组织的持续发展培养新生力量和领导人才。此外，政府还可配合《农民专业合作社法》的学习宣传和贯彻实施，利用电视、报刊、网络等媒体，多渠道、多形式地大力普及合作知识，推广合作理念③。

(3)加大对农村公共投入和扶持力度，为农村专业合作组织发展创造条件。拥有良好的交通和信息基础设施、先进的农田灌溉设施、高技术含量的种植养殖技术、农产品加工技术和安全健康的农产品储运保鲜设施等是农业产业化、商业化的

①世界银行.中国农民专业协会回顾与政策建议[R].北京：中国农业出版社，2006：67

②世界银行.中国农民专业协会回顾与政策建议[R].北京：中国农业出版社，2006：69

③苑鹏，刘凤芹.美国政府在发展农民合作社中的作用及其启示[J].农业经济问题，2007(9)：101-106

关键,也是农村专业合作组织持续发展的重要基础。政府应该将在这些领域的投资作为促进农村社会经济和专业合作组织发展的重点。为此,建议政府设立支持农民合作社发展财政专项,在每年的财政预算中安排一定的资金,主要用于合作社组织生产性基础设施等公共物品建设、技术研发和推广、教育培训与管理咨询、动物防疫体系、农产品质量监测体系和农产品市场服务体系的建设等,以降低合作组织生产经营成本,搭建其可持续发展的技术服务条件平台,培育乡村技术专家、合作组织企业家等人力资本。再者,政府要对农村专业合作组织的生产经营活动给予适当的税收减免优惠。对农村专业合作经济组织为成员开展产品销售的经营活动,按农民自产自销、自买自用对待,不收取税费;对农村专业合作经济组织为农村提供的产前、产中、产后技术或销售服务所得的收入免征所得税;对有经济实体的农村专业合作经济组织给予税费优惠,享受民营企业和农业产业化龙头企业的优惠政策。农业生产经营风险性较大,政府还应明确风险防范和风险救助的相关规定,通过适当的机制对农民专业合作经济组织生产经营损失给予必要的资助和补贴。

(4)加强典型示范、评估咨询工作,规范引导农村专业合作组织健康发展。2002年以来,农业部在全国先后确定了12个农民专业合作试点省份;2004—2006年,在中央财政专项的支持下,农业部共安排农民专业合作示范项目400多个。随着试点和示范项目的实施,农民专业合作组织的生产服务能力、市场开拓能力、产业带动能力等都有明显的提升。从农村专业合作组织发展的现实需要看,这些试点和示范还需要继续推进,逐渐扩大其覆盖范围,并增加对专业合作组织发展的评估和咨询业务,以规范和引导农村专业合作组织的健康发展,为国家相关法律和政策的制定提供决策参考。其次,农民专业合作经济组织的管理和运作要靠法律制度和监管环境来保证。一些研究者认为,监管环境应能使合作社组织与投资者所有的公司在平等基础上相互竞争,同时也应考虑合作社的具体特点,特别要考虑税法和专业合作组织与会员之间的关系等方面的问题[①]。农民专业合作经济组织良性运转要有完善的监督机制,政府应该加强外部监督,定期和不定期地派人对农民专业合作组织的运作情况进行检查,并对有关财务进行审计;农民专业合作经济组织要定期召开会员大会通报合作工作情况,自觉接受广大会员的监督;广大会员也要积极进行质询,随时对农民专业合作经济组织的政务、财务进行监督[②]。

①世界银行.中国农民专业协会回顾与政策建议[R].北京:中国农业出版社,2006:33

②舒光湖.我国农村专业合作组织发展趋势研究[J].宏观资讯,2007:151

再者,政府各相关部门也应加强对农村专业合作组织的研究,以建立适当的监测和评价体系,客观理性地引导农村专业组织制订生产经营计划,逐步建立相对完善的内部资金运行机制、利益分配机制、风险调节机制和约束机制等。此外,更重要的是,农村专业合作组织创立和运行方面的立法缺失是影响其持续发展的主要因素,也是农村专业合作组织发展不规范的原因之所在。为此,各地立法、执法机关和行政管理机构要通过立法调研和执法保障解决农村专业合作组织的法律地位,尽快明确其独立签署商业合约和获得贷款的权利,以及明确专业合作组织成员的权利、责任和财务管理标准,要研究制定和实施相关配套的法律与政策制度,加强宏观调控监管力度,建立和完善市场结算系统、信息传递系统、冷藏分级和加工包装系统,以此降低农民和合作组织进入市场的门槛,加快农民的组织化进程①。

(5)推进农村经济体制改革,营造良好的发展环境。就目前农村专业合作组织发展的现实需要而言,政府最需要解决的问题是明确农村土地产权关系,允许农户以其土地经营权作为资产入股、抵押和转让,为农户参与、组建土地股份合作社等专业合作组织提供创造条件。其次,要大力推进农村供销社的改革,鼓励农村供销社引导和组织农户创建各种形式的专业合作组织,在促进农村社会经济发展过程中实现成功转制。再者,营造良好的商业环境。就促进农村专业合作组织发展而言,政府公共服务的重点应当是为专业合作组织发展提供基础设施建设和教育培训服务、提供信贷支持和改善资金供给,允许农民按照合作制原则创办农民合作信贷组织,以改善农村专业合作组织的融资环境。同时,政府应该对农村专业合作组织逐步开放农业、林业、畜牧、水利、金融、信贷、商业等领域的经营业务,让农村合作经济组织有序地参与竞争,必须重视乡村文化在农村专业合作组织发展中的根基作用,通过多种形式推进乡村独特文化资源与合作经济发展理念结合,以营造良好乡村合作和信用文化环境。此外,农村专业合作组织发展还有赖于健全完善的村民自治制度。通过村民自治,解决目前在农村集体公共财产支配和民主管理中的问题,有助于跨地区乃至全国性的专业合作组织的顺畅运作。专业合作经济组织发展壮大的主要方式包括兼并和联盟等,中国必须创新其专业合作组织登记注册和运行管理的办法,允许个别做大做强的专业合作组织跨区域、跨行业扩展,实现组织兼并和规模化经营,以真正扩大其影响力、履行其社会使命,为农村社会经济发展做出更大贡献。

---

①郑少红,张春霞.台湾地区农业产销班经营模式对福建农民合作组织的启示[J].福建农林大学学报(哲学社会科学版),2007(1):21-24

【案例 52】广州市对农民专业合作经济组织减免税收的政策[①]

通过向农户提供产前、产中、产后技术服务或劳务所得的收入免征所得税；销售自产农产品及经其分级、整理、初级加工、包装、加贴品牌商标等不改变产品形状的农产品免征增值税；兴办的农产品加工企业享受国家有关税收优惠政策；符合农业龙头企业条件的农民专业合作组织，参照广东省农业龙头企业的有关制度管理，享受农业龙头企业的各项扶持政策。

①黄俐晔，张德扬．地方政府促进农民专业合作经济组织发展分析——广东的实践[J]．农业经济问题，2007(7)：46-48

附件1　中华人民共和国农民专业合作社法[①]

（2006年10月31日）

第一章　总　　则

第一条　为了支持、引导农民专业合作社的发展，规范农民专业合作社的组织和行为，保护农民专业合作社及其成员的合法权益，促进农业和农村经济的发展，制定本法。

第二条　农民专业合作社是在农村家庭承包经营基础上，同类农产品的生产经营者或者同类农业生产经营服务的提供者、利用者，自愿联合、民主管理的互助性经济组织。

农民专业合作社以其成员为主要服务对象，提供农业生产资料的购买，农产品的销售、加工、运输、贮藏以及与农业生产经营有关的技术、信息等服务。

第三条　农民专业合作社应当遵循下列原则：

（一）成员以农民为主体；

（二）以服务成员为宗旨，谋求全体成员的共同利益；

（三）入社自愿、退社自由；

（四）成员地位平等，实行民主管理；

（五）盈余主要按照成员与农民专业合作社的交易量（额）比例返还。

第四条　农民专业合作社依照本法登记，取得法人资格。

农民专业合作社对由成员出资、公积金、国家财政直接补助、他人捐赠以及合法取得的其他资产所形成的财产，享有占有、使用和处分的权利，并以上述财产对债务承担责任。

第五条　农民专业合作社成员以其账户内记载的出资额和公积金份额为限对农民专业合作社承担责任。

第六条　国家保护农民专业合作社及其成员的合法权益，任何单位和个人不得侵犯。

第七条　农民专业合作社从事生产经营活动，应当遵守法律、行政法规，遵守

① http://www.cfc.agri.gov.cn/cfc/html/83/2008/20080727091410187891278/20080727091410187891278_.html

社会公德、商业道德,诚实守信。

第八条　国家通过财政支持,税收优惠和金融、科技、人才的扶持以及产业政策引导等措施,促进农民专业合作社的发展。

国家鼓励和支持社会各方面力量为农民专业合作社提供服务。

第九条　县级以上各级人民政府应当组织农业行政主管部门和其他有关部门及有关组织,依照本法规定,依据各自职责,对农民专业合作社的建设和发展给予指导、扶持和服务。

第二章　设立和登记

第十条　设立农民专业合作社,应当具备下列条件:

(一)有五名以上符合本法第十四条、第十五条规定的成员;

(二)有符合本法规定的章程;

(三)有符合本法规定的组织机构;

(四)有符合法律、行政法规规定的名称和章程确定的住所;

(五)有符合章程规定的成员出资。

第十一条　设立农民专业合作社应当召开由全体设立人参加的设立大会。设立时自愿成为该社成员的人为设立人。

设立大会行使下列职权:

(一)通过本社章程,章程应当由全体设立人一致通过;

(二)选举产生理事长、理事、执行监事或者监事会成员;

(三)审议其他重大事项。

第十二条　农民专业合作社章程应当载明下列事项:

(一)名称和住所;

(二)业务范围;

(三)成员资格及入社、退社和除名;

(四)成员的权利和义务;

(五)组织机构及其产生办法、职权、任期、议事规则;

(六)成员的出资方式、出资额;

(七)财务管理和盈余分配、亏损处理;

(八)章程修改程序;

(九)解散事由和清算办法;

(十)公告事项及发布方式;

(十一)需要规定的其他事项。

第十三条　设立农民专业合作社，应当向工商行政管理部门提交下列文件，申请设立登记：

（一）登记申请书；

（二）全体设立人签名、盖章的设立大会纪要；

（三）全体设立人签名、盖章的章程；

（四）法定代表人、理事的任职文件及身份证明；

（五）出资成员签名、盖章的出资清单；

（六）住所使用证明；

（七）法律、行政法规规定的其他文件。

登记机关应当自受理登记申请之日起二十日内办理完毕，向符合登记条件的申请者颁发营业执照。

农民专业合作社法定登记事项变更的，应当申请变更登记。

农民专业合作社登记办法由国务院规定。办理登记不得收取费用。

第三章　成　　员

第十四条　具有民事行为能力的公民，以及从事与农民专业合作社业务直接有关的生产经营活动的企业、事业单位或者社会团体，能够利用农民专业合作社提供的服务，承认并遵守农民专业合作社章程，履行章程规定的入社手续的，可以成为农民专业合作社的成员。但是，具有管理公共事务职能的单位不得加入农民专业合作社。

农民专业合作社应当置备成员名册，并报登记机关。

第十五条　农民专业合作社的成员中，农民至少应当占成员总数的百分之八十。

成员总数二十人以下的，可以有一个企业、事业单位或者社会团体成员；成员总数超过二十人的，企业、事业单位和社会团体成员不得超过成员总数的百分之五。

第十六条　农民专业合作社成员享有下列权利：

（一）参加成员大会，并享有表决权、选举权和被选举权，按照章程规定对本社实行民主管理；

（二）利用本社提供的服务和生产经营设施；

（三）按照章程规定或者成员大会决议分享盈余；

（四）查阅本社的章程、成员名册、成员大会或者成员代表大会记录、理事会会议决议、监事会会议决议、财务会计报告和会计账簿；

(五)章程规定的其他权利。

第十七条　农民专业合作社成员大会选举和表决,实行一人一票制,成员各享有一票的基本表决权。

出资额或者与本社交易量(额)较大的成员按照章程规定,可以享有附加表决权。本社的附加表决权总票数,不得超过本社成员基本表决权总票数的百分之二十。享有附加表决权的成员及其享有的附加表决权数,应当在每次成员大会召开时告知出席会议的成员。

章程可以限制附加表决权行使的范围。

第十八条　农民专业合作社成员承担下列义务:

(一)执行成员大会、成员代表大会和理事会的决议;

(二)按照章程规定向本社出资;

(三)按照章程规定与本社进行交易;

(四)按照章程规定承担亏损;

(五)章程规定的其他义务。

第十九条　农民专业合作社成员要求退社的,应当在财务年度终了的三个月前向理事长或者理事会提出;其中,企业、事业单位或者社会团体成员退社,应当在财务年度终了的六个月前提出;章程另有规定的,从其规定。退社成员的成员资格自财务年度终了时终止。

第二十条　成员在其资格终止前与农民专业合作社已订立的合同,应当继续履行;章程另有规定或者与本社另有约定的除外。

第二十一条　成员资格终止的,农民专业合作社应当按照章程规定的方式和期限,退还记载在该成员账户内的出资额和公积金份额;对成员资格终止前的可分配盈余,依照本法第三十七条第二款的规定向其返还。

资格终止的成员应当按照章程规定分摊资格终止前本社的亏损及债务。

第四章　组织机构

第二十二条　农民专业合作社成员大会由全体成员组成,是本社的权力机构,行使下列职权:

(一)修改章程;

(二)选举和罢免理事长、理事、执行监事或者监事会成员;

(三)决定重大财产处置、对外投资、对外担保和生产经营活动中的其他重大事项;

(四)批准年度业务报告、盈余分配方案、亏损处理方案;

（五）对合并、分立、解散、清算作出决议；

（六）决定聘用经营管理人员和专业技术人员的数量、资格和任期；

（七）听取理事长或者理事会关于成员变动情况的报告；

（八）章程规定的其他职权。

第二十三条　农民专业合作社召开成员大会，出席人数应当达到成员总数的三分之二以上。

成员大会选举或者作出决议，应当由本社成员表决权总数过半数通过；作出修改章程或者合并、分立、解散的决议应当由本社成员表决权总数的三分之二以上通过。章程对表决权数有较高规定的，从其规定。

第二十四条　农民专业合作社成员大会每年至少召开一次，会议的召集由章程规定。有下列情形之一的，应当在二十日内召开临时成员大会：

（一）百分之三十以上的成员提议；

（二）执行监事或者监事会提议；

（三）章程规定的其他情形。

第二十五条　农民专业合作社成员超过一百五十人的，可以按照章程规定设立成员代表大会。成员代表大会按照章程规定可以行使成员大会的部分或者全部职权。

第二十六条　农民专业合作社设理事长一名，可以设理事会。理事长为本社的法定代表人。

农民专业合作社可以设执行监事或者监事会。理事长、理事、经理和财务会计人员不得兼任监事。

理事长、理事、执行监事或者监事会成员，由成员大会从本社成员中选举产生，依照本法和章程的规定行使职权，对成员大会负责。

理事会会议、监事会会议的表决，实行一人一票。

第二十七条　农民专业合作社的成员大会、理事会、监事会，应当将所议事项的决定作成会议记录，出席会议的成员、理事、监事应当在会议记录上签名。

第二十八条　农民专业合作社的理事长或者理事会可以按照成员大会的决定聘任经理和财务会计人员，理事长或者理事可以兼任经理。经理按照章程规定或者理事会的决定，可以聘任其他人员。

经理按照章程规定和理事长或者理事会授权，负责具体生产经营活动。

第二十九条　农民专业合作社的理事长、理事和管理人员不得有下列行为：

（一）侵占、挪用或者私分本社资产；

（二）违反章程规定或者未经成员大会同意，将本社资金借贷给他人或者以本社资产为他人提供担保；

（三）接受他人与本社交易的佣金归为己有；

（四）从事损害本社经济利益的其他活动。

理事长、理事和管理人员违反前款规定所得的收入，应当归本社所有；给本社造成损失的，应当承担赔偿责任。

第三十条　农民专业合作社的理事长、理事、经理不得兼任业务性质相同的其他农民专业合作社的理事长、理事、监事、经理。

第三十一条　执行与农民专业合作社业务有关公务的人员，不得担任农民专业合作社的理事长、理事、监事、经理或者财务会计人员。

第五章　财务管理

第三十二条　国务院财政部门依照国家有关法律、行政法规，制定农民专业合作社财务会计制度。农民专业合作社应当按照国务院财政部门制定的财务会计制度进行会计核算。

第三十三条　农民专业合作社的理事长或者理事会应当按照章程规定，组织编制年度业务报告、盈余分配方案、亏损处理方案以及财务会计报告，于成员大会召开的十五日前，置备于办公地点，供成员查阅。

第三十四条　农民专业合作社与其成员的交易、与利用其提供的服务的非成员的交易，应当分别核算。

第三十五条　农民专业合作社可以按照章程规定或者成员大会决议从当年盈余中提取公积金。公积金用于弥补亏损、扩大生产经营或者转为成员出资。

每年提取的公积金按照章程规定量化为每个成员的份额。

第三十六条　农民专业合作社应当为每个成员设立成员账户，主要记载下列内容：

（一）该成员的出资额；

（二）量化为该成员的公积金份额；

（三）该成员与本社的交易量（额）。

第三十七条　在弥补亏损、提取公积金后的当年盈余，为农民专业合作社的可分配盈余。

可分配盈余按照下列规定返还或者分配给成员，具体分配办法按照章程规定或者经成员大会决议确定：

（一）按成员与本社的交易量（额）比例返还，返还总额不得低于可分配盈余的百分之六十；

（二）按前项规定返还后的剩余部分，以成员账户中记载的出资额和公积金份额，以及本社接受国家财政直接补助和他人捐赠形成的财产平均量化到成员的份额，按比例分配给本社成员。

第三十八条　设立执行监事或者监事会的农民专业合作社，由执行监事或者监事会负责对本社的财务进行内部审计，审计结果应当向成员大会报告。

成员大会也可以委托审计机构对本社的财务进行审计。

第六章　合并、分立、解散和清算

第三十九条　农民专业合作社合并，应当自合并决议作出之日起十日内通知债权人。合并各方的债权、债务应当由合并后存续或者新设的组织承继。

第四十条　农民专业合作社分立，其财产作相应的分割，并应当自分立决议作出之日起十日内通知债权人。分立前的债务由分立后的组织承担连带责任。但是，在分立前与债权人就债务清偿达成的书面协议另有约定的除外。

第四十一条　农民专业合作社因下列原因解散：

（一）章程规定的解散事由出现；

（二）成员大会决议解散；

（三）因合并或者分立需要解散；

（四）依法被吊销营业执照或者被撤销。

因前款第一项、第二项、第四项原因解散的，应当在解散事由出现之日起十五日内由成员大会推举成员组成清算组，开始解散清算。逾期不能组成清算组的，成员、债权人可以向人民法院申请指定成员组成清算组进行清算，人民法院应当受理该申请，并及时指定成员组成清算组进行清算。

第四十二条　清算组自成立之日起接管农民专业合作社，负责处理与清算有关未了结业务，清理财产和债权、债务，分配清偿债务后的剩余财产，代表农民专业合作社参与诉讼、仲裁或者其他法律程序，并在清算结束时办理注销登记。

第四十三条　清算组应当自成立之日起十日内通知农民专业合作社成员和债权人，并于六十日内在报纸上公告。债权人应当自接到通知之日起三十日内，未接到通知的自公告之日起四十五日内，向清算组申报债权。如果在规定期间内全部成员、债权人均已收到通知，免除清算组的公告义务。

债权人申报债权，应当说明债权的有关事项，并提供证明材料。清算组应当对债权进行登记。

在申报债权期间，清算组不得对债权人进行清偿。

第四十四条　农民专业合作社因本法第四十一条第一款的原因解散，或者人民法院受理破产申请时,不能办理成员退社手续。

第四十五条　清算组负责制定包括清偿农民专业合作社员工的工资及社会保险费用,清偿所欠税款和其他各项债务,以及分配剩余财产在内的清算方案,经成员大会通过或者申请人民法院确认后实施。

清算组发现农民专业合作社的财产不足以清偿债务的,应当依法向人民法院申请破产。

第四十六条　农民专业合作社接受国家财政直接补助形成的财产,在解散、破产清算时,不得作为可分配剩余资产分配给成员,处置办法由国务院规定。

第四十七条　清算组成员应当忠于职守,依法履行清算义务,因故意或者重大过失给农民专业合作社成员及债权人造成损失的,应当承担赔偿责任。

第四十八条　农民专业合作社破产适用企业破产法的有关规定。但是,破产财产在清偿破产费用和共益债务后,应当优先清偿破产前与农民成员已发生交易但尚未结清的款项。

第七章　扶持政策

第四十九条　国家支持发展农业和农村经济的建设项目,可以委托和安排有条件的有关农民专业合作社实施。

第五十条　中央和地方财政应当分别安排资金,支持农民专业合作社开展信息、培训、农产品质量标准与认证、农业生产基础设施建设、市场营销和技术推广等服务。对民族地区、边远地区和贫困地区的农民专业合作社和生产国家与社会急需的重要农产品的农民专业合作社给予优先扶持。

第五十一条　国家政策性金融机构应当采取多种形式,为农民专业合作社提供多渠道的资金支持。具体支持政策由国务院规定。

国家鼓励商业性金融机构采取多种形式,为农民专业合作社提供金融服务。

第五十二条　农民专业合作社享受国家规定的对农业生产、加工、流通、服务和其他涉农经济活动相应的税收优惠。

支持农民专业合作社发展的其他税收优惠政策,由国务院规定。

第八章　法律责任

第五十三条　侵占、挪用、截留、私分或者以其他方式侵犯农民专业合作社及其成员的合法财产,非法干预农民专业合作社及其成员的生产经营活动,向农民专业合作社及其成员摊派、强迫农民专业合作社及其成员接受有偿服务,造成农民专业合作社经济损失的,依法追究法律责任。

第五十四条　农民专业合作社向登记机关提供虚假登记材料或者采取其他欺诈手段取得登记的，由登记机关责令改正；情节严重的，撤销登记。

第五十五条　农民专业合作社在依法向有关主管部门提供的财务报告等材料中，作虚假记载或者隐瞒重要事实的，依法追究法律责任。

第九章　附　　则

第五十六条　本法自2007年7月1日起施行。

附件2　农民专业合作社登记管理条例[①]

（2007年5月28日）

第一章　总　　则

第一条　为了确认农民专业合作社的法人资格，规范农民专业合作社登记行为，依据《中华人民共和国农民专业合作社法》，制定本条例。

第二条　农民专业合作社的设立、变更和注销，应当依照《中华人民共和国农民专业合作社法》和本条例的规定办理登记。

申请办理农民专业合作社登记，申请人应当对申请材料的真实性负责。

第三条　农民专业合作社经登记机关依法登记，领取农民专业合作社法人营业执照(以下简称营业执照)，取得法人资格。未经依法登记，不得以农民专业合作社名义从事经营活动。

第四条　工商行政管理部门是农民专业合作社登记机关。国务院工商行政管理部门负责全国的农民专业合作社登记管理工作。

农民专业合作社由所在地的县(市)、区工商行政管理部门登记。

国务院工商行政管理部门可以对规模较大或者跨地区的农民专业合作社的登记管辖做出特别规定。

第二章　登记事项

第五条　农民专业合作社的登记事项包括：

(一)名称；

(二)住所；

(三)成员出资总额；

(四)业务范围；

(五)法定代表人姓名。

第六条　农民专业合作社的名称应当含有“专业合作社”字样，并符合国家有关企业名称登记管理的规定。

---

① http://www.cfc.agri.gov.cn/cfc/html/83/2008/20080727091531312831323/20080727091531312831323_.html

第七条 农民专业合作社的住所是其主要办事机构所在地。

第八条 农民专业合作社成员可以用货币出资，也可以用实物、知识产权等能够用货币估价并可以依法转让的非货币财产作价出资。成员以非货币财产出资的，由全体成员评估作价。成员不得以劳务、信用、自然人姓名、商誉、特许经营权或者设定担保的财产等作价出资。

成员的出资额以及出资总额应当以人民币表示。成员出资额之和为成员出资总额。

第九条 农民专业合作社以其成员为主要服务对象，业务范围可以有农业生产资料购买，农产品销售、加工、运输、贮藏以及与农业生产经营有关的技术、信息等服务。

农民专业合作社的业务范围由其章程规定。

第十条 农民专业合作社理事长为农民专业合作社的法定代表人。

第三章 设立登记

第十一条 申请设立农民专业合作社，应当由全体设立人指定的代表或者委托的代理人向登记机关提交下列文件：

（一）设立登记申请书；

（二）全体设立人签名、盖章的设立大会纪要；

（三）全体设立人签名、盖章的章程；

（四）法定代表人、理事的任职文件和身份证明；

（五）载明成员的姓名或者名称、出资方式、出资额以及成员出资总额，并经全体出资成员签名、盖章予以确认的出资清单；

（六）载明成员的姓名或者名称、公民身份号码或者登记证书号码和住所的成员名册，以及成员身份证明；

（七）能够证明农民专业合作社对其住所享有使用权的住所使用证明；

（八）全体设立人指定代表或者委托代理人的证明。

农民专业合作社的业务范围有属于法律、行政法规或者国务院规定在登记前须经批准的项目的，应当提交有关批准文件。

第十二条 农民专业合作社章程含有违反《中华人民共和国农民专业合作社法》以及有关法律、行政法规规定的内容的，登记机关应当要求农民专业合作社做相应修改。

第十三条 具有民事行为能力的公民，以及从事与农民专业合作社业务直接有关的生产经营活动的企业、事业单位或者社会团体，能够利用农民专业合作社提供的服务，承认并遵守农民专业合作社章程，履行章程规定的入社手续的，可以成为农民专业合作社的成员。但是，具有管理公共事务职能的单位不得加入农民专业合作社。

第十四条　农民专业合作社应当有5名以上的成员，其中农民至少应当占成员总数的80%。

成员总数20人以下的，可以有1个企业、事业单位或者社会团体成员；成员总数超过20人的，企业、事业单位和社会团体成员不得超过成员总数的5%。

第十五条　农民专业合作社的成员为农民的，成员身份证明为农业人口户口簿；无农业人口户口簿的，成员身份证明为居民身份证和土地承包经营权证或者村民委员会(居民委员会)出具的身份证明。

农民专业合作社的成员不属于农民的，成员身份证明为居民身份证。

农民专业合作社的成员为企业、事业单位或者社会团体的，成员身份证明为企业法人营业执照或者其他登记证书。

第十六条　申请人提交的登记申请材料齐全、符合法定形式，登记机关能够当场登记的，应予当场登记，发给营业执照。

除前款规定情形外，登记机关应当自受理申请之日起20日内，做出是否登记的决定。予以登记的，发给营业执照；不予登记的，应当给予书面答复，并说明理由。

营业执照签发日期为农民专业合作社成立日期。

第十七条　营业执照分为正本和副本，正本和副本具有同等法律效力。

营业执照正本应当置于农民专业合作社住所的醒目位置。

第十八条　营业执照遗失或者毁坏的，农民专业合作社应当申请补领。

任何单位和个人不得伪造、变造、出租、出借、转让营业执照。

第十九条　农民专业合作社的登记文书格式以及营业执照的正本、副本样式，由国务院工商行政管理部门制订。

第四章　变更登记和注销登记

第二十条　农民专业合作社的名称、住所、成员出资总额、业务范围、法定代表人姓名发生变更的，应当自做出变更决定之日起30日内向原登记机关申请变更登记，并提交下列文件：

(一)法定代表人签署的变更登记申请书；

(二)成员大会或者成员代表大会做出的变更决议；

(三)法定代表人签署的修改后的章程或者章程修正案；

（四）法定代表人指定代表或者委托代理人的证明。

第二十一条　农民专业合作社变更业务范围涉及法律、行政法规或者国务院规定须经批准的项目的，应当自批准之日起 30 日内申请变更登记，并提交有关批准文件。

农民专业合作社的业务范围属于法律、行政法规或者国务院规定在登记前须经批准的项目有下列情形之一的，应当自事由发生之日起 30 日内申请变更登记或者依照本条例的规定办理注销登记：

（一）许可证或者其他批准文件被吊销、撤销的；

（二）许可证或者其他批准文件有效期届满的。

第二十二条　农民专业合作社成员发生变更的，应当自本财务年度终了之日起 30 日内，将法定代表人签署的修改后的成员名册报送登记机关备案。其中，新成员入社的还应当提交新成员的身份证明。

农民专业合作社因成员发生变更，使农民成员低于法定比例的，应当自事由发生之日起 6 个月内采取吸收新的农民成员入社等方式使农民成员达到法定比例。

第二十三条　农民专业合作社修改章程未涉及登记事项的，应当自做出修改决定之日起 30 日内，将法定代表人签署的修改后的章程或者章程修正案报送登记机关备案。

第二十四条　变更登记事项涉及营业执照变更的，登记机关应当换发营业执照。

第二十五条　成立清算组的农民专业合作社应当自清算结束之日起 30 日内，由清算组全体成员指定的代表或者委托的代理人向原登记机关申请注销登记，并提交下列文件：

（一）清算组负责人签署的注销登记申请书；

（二）农民专业合作社依法做出的解散决议，农民专业合作社依法被吊销营业执照或者被撤销的文件，人民法院的破产裁定、解散裁判文书；

（三）成员大会、成员代表大会或者人民法院确认的清算报告；

（四）营业执照；

（五）清算组全体成员指定代表或者委托代理人的证明。

因合并、分立而解散的农民专业合作社，应当自做出解散决议之日起 30 日内，向原登记机关申请注销登记，并提交法定代表人签署的注销登记申请书、成员大会或者成员代表大会做出的解散决议以及债务清偿或者债务担保情况的说明、营业执照和法定代表人指定代表或者委托代理人的证明。

经登记机关注销登记，农民专业合作社终止。

第五章 法律责任

第二十六条 提交虚假材料或者采取其他欺诈手段取得农民专业合作社登记的，由登记机关责令改正；情节严重的，撤销农民专业合作社登记。

第二十七条 农民专业合作社有下列行为之一的，由登记机关责令改正；情节严重的，吊销营业执照：

(一)登记事项发生变更，未申请变更登记的；

(二)因成员发生变更，使农民成员低于法定比例满6个月的；

(三)从事业务范围以外的经营活动的；

(四)变造、出租、出借、转让营业执照的。

第二十八条 农民专业合作社有下列行为之一的，由登记机关责令改正：

(一)未依法将修改后的成员名册报送登记机关备案的；

(二)未依法将修改后的章程或者章程修正案报送登记机关备案的。

第二十九条 登记机关对不符合规定条件的农民专业合作社登记申请予以登记，或者对符合规定条件的登记申请不予登记的，对直接负责的主管人员和其他直接责任人员，依法给予处分。

第六章 附 则

第三十条 农民专业合作社可以设立分支机构，并比照本条例有关农民专业合作社登记的规定，向分支机构所在地登记机关申请办理登记。农民专业合作社分支机构不具有法人资格。

农民专业合作社分支机构有违法行为的，适用本条例的规定进行处罚。

第三十一条 登记机关办理农民专业合作社登记不得收费。

第三十二条 本条例施行前设立的农民专业合作社，应当自本条例施行之日起1年内依法办理登记。

第三十三条 本条例自2007年7月1日起施行。

附件3 农民专业合作社示范章程[1]

（2007年6月29日）

本示范章程中【 】内的文字部分为解释性规定，其他字体部分为示范性规定。农民专业合作社根据自身实际情况，参照本示范章程制定和修正本社章程。

________专业合作社章程

【____年____月____日召开设立大会，由全体设立人一致通过。】

第一章 总 则

第一条 为保护成员的合法权益，增加成员收入，促进本社发展，依照《中华人民共和国农民专业合作社法》和有关法律、法规、政策，制定本章程。

第二条 本社由______【注：全部发起人姓名或名称】等______人发起，于______年____月____日召开设立大会。

本社名称：________________合作社，成员出资总额______元。

本社法定代表人：______【注：理事长姓名】。

本社住所：________________，邮政编码：______。

第三条 本社以服务成员、谋求全体成员的共同利益为宗旨。成员入社自愿，退社自由，地位平等，民主管理，实行自主经营，自负盈亏，利益共享，风险共担，盈余主要按照成员与本社的交易量（额）比例返还。

第四条 本社以成员为主要服务对象，依法为成员提供农业生产资料的购买，农产品的销售、加工、运输、贮藏以及与农业生产经营有关的技术、信息等服务。主要业务范围如下：【注：根据实际情况填写。如：

（一）组织采购、供应成员所需的生产资料；

（二）组织收购、销售成员生产的产品；

（三）开展成员所需的运输、贮藏、加工、包装等服务；

（四）引进新技术、新品种，开展技术培训、技术交流和咨询服务；等。

上述内容应与工商行政管理部门颁发的《农民专业合作社法人营业执照》中规

[1] http://www.cfc.agri.gov.cn/cfc/html/83/2008/20080727091712265429814/20080727091712265429814_.html

定的主要业务内容相符。】

第五条 本社对由成员出资、公积金、国家财政直接补助、他人捐赠以及合法取得的其他资产所形成的财产，享有占有、使用和处分的权利，并以上述财产对债务承担责任。

第六条 本社每年提取的公积金，按照成员与本社业务交易量(额)【注：或者出资额，也可以二者相结合】依比例量化为每个成员所有的份额。由国家财政直接补助和他人捐赠形成的财产平均量化为每个成员的份额，作为可分配盈余分配的依据之一。

本社为每个成员设立个人账户，主要记载该成员的出资额、量化为该成员的公积金份额以及该成员与本社的业务交易量(额)。

本社成员以其个人账户内记载的出资额和公积金份额为限对本社承担责任。

第七条 经成员大会讨论通过，本社投资兴办与本社业务内容相关的经济实体；接受与本社业务有关的单位委托，办理代购代销等中介服务；向政府有关部门申请或者接受政府有关部门委托，组织实施国家支持发展农业和农村经济的建设项目；按决定的数额和方式参加社会公益捐赠。【注：上述业务农民专业合作社可选择进行】

第八条 本社及全体成员遵守社会公德和商业道德，依法开展生产经营活动。

第二章 成 员

第九条 具有民事行为能力的公民，从事________【注：业务范围内的主业农副产品名称】生产经营，能够利用并接受本社提供的服务，承认并遵守本章程，履行本章程规定的入社手续的，可申请成为本社成员。本社吸收从事与本社业务直接有关的生产经营活动的企业、事业单位或者社会团体为团体成员【注：农民专业合作社可以根据自身发展的实际情况决定是否吸收团体成员】。具有管理公共事务职能的单位不得加入本社。本社成员中，农民成员至少占成员总数的百分之八十。

【注：农民专业合作社章程还可以规定入社成员的其他条件，如：具有一定的生产经营规模或经营服务能力等。具体可表述为：养殖规模达到______以上或者种植规模达到______以上，等】

第十条 凡符合前条规定，向本社理事会【注：或者理事长】提交书面入社申请，经成员大会【注：或者理事会】审核并讨论通过者，即成为本社成员。

第十一条 本社成员的权利：

(一)参加成员大会，并享有表决权、选举权和被选举权；

(二)利用本社提供的服务和生产经营设施；

（三）按照本章程规定或者成员大会决议分享本社盈余；

（四）查阅本社章程、成员名册、成员大会记录、理事会会议决议、监事会会议决议、财务会计报告和会计账簿；

（五）对本社的工作提出质询、批评和建议；

（六）提议召开临时成员大会；

（七）自由提出退社声明，依照本章程规定退出本社；

（八）成员共同议决的其他权利。【注：如不作具体规定此项可删除】

第十二条　本社成员大会选举和表决，实行一人一票制，成员各享有一票基本表决权。

出资额占本社成员出资总额百分之______以上或者与本社业务交易量（额）占本社总交易量（额）百分之______以上的成员，在本社______等事项【注：如，重大财产处置、投资兴办经济实体、对外担保和生产经营活动中的其他事项】决策方面，最多享有____票的附加表决权【注：附加表决权总票数，依法不得超过本社成员基本表决权总票数的百分之二十】。享有附加表决权的成员及其享有的附加表决权数，在每次成员大会召开时告知出席会议的成员。

第十三条　本社成员的义务：

（一）遵守本社章程和各项规章制度，执行成员大会和理事会的决议；

（二）按照章程规定向本社出资；

（三）积极参加本社各项业务活动，接受本社提供的技术指导，按照本社规定的质量标准和生产技术规程从事生产，履行与本社签订的业务合同，发扬互助协作精神，谋求共同发展；

（四）维护本社利益，爱护生产经营设施，保护本社成员共有财产；

（五）不从事损害本社成员共同利益的活动；

（六）不得以其对本社或者本社其他成员所拥有的债权，抵消已认购或已认购但尚未缴清的出资额；不得以已缴纳的出资额，抵消其对本社或者本社其他成员的债务；

（七）承担本社的亏损；

（八）成员共同议决的其他义务。【注：如不作具体规定此项可删除】

第十四条　成员有下列情形之一的，终止其成员资格：

（一）主动要求退社的；

（二）丧失民事行为能力的；

（三）死亡的；

（四）团体成员所属企业或组织破产、解散的；

（五）被本社除名的。

第十五条　成员要求退社的，须在会计年度终了的三个月前向理事会提出书面声明，方可办理退社手续；其中，团体成员退社的，须在会计年度终了的六个月前提出。退社成员的成员资格于该会计年度结束时终止。资格终止的成员须分摊资格终止前本社的亏损及债务。

成员资格终止的，在该会计年度决算后____个月内【注：不应超过三个月】，退还记载在该成员账户内的出资额和公积金份额。如本社经营盈余，按照本章程规定返还其相应的盈余所得；如经营亏损，扣除其应分摊的亏损金额。

成员在其资格终止前与本社已订立的业务合同应当继续履行【注：也可以依照退社时与本社的约定确定】。

第十六条　成员死亡的，其法定继承人符合法律及本章程规定的条件的，在____个月内提出入社申请，经成员大会【注：或者理事会】讨论通过后办理入社手续，并承继被继承人与本社的债权债务。否则，按照第十五条的规定办理退社手续。

第十七条　成员有下列情形之一的，经成员大会【注：或者理事会】讨论通过予以除名：

（一）不履行成员义务，经教育无效的；

（二）给本社名誉或者利益带来严重损害的；

（三）成员共同议决的其他情形。【注：如不作具体规定此项可删除】

本社对被除名成员，退还记载在该成员账户内的出资额和公积金份额，结清其应承担的债务，返还其相应的盈余所得。因前款第二项被除名的，须对本社作出相应赔偿。

第三章　组织机构

第十八条　成员大会是本社的最高权力机构，由全体成员组成。

成员大会行使下列职权：

（一）审议、修改本社章程和各项规章制度；

（二）选举和罢免理事长、理事、执行监事或者监事会成员；

（三）决定成员入社、退社、继承、除名、奖励、处分等事项；【注：如设立理事会此项可删除】

（四）决定成员出资标准及增加或者减少出资；

（五）审议本社的发展规划和年度业务经营计划；

（六）审议批准年度财务预算和决算方案；

(七)审议批准年度盈余分配方案和亏损处理方案;

(八)审议批准理事会、执行监事或者监事会提交的年度业务报告;

(九)决定重大财产处置、对外投资、对外担保和生产经营活动中的其他重大事项;

(十)对合并、分立、解散、清算和对外联合等作出决议;

(十一)决定聘用经营管理人员和专业技术人员的数量、资格、报酬和任期;

(十二)听取理事长或者理事会关于成员变动情况的报告;

(十三)决定其他重大事项【注:如不作具体规定此项可删除】。

第十九条 本社成员超过一百五十人时,每____名成员选举产生一名成员代表,组成成员代表大会。成员代表大会履行成员大会的____、____等【注:部分或者全部】职权。成员代表任期____年,可以连选连任。

【注:成员总数达到一百五十人的农民专业合作社可以根据自身发展的实际情况决定是否设立成员代表大会。如不设立,此条可删除】

第二十条 本社每年召开____次成员大会【注:至少于会计年度末召开一次成员大会】。成员大会由______【注:理事长或者理事会】负责召集,并提前十五日向全体成员通报会议内容。

第二十一条 有下列情形之一的,本社在二十日内召开临时成员大会:

(一)百分之三十以上的成员提议;

(二)执行监事或者监事会提议;【注:如不设立执行监事或监事会,此项可删除】

(三)理事会提议;

(四)成员共同议决的其他情形【注:如不作具体规定此项可删除】。

理事长【注:或者理事会】不能履行或者在规定期限内没有正当理由不履行职责召集临时成员大会的,执行监事或者监事会在____日内召集并主持临时成员大会。【注:如不设立执行监事或监事会,此款可删除】

第二十二条 成员大会须有本社成员总数的三分之二以上出席方可召开。成员因故不能参加成员大会,可以书面委托其他成员代理。一名成员最多只能代理____名成员表决。

成员大会选举或者做出决议,须经本社成员表决权总数过半数通过;对修改本社章程,改变成员出资标准,增加或者减少成员出资,合并、分立、解散、清算和对外联合等重大事项做出决议的,须经成员表决权总数三分之二以上的票数通过。成员代表大会的代表以其受成员书面委托的意见及表决权数,在成员代表大会上行使表决权。

第二十三条　本社设理事长一名，为本社的法定代表人。理事长任期____年，可连选连任。

理事长行使下列职权：

（一）主持成员大会，召集并主持理事会会议；

（二）签署本社成员出资证明；

（三）签署聘任或者解聘本社经理、财务会计人员和其他专业技术人员聘书；

（四）组织实施成员大会和理事会决议，检查决议实施情况；

（五）代表本社签订合同等。

（六）履行成员大会授予的其他职权【注：如不作具体规定此项可删除】。

第二十四条　本社设理事会，对成员大会负责，由____名成员组成，设副理事长____人。理事会成员任期____年，可连选连任。

理事会【注：或者理事长】行使下列职权：

（一）组织召开成员大会并报告工作，执行成员大会决议；

（二）制订本社发展规划、年度业务经营计划、内部管理规章制度等，提交成员大会审议；

（三）制定年度财务预决算、盈余分配和亏损弥补等方案，提交成员大会审议；

（四）组织开展成员培训和各种协作活动；

（五）管理本社的资产和财务，保障本社的财产安全；

（六）接受、答复、处理执行监事或者监事会提出的有关质询和建议；

（七）决定成员入社、退社、继承、除名、奖励、处分等事项【注：如不设立理事会此项可删除】；

（八）决定聘任或者解聘本社经理、财务会计人员和其他专业技术人员；

（九）履行成员大会授予的其他职权【注：如不作具体规定此项可删除】。

第二十五条　理事会会议的表决，实行一人一票。重大事项集体讨论，并经三分之二以上理事同意方可形成决定。理事个人对某项决议有不同意见时，其意见记入会议记录并签名。理事会会议邀请执行监事或者监事长、经理和 名成员代表列席，列席者无表决权。

【注：农民专业合作社可以根据自身发展的实际情况决定是否设立理事会。如不设立理事会，第二十四条第一款、第二十五条中的相关内容可删除。】

第二十六条　本社设执行监事一名，代表全体成员监督检查理事会和工作人员的工作。执行监事列席理事会会议。

第二十七条　本社设监事会，由____名监事组成，设监事长一人，监事长和监事会成员任期____年，可连选连任。监事长列席理事会会议。

监事会【注：或者执行监事】行使下列职权：

（一）监督理事会对成员大会决议和本社章程的执行情况；

（二）监督检查本社的生产经营业务情况，负责本社财务审核监察工作；

（三）监督理事长或者理事会成员和经理履行职责情况；

（四）向成员大会提出年度监察报告；

（五）向理事长或者理事会提出工作质询和改进工作的建议；

（六）提议召开临时成员大会；

（七）代表本社负责记录理事与本社发生业务交易时的业务交易量（额）情况；

（八）履行成员大会授予的其他职责【注：如不作具体规定此项可删除】。

卸任理事须待卸任____年后【注：填写本章程第二十三条规定的理事长任期】方能当选监事。

第二十八条　监事会会议由监事长召集，会议决议以书面形式通知理事会。理事会在接到通知后______日内就有关质询作出答复。

第二十九条　监事会会议的表决实行一人一票。监事会会议须有三分之二以上的监事出席方能召开。重大事项的决议须经三分之二以上监事同意方能生效。监事个人对某项决议有不同意见时，其意见记入会议记录并签名。

【注：农民专业合作社可以根据自身发展的实际情况决定是否设执行监事和监事会。如不设立，第二十七条、第二十八条、第二十九条相关内容可删除。】

第三十条　本社经理由理事会【注：或者理事长】聘任或者解聘，对理事会【注：或者理事长】负责，行使下列职权：

（一）主持本社的生产经营工作，组织实施理事会决议；

（二）组织实施年度生产经营计划和投资方案；

（三）拟订经营管理制度；

（四）提请聘任或者解聘财务会计人员和其他经营管理人员；

（五）聘任或者解聘除应由理事会聘任或者解聘之外的经营管理人员和其他工作人员；

（六）理事会授予的其他职权【注：如不作具体规定此项可删除】。

本社理事长或者理事可以兼任经理。

第三十一条　本社现任理事长、理事、经理和财务会计人员不得兼任监事。

第三十二条　本社理事长、理事和管理人员不得有下列行为：

（一）侵占、挪用或者私分本社资产；

（二）违反章程规定或者未经成员大会同意，将本社资金借贷给他人或者以本社资产为他人提供担保；

（三）接受他人与本社交易的佣金归为己有；

（四）从事损害本社经济利益的其他活动；

（五）兼任业务性质相同的其他农民专业合作社的理事长、理事、监事、经理。

理事长、理事和管理人员违反前款第（一）项至第（四）项规定所得的收入，归本社所有；给本社造成损失的，须承担赔偿责任。

第四章　财务管理

第三十三条　本社实行独立的财务管理和会计核算，严格按照国务院财政部门制定的农民专业合作社财务制度和会计制度核定生产经营和管理服务过程中的成本与费用。

第三十四条　本社依照有关法律、行政法规和政府有关主管部门的规定，建立健全财务和会计制度，实行每月____日【注：或者每季度第____月____日】财务定期公开制度。

本社财会人员应持有会计从业资格证书，会计和出纳互不兼任。理事会、监事会成员及其直系亲属不得担任本社的财会人员。

第三十五条　成员与本社的所有业务交易，实名记载于各该成员的个人账户中，作为按交易量（额）进行可分配盈余返还分配的依据。利用本社提供服务的非成员与本社的所有业务交易，实行单独记账，分别核算。

第三十六条　会计年度终了时，由理事长【注：或者理事会】按照本章程规定，组织编制本社年度业务报告、盈余分配方案、亏损处理方案以及财务会计报告，经执行监事或者监事会审核后，于成员大会召开十五日前，置备于办公地点，供成员查阅并接受成员的质询。

第三十七条　本社资金来源包括以下6项：

（一）成员出资；

（二）每个会计年度从盈余中提取的公积金、公益金；

（三）未分配收益；

（四）国家扶持补助资金；

（五）他人捐赠款；

（六）其他资金。

第三十八条　本社成员可以用货币出资，也可以用库房、加工设备、运输设备、农机具、农产品等实物、技术、知识产权或者其他财产权利作价出资，但不得以劳务、信用、自然人姓名、商誉、特许经营权或者设定担保的财产等作价出资。成员以非货币方式出资的，由全体成员评估作价。

第三十九条 本社成员认缴的出资额,须在____个月内缴清。

第四十条 以非货币方式作价出资的成员与以货币方式出资的成员享受同等权利,承担相同义务。

经理事长【注:或者理事会】审核,成员大会讨论通过,成员出资可以转让给本社其他成员。

第四十一条 为实现本社及全体成员的发展目标需要调整成员出资时,经成员大会讨论通过,形成决议,每个成员须按照成员大会决议的方式和金额调整成员出资。

第四十二条 本社向成员颁发成员证书,并载明成员的出资额。成员证书同时加盖本社财务印章和理事长印鉴。

第四十三条 本社从当年盈余中提取百分之____的公积金,用于扩大生产经营、弥补亏损或者转为成员出资。

【注:农民专业合作社可以根据自身发展的实际情况决定是否提取公积金。】

第四十四条 本社从当年盈余中提取百分之____的公益金,用于成员的技术培训、合作社知识教育以及文化、福利事业和生活上的互助互济。其中,用于成员技术培训与合作社知识教育的比例不少于公益金数额的百分之____。

【注:农民专业合作社可以根据自身发展的实际情况决定是否提取公益金。】

第四十五条 本社接受的国家财政直接补助和他人捐赠,均按本章程规定的方法确定的金额入账,作为本社的资金(产),按照规定用途和捐赠者意愿用于本社的发展。在解散、破产清算时,由国家财政直接补助形成的财产,不得作为可分配剩余资产分配给成员,处置办法按照国家有关规定执行;接受他人的捐赠,与捐赠者另有约定的,按约定办法处置。

第四十六条 当年扣除生产经营和管理服务成本,弥补亏损、提取公积金和公益金后的可分配盈余,经成员大会决议,按照下列顺序分配:

(一)按成员与本社的业务交易量(额)比例返还,返还总额不低于可分配盈余的百分之____;【注:依法不低于百分之六十,具体比例由成员大会讨论决定】

(二)按前项规定返还后的剩余部分,以成员账户中记载的出资额和公积金份额,以及本社接受国家财政直接补助和他人捐赠形成的财产平均量化到成员的份额,按比例分配给本社成员,并记载在成员个人账户中。

第四十七条 本社如有亏损,经成员大会讨论通过,用公积金弥补,不足部分也可以用以后年度盈余弥补。

本社的债务用本社公积金或者盈余清偿,不足部分依照成员个人账户中记载的财产份额,按比例分担,但不超过成员账户中记载的出资额和公积金份额。

第四十八条　执行监事或者监事会负责本社的日常财务审核监督。根据成员大会【注：或者理事会】的决定【注：或者监事会的要求】，本社委托____审计机构对本社财务进行年度审计、专项审计和换届、离任审计。

第五章　合并、分立、解散和清算

第四十九条　本社与他社合并，须经成员大会决议，自合并决议作出之日起十日内通知债权人。合并后的债权、债务由合并后存续或者新设的组织承继。

第五十条　经成员大会决议分立时，本社的财产作相应分割，并自分立决议作出之日起十日内通知债权人。分立前的债务由分立后的组织承担连带责任。但是，在分立前与债权人就债务清偿达成的书面协议另有约定的除外。

第五十一条　本社有下列情形之一，经成员大会决议，报登记机关核准后解散：

(一)本社成员人数少于五人；

(二)成员大会决议解散；

(三)本社分立或者与其他农民专业合作社合并后需要解散；

(四)因不可抗力因素致使本社无法继续经营；

(五)依法被吊销营业执照或者被撤销；

(六)成员共同议决的其他情形。【注：如不作具体规定此项可删除】

第五十二条　本社因前条第一项、第二项、第四项、第五项、第六项情形解散的，在解散情形发生之日起十五日内，由成员大会推举____名成员组成清算组接管本社，开始解散清算。逾期未能组成清算组时，成员、债权人可以向人民法院申请指定成员组成清算组进行清算。

第五十三条　清算组负责处理与清算有关未了结业务，清理本社的财产和债权、债务，制定清偿方案，分配清偿债务后的剩余财产，代表本社参与诉讼、仲裁或者其他法律程序，并在清算结束后，于____日内向成员公布清算情况，向原登记机关办理注销登记。

第五十四条　清算组自成立起十日内通知成员和债权人，并于六十日内在报纸上公告。

第五十五条　本社财产优先支付清算费用和共益债务后，按下列顺序清偿：

(一)与农民成员已发生交易所欠款项；

(二)所欠员工的工资及社会保险费用；

(三)所欠税款；

(四)所欠其他债务；

（五）归还成员出资、公积金；

（六）按清算方案分配剩余财产。

清算方案须经成员大会通过或者申请人民法院确认后实施。本社财产不足以清偿债务时，依法向人民法院申请破产。

第六章 附 则

第五十六条 本社需要向成员公告的事项，采取____方式发布，需要向社会公告的事项，采取____方式发布。

第五十七条 本章程由设立大会表决通过，全体设立人签字后生效。

第五十八条 修改本章程，须经半数以上成员或者理事会提出，理事长【注：或者理事会】负责修订，成员大会讨论通过后实施。

第五十九条 本章程由本社理事会【注：或者理事长】负责解释。

全体设立人签名、盖章。

附件4　国际合作社联盟章程①

（2004年8月20日）

使命：国际合作社联盟是一个联合、代表并服务于世界合作社的独立非政府组织。

第一章　宪　法

第一条：名称与所在地

本组织于1895年8月在伦敦成立。其名称为国际合作社联盟。自1982年起，其总部注册地点为瑞士日内瓦。ICA是依据瑞士民法第60～79条规定而成立的法人团体组织。

ICA总部所在地可由全体大会决议通过改变。

第二条：目标

国际合作社联盟作为全球各种合作社的代表，应具有下列目标：

a)在相互帮助、自助和民主的基础上促进世界合作社运动；

b)促进并保护合作社准则与原则；

c)促进其成员组织间经济关系及其他互利关系的发展；

d)促进人类可持续发展及经济、社会发展，从而为世界和平与安全作出贡献；

e)在合作社运动内部所有决策及活动方面促进男女平等。

国际合作社联盟不应加入任何政治、宗教组织，并应在其一切活动中保持其独立性。

第三条：方法

国际合作社联盟应通过下列方法实现其目标：

a)作为一个经验交流的论坛和合作社发展、研究和统计的信息库；

b)为合作社的发展提供技术性的帮助；

c)在合作社的经济和社会活动的不同领域创立国际专业机构；

d)与联合国机构和其他一些追求有益于合作社的目标的政府及非政府的国际性和全国性机构合作；

①http://www.nxny.gov.cn/ReadNews.asp? NewsID=1820

e)采取其他合适的方式。

第四条:正式工作语言

英语、法语、德语、俄语和西班牙语是国际合作社联盟的正式工作语言。由理事会决定每种语言的使用程度。

第二章　会　　员

第五条:合作社的原则

定义:任何个人和社会团体组成的协会,只要是力图通过一个互助性企业,实现改善其会员的经济和社会状况的,并遵循国际合作社联盟全球大会的合作社原则声明的,都应被视为合作社组织。

价值:合作社建立在自助、自主、民主、平等、公平和团结的基础上。遵循合作社的创立人的传统,合作社成员坚持诚实、开放、关心社会、照顾他人的道德价值观。

原则:合作社原则是合作社将它们的价值付诸实施的指导方针。

原则一:自愿、开放的会员资格

合作社是自愿组成的组织,它的会员资格是对所有能利用它的服务并愿意承担会员义务的人都是开放的,没有人为的限制或任何社会、政治、种族和宗教的歧视。

原则二:成员民主管理

合作社是由社员管理的民主的组织,它的事务由积极参与政策制定和决策的成员管理。被选出的男女代表应对成员负责。在基层合作社中,社员拥有平等的投票权(即每成员一票),其他级别的合作社也按民主的方式进行组织。

原则三:成员经济参与

成员均摊合作社资本,并对其进行民主管理。部分资产常常表现为合作社的共有资产。成员在贡献使其取得成员资格的资本后,可取得有限的补偿。成员按照以下所有或几个项目分配盈余:通过建立储备金发展他们的合作社,储备金中至少有一部分是不可分的;根据与合作社的交易额按比例奖励成员;以及成员批准的其他活动。

原则四:独立性与自主性

合作社是由它们的成员所控制的自主、自助的组织。在它们与其他组织,包括政府,签订协议,或从外部获取资金时,必须要保证它们的成员的民主管理及合作社的自主性。

原则五:教育、培训与信息

合作社为它们的成员、获选代表、管理者和雇员提供教育和培训，以便他们有效地促进合作社的发展。他们告知公众，特别是青年和社会团体的领导人，合作的本质与益处。

原则六：合作社间的合作

合作社通过地方、国家、地区和国际上的合作才能最有效地服务于其成员并发展合作社运动。

原则七：关注社会

合作社通过采用其成员核准的政策促进其所处的社会的可持续发展。

第六条：资格

任何遵守 ICA 合作社特征声明，追求国际合作社联盟目标的组织都有资格加入国际合作社联盟。

属下列类型的组织，均有资格加入国际合作社联盟：

a)合作社全国联社或协会；

b)合作社协会的全国总社；

c)个体成员占多数的全国性合作社企业组织。如：批发合作社、银行、保险合作社等；

d)国际合作社组织；

作为特例也可接受下列组织加入联盟：

e)在没有全国性协会的地方的地区合作社联社或协会；

f)在没有全国性或地区性协会的地方的合作社团体；

g)促进合作社发展属于合作社运动的教育、研究和其他机构；

接纳国际合作社联盟新会员的决定权属于理事会。理事会拒绝一组织的申请时，该组织可向全球大会申诉。国际合作社联盟理事会有权决定接受下列类型组织为无投票权的非正式成员：

h)其合作社性质未确定，但正接受国际合作社审查的成员候选人；

i)正处于合作社发展过程中，其处境面临改善的成员候选人；

j)支持合作社的组织；

k)合作社拥有、控制的组织；

l)属于 ICA 专业机构但不属于 ICA 的组织。

h 与 i 类别中的组织只会在一定的时间内享有非正式成员的资格，时间期限决定权在于 ICA 理事会。

第七条：终止会员资格

在下列情况下，停止国际合作社联盟会员资格：

a)任何组织如连续两年不缴纳全部会费，国际合作社联盟理事会有权决定取消其会员资格；

b)自愿放弃会员资格。自愿退出的组织须在距财政年底至少6个月前通知联盟，退出当年的会费，不论何故都应全额缴纳；

c)任何组织违背了国际合作社联盟章程或利益，全球大会都将以决议形式取消其会员资格。

第八条：会员权利

会员组织在圆满及时地履行其对ICA的财政义务后，可享有下列权力：

a)在国际合作社联盟的会议上，参与制定联盟的政策和工作计划；

b)享受联盟所有相应的服务、信息和帮助；

c)根据联盟各专业组织的章程，参加任何专业机构；

d)指定参加国际合作社联盟全球大会、地区大会和代表大会的代表，并提名应选理事会的候选人。

第九条：会员义务

每个会员组织都应承担下列义务：

a)遵循国际合作社联盟的宗旨和方针政策，并使自己的活动符合本章程第五条所规定的合作社特征声明；

b)向国际合作社联盟提供自己的年度报告和一份所有有关出版物的副本，定期通报国际合作社联盟重要的全国合作社发展情况，本国合作社章程及其细则的修改情况，以及对合作社有影响的一切政府行为；

c)在每个财政年度的前3个月内，缴纳年度会费；

d)根据国际合作社联盟领导机构的建议，采取一切行动支持联盟的方针决策。

第三章 财 务

第十条：国际合作社联盟的收入来源

a)会员组织的会费；

b)出版物和宣传品的销售所得；

c)发展机构根据协议提供的基金；

d)捐款；

e)其他由理事会建议，并经全球大会同意的经费来源。

第十一条：会费

a)各会员组织均应按其经营活动的比例，依据全球大会为各类合作社制定的公式缴纳年度会费；

b)任何隶属于国际合作社联盟的合作社组织，如自身没有经济活动的，应以其会员组织经济活动的总和为基础，缴纳年度会费，本身为二级或三级联社组织的，应按其所属基层社经济活动的总和缴纳会费，除非其会员社本身是国际合作社联盟成员；

c)全球大会可根据理事会的建议，至少每隔 4 年审核一次缴纳会费的公式，以确保国际合作社联盟拥有适当的资金，如有必要还可规定最低和最高会费额；

d)年度会费应在每一财政年度的第一季度缴纳并同时将相应的财务报告材料一并于 3 月 31 日前交至国际合作社联盟总部；对不符合上述要求的会员，理事会可决定暂停其参与权或给予其他处罚；

e)任何会员组织，如遇特殊情况不能交付其会费的，可向秘书长申请宽限。此类请求，必须于 3 月 31 日前交抵联盟总部，同时还须附具详细说明材料。就此做出的决定须报告理事会。

第四章　权力机构

第十二条：国际合作社联盟的权力机构有：全球大会、地区大会、理事会、审计和管理委员会、主席。

第十三条：世界合作社代表大会

国际合作社联盟可召开世界合作社代表大会，欢迎会员组织及全体合作社自由参加。

世界合作社代表大会的时间、地点和主题将由全球大会决定。

第十四条：全球大会

a)全球大会是国际合作社联盟最高权力机构，它包括各会员组织指定的 4 年一届的代表，和各专业组织和委员会的 1 名代表。理事会可为妇女参加全球大会设立指标；

b)全球大会，作为一项规定应每 2 年举行一次会议；

在下列情况下，全球大会可以召开特别会议：

——由理事会做出决定。

——在 1/5 的会员组织请求下或 1/5 的全球大会表决票赞成的情况下。

c)所在会员组织，在圆满地履行了财务义务后，都享有至少一个代表权和一票表决权；

d)代表人数取决于支付给联盟总部的会费额并按全求大会的规定计算，但任何单独的会员组织或同一国家的几个会员组织不得拥有 25 个以上的代表（不包括国际合作社联盟主席）。

第十五条:全球大会的权力

a)制订和执行关系国际合作社联盟前途和世界合作社运动等重大问题的有关方针、政策;

b)通过国际合作社联盟的工作计划;

c)选举主席理事会和审计管理委员会,并对副主席结果进行确认;

d)根据理事会的建议,确认对秘书长的任命或罢免;

e)在 2/3 多数票表决赞同的情况下,修改联盟章程、规则、政策和程序;

f)决定会员会费和代表制度;

g)通过联盟、年度审计账表和审计管理委员会的报告;

h)代表国际合作社联盟确认理事会和联盟其他地区或专业机构对给联盟带来的债务、责任的处置。例如投资、借贷、抵押、不动产买卖及其他协议;

i)根据理事会的建议,批准成立或解散联盟专业机构;

j)所有经全球大会投票表决的问题,除专门另行规定的以外,均应按多数票的意见做出决定。在特殊情况下,可以进行函电表决。

第十六条:地区大会

为促进国际合作联盟会员组织之间在地区内的合作和提供一个讨论地区性问题的论坛,国际合作社联盟应建立地区大会并作为其领导机构的一部分。

每个地区大会的地域范围如下:

欧洲地区大会——对所有总部设在欧洲的会员组织开放。

亚太地区大会——对所有总部设在亚洲、澳大利亚和太平洋地区的会员组织开放。

非洲地区大会——对所有总部设在非洲及相邻岛屿上的会员组织开放。

美洲地区大会——对所有总部设在北、中、南美洲和加勒比海地区的会员组织开放。

国际会员组织,只要在某个地区内有自己的会员,就可全权参加该地区大会。

地区大会,作为一项规定,应每 2 年召开一次会议,并与全球大会间隔举行。地区大会将进行下列工作:

a)在本区执行全球大会的决定;

b)建立国际合作社联盟在地区工作计划的重点;

c)提出报告、计划和决议供全球大会研究;

d)每区选举一个地区国际合作社联盟副主席候选人,待全球大会确认;

e)经全球大会批准,制定各自的工作程序和代表章程。

国际合作社联盟其他地区的会员组织,可作为观察员参加一地区的地区大会,但须按规定缴纳注册费。

第十七条:理事会

a)理事会包括:主席,4个副主席和另外15位全球大会选举出来的成员,一届任期4年,如有空席,须在下届全球大会上补选。全球大会选举后,如理事会认为妇女代表数目不足,可暂时选择不超过4名妇女候选人加入理事会。选择结果应报下次全球大会确认。

b)理事会至少一年集会一次,还可根据2/3的理事的请求或主席的决定临时召集会议。无表决权的替补代表可以参加会议,但仅限于特殊情况下并须主席同意。可以通过通讯方式做出决定。

c)同一国家的会员组织不得在理事会占有一个以上的席位,仅对国际合作社联盟主席例外。

d)任何人如其所属组织已脱离ICA或未经理事会批准拖欠会员费或其代表资格已不被其提名组织——如其为副主席,则为相对应的地区大会——所认可,不能参加理事会。

第十八条:理事会的权力

理事会拥有下列权力:

a)在全球大会休会期间,管理国际合作社联盟事务;

b)组织全球大会并为之准备议程;

c)就所有会员申请及有关问题做出决定;

d)批准联盟预算并监督其实施;

e)就投资、借贷、抵押和不动产买卖等事宜做出决定供全球大会确定;

f)负责指定、撤换联盟秘书长,并决定其报酬;

g)在提交全球大会前,审阅审计管理委员会的报告;

h)指定ICA审计员,并听取年度汇报;

i)从其成员中及其他人中挑选人选组成各委员会,并决定他们的任期;

j)指定一理事会成员在主席缺席时代行其职。

第十九条:审计管理委员会

全球大会应从其他代表中间选举出一个审计管理委员会,由不少于3个,不多于5个代表组成。

审计管理委员会应进行下列工作:

a)根据ICA章程所规定的义务检查ICA的财务管理;

b)检查成员组织的财务义务的实施情况;

c)每年最少一次与ICA审计员会面;

d)就他们认为合适的问题向全球大会和理事会汇报。

为上述目的,本委员会应有权参阅所有联盟的有关文本。

第二十条:主席

a)主席是国际合作社联盟的首要代表,负责主持国际合作社联盟全球大会和联盟理事会;

b)主席应与秘书长合作提供联盟的政策和组织领导;

c)主席须一年与审计管理委员会集会一次,审核联盟的财务;

d)主席有权参加联盟专业机构的会议。

第二十一条:副主席

a)副主席应帮助、支持主席的工作,并成为理事会与地区大会之间的桥梁;

b)副主席应与秘书长一起在 ICA 政策及组织领导方面支持主席,并应履行理事会决定的任务与职责。

第五章　行政管理

第二十二条:秘书长

秘书长是联盟的首席执行官,对理事会负责,同时负责领导、组建和合理地管理总部办公室和地区办事处。

秘书长应进行下列工作:

a)负责执行联盟权力机构的政策并主动向理事会和全球大会提出有关影响合作社运动的问题;

b)参加联盟权力机构的会议并提供建议,但无投票表决权;

c)准备联盟权力机构会议的文件;

d)向理事会汇报资金的使用、工作计划的执行及人事的变动等情况;

e)与国际合作社联盟专业组织保持密切联系,在双方同意的前提下向各专业组织提供支持;

f)与联盟的现有会员和潜在会员保持联系,并定期向理事会汇报会员情况;

g)经理事会同意在秘书处指定一位第二把手;

h)根据理事会的要求,处理任何其他问题。

第二十三条:地区办事处

为了延伸国际合作社联盟总部的服务,联盟可以组建以地区主任为首的地区办事处,地区主任由联盟秘书长指定,并服从他的领导,其责任是:

a)促进和捍卫合作社的价值和原则;

b)协调和执行国际合作社联盟在广地区的合作社发展项目;

c)向政府机构和公众阐明会员对政策的关注；

d)组织地区大会；

e)开展其他秘书长要求、理事会批准的活动。

这些地区办事处须经全球大会批准，在本地区合作社组织的合作下和相应的财政支持下建立。

地区主任应负责向联盟秘书长呈交年度计划和预算，以征得同意并列入联盟全球的总体预算当中。秘书长还应审批所有与出资机构签订的协议。

第六章 专业机构

第二十四条：专业组织与委员会

国际合作社联盟理事会可以在认为必要的合作社经济和社会活动的部门，建立或解散、承认或收回承认国际专业组织和委员会。

专业组织应该：

a)起草自己的章程，并报联盟理事会通过；

b)定期向联盟理事会和全球大会汇报自己的活动；

c)拥有全球大会中的一个代表席位和充分表决权；

d)有权向联盟理事会提出供联盟权力机构会议上讨论的主题；

e)在必要和可能的情况下，寻求建立相互之间的工作协作关系；

f)与总部及适用的地区办事处合作；

g)保证其地区性委员会的成立和运营与ICA地区大会的政策相吻合。

ICA理事会应指定联络人以确保理事会与专业机构之间的信息双向交流。

专业机构应与理事会协商建立政策与时间表以保证其最少半数以上的成员为ICA直接会员。

以专业会员为基础建立起来的专业组织，应自筹活动经费。

以职能和综合活动为基础建立起来的专业委员会，应在双方同意的情况下从国际合作社联盟得到支持。

第七章 特别事项

第二十五条：国际合作社联盟在瑞士的身份

只要国际合作社联盟总部设在瑞士，它就要服从瑞士法律的要求，任何法律或司法质询都应根据“瑞士程序法”在日内瓦进行。

第二十六条：章程的修改

修改章程的议案只能由理事会，或全球大会为此指定的一个特别委员会或由

5 个以上的会员组织提交给全球大会。

第二十七条：章程的标准文本

本章程的标准文本为英语文本。

（如发生第二十五条中所述的源于瑞士法律方面的司法事宜，法语文本应被视为标准本）

后　记

2006年12月，在中国农业大学研究生院的支持下，我们承担了农业推广硕士学位课程“农村专业合作组织发展”特色教材的建设工作，中国农业大学人文与发展学院的李建军教授和农业部科技发展中心副主任刘平共同确定了教材的整体编写框架，并就教材每一章的具体内容进行了多次研讨。先后有周津春博士、马志艳博士和硕士研究生邢广智、赵鹰、严加伟和祁鸣等投入到教材的资料收集、案例编写之中。李建军教授对书稿内容进行了修改补充，加强了教材对农村合作组织发展的理论阐述；刘平副主任在百忙之中仔细审读了全部书稿，并以其丰富的实践经验对教材最终定稿提供了许多重要的修改意见和关键材料。

本书成功编写和顺利出版是一项集体合作成果，有不少值得感谢的专家和朋友为此做出了重要的贡献。许多未曾谋面的专家关于农村专业合作组织发展的研究成果为本书的编写提供了重要的智力资源；北京市科委农村中心的付春华副部长曾安排我们参与北京市创新型乡镇建设的调研工作，为我们认识和总结农村专业合作组织在乡镇建设的作用提供了难得的机会；中国农业大学农学院主管农业推广硕士教育工作的聂秀玲老师邀请编者先后去山东的烟台、潍坊、济南和全国其他教学点进行农村专业合作组织教学活动，为教材编写创造了许多有益条件；中国农业大学出版社梁爱荣女士热心协调和缜密编辑，最终使这本延时近2年的教材又好又快地出版。最后，我们特别感谢中国农业大学经管学院的冯开文教授，他以其对农村专业合作组织发展的精深研究为本书提供许多建设性的意见和指导；特别感谢中国农业大学研究生院的史长丽、王雯、朱文珊3位老师，他们在百忙之中时刻关注农业推广专业学位的课程建设，对本书的编辑和出版给予了多方面的鼓励和支持。

农村专业合作组织发展是完善农村双层经营体制的重要抓手和基础支撑，其中值得研究和思考的理论和实践问题很多，亟须专家学者、政府官员和乡村企业家来共同探讨解决。本书的编辑出版仅仅是我们研究工作的阶段性成果，难免存在许多不尽如人意之处，敬请各位读者批评指正。

编者

2009年12月